郭宝昌——著

只此一个郭宝昌

生活·讀書·新知三联书店

Copyright © 2024 by SDX Joint Publishing Company.
All Rights Reserved.

本作品版权由生活·读书·新知三联书店所有。
未经许可，不得翻印。

图书在版编目（CIP）数据

只此一个郭宝昌 / 郭宝昌著. —— 北京：生活·读书·新知三联书店，2024. 10.（2025.1 重印）
ISBN 978-7-108-07945-9

Ⅰ. K825.78

中国国家版本馆 CIP 数据核字第 2024XG6389 号

特约编辑	刘净植
责任编辑	卫 纯
装帧设计	蔡立国
责任印制	董 欢
出版发行	生活·讀書·新知 三联书店
	（北京市东城区美术馆东街 22 号 100010）
网 址	www.sdxjpc.com
经 销	新华书店
印 刷	河北鹏润印刷有限公司
版 次	2024 年 10 月北京第 1 版
	2025 年 1 月北京第 3 次印刷
开 本	880 毫米 × 1230 毫米 1/32 印张 12
字 数	252 千字 图 30 幅
印 数	11,001 - 14,000 册
定 价	75.00 元

（印装查询：01064002715；邮购查询：01084010542）

图书策划　活字文化

版权所有·侵权必究

目 录

何曾有家………1

大 哥………21

亲大哥………42

我们房头的两位小姐………71

我的启蒙者………89

恩师田风………111

共产党人于华………132

劳改生活………144

与"第五代"相识………195

宅门英雄谱………214

书结·书劫·书节………233

戏迷传………252

吃到哪儿说到哪儿…………276

好人树纲…………317

[附录]

忆老同学郭宝昌导演…………329

郭宝昌的"游戏"…………334

宝昌最后的日子…………345

郭宝昌创作年表…………369

编后记…………373

何曾有家

旧时称"某家"均冠以姓氏，如"张家""赵家"等等。然而我家很难冠以姓氏，我家姓氏复杂，堪称世界之最，反正我没见过这么乱的。我父亲姓李，我母亲姓崔，我当然应该姓李。可我两岁的时候父亲冻饿死于街头，我被母亲所卖，八十块钱卖到沙城火车站的站长吴家，我改姓了吴。

我三姨觉得母亲把我卖得忒便宜了点儿，借钱将我赎回，又卖与京城大户"同仁堂"的东家，卖了个高价二百块。养父姓乐，养母姓郭，我又随了养母姓郭。

我亲母于我父死后，无有生计，又将我亲姐卖掉让她姓了陈。卖儿卖女卖乱了套，我母亲自己也被骗到宣化，被人贩子卖到豆腐房张家，于是随去的我的亲哥哥又姓了张。一年后母亲又生了一女，当然也姓张。后来我母亲不堪忍受张家虐待，携子女逃回老家，解放后又改嫁给了生产队的饲养员王家，我哥又改姓王。兄弟姐妹便分姓了陈、王、郭、张，与我有家缘联系的九个人便有了八个姓！

这些乱七八糟的事，我三十岁以后才知道。据我养母说，我两岁被卖到吴家不知何故终日嚎啕，被吴家厌弃。当我三姨把我抱到郭家时，我见面就笑，指着电灯泡乐不可支，很有些"宿命"的色彩。养母买我自然为了传宗接代，承袭遗产，因为我养母以二十六岁妙龄出嫁时，乐四老爷年已七十，不能生育，而在那样的一个大宅门里，无子是不行的。

但按乐家族规，过继子嗣必须在本族中挑选，不容外姓。我养母自然不愿意过继本族子弟，百年之后自己依然后继无人，遗产仍落乐家。所以买我先以为娘家买子为由，寄养在她母亲膝下，让我暂称养母姑妈，称其母为奶奶。等她母亲去世后，养母把我接到乐家，随后便以母子相称，我却仍随母姓郭。时已解放，族规的继承法不攻自破，我养母多次提出要我改姓乐，由于我当时思想进步，蔑视商家子弟，誓死不做剥削者的继承人，一心要做一个自食其力的劳动者，不但拒绝改姓，也拒绝了股东的名分和房地产的所有权，为此着实伤透了我养母的心。

我自幼在小学老师侯远帆的调教下一心想做话剧演员，这又被养母视作下九流的戏子。我厌恶商家，养母唾弃戏子，成了一个无法对话的家庭。尽管我变成了少爷，但在宅门中我的心情始终压抑。我知道自己并非正牌的少爷，是养母贫寒的娘家人，不明不白地进了大宅门，为诸多少爷小姐所不齿。养母严格地向所有的人保守我出身的秘密，为此从一九四二年起养母每月要向我三姨付五块大洋的"保密费"，解放后则改成五元人民币。

最不可思议的是从一九五二年到一九五五年的四年间（我十二岁到十五岁），这"保密费"竟是由我亲自送去。我当时并不知这

母亲和十六岁的我

是我的三姨，只知道是街坊邻居的高大妈。她住在天桥，天桥有很多好玩的、好吃的，我经常闹着要去看高大妈，因为每去必要逛天桥，喝碗豆汁儿或吃碗老豆腐，还可以看"飞飞飞"和套个圈儿什么的。那真跟过节一样。那时候我们彼此关系融洽，大家都没有什么防范之心，但好景不长。我长大了，逐渐懂事了，我曾问我的奶奶，我爸爸哪儿去了，怎么总也看不到他？奶奶恐怖地用手比了个"八"字说我爸爸是"八路"，让我千万不要再问，说出去是要没命的，我自然信以为真不敢再问。直到我报考初中口试时仍向老师说我的爸爸是"八路"。

新中国成立后，奶奶去世，我再问任何人，却无一人知道此事，而且我每问及亲朋好友，不管是谁，都面呈惶恐之色。这就在我心中生成疑团。

我十五岁那年暑假，循例又去高大妈家送"保密费"。

我哪里知道这是"保密费"，只知道高大妈很穷，住在天桥福长街三条一个大杂院里，两间低矮的破土房，进门就是一个大土炕。姨奶奶（我三姨的婆婆，是我奶奶的亲姐姐）耳聋眼花，身体不好，成年偎在炕上，这是一个京城最贫穷的底层市民家庭。我作为一个豪门的少爷一进门自然被视为上宾，那种热情使我感到很温暖，因为这是我在豪门中感受不到的。在家里没人理睬我，孤寂而又压抑，这也是我每次都要争着送"保密费"的主要原因之一。

这次送钱，一进门就感到气氛不对，扯了些闲白儿后，高大妈要带我去逛天桥，高大爷（我的三姨夫）反对，说要在家吃打卤面，还有好多话要说。高大妈反对，两人争执了几句，忽然高大爷激动得满脸涨得通红，狠狠地拍了一下桌子厉声道："当初就不该送你去！"我愕然，这没头没脑的话我根本听不懂，屋里立时静了。突然姨奶奶伸出两手乱摇摆着大叫："不许说！不许说！不许再说！"又是沉默。高大妈不由分说，拉着我去逛天桥了。可高大爷这句话却深深烙印在我脑子里，我感到蹊跷，感到一个大大的谜团露出了端倪。

回家以后我坐立不安，忍不住跑到厨房询问在我家打了近三十年工的老保姆"当初不该送你去"是什么意思。她惊愕万状，支支吾吾说了几句便躲避瘟疫一样地逃出了厨房。过了没一会儿我母亲把我叫了去，似乎是漫不经心地问了几句高大妈家的情况，话锋一转问我，"当初不该送你去"是怎么回事？我知道保姆已经汇报过了，我闯了祸，便如实讲述了经过。我分明看到我母亲的眼里露出了少见的凶光，她没有再说什么，只是叫我去玩吧，没事了。

我回到自己房间不久，便见我母亲换了衣服，拿着手提包匆匆地出门去了。以后发生的事，我十年以后才知道。但从这天起，我完全失去了送"保密费"的资格，改由保姆的儿子或我母亲自己送去。三年以后"保密费"突然终止。

一九五八年春节前夕，高大妈来了。高大妈和我母亲一见面，我母亲便述说生活之艰难、大宅门里经济之窘迫、开销之大、年关不好过等等，于是高大妈几乎没说什么话便起身告辞。

我送她到门口她忽然拉住我的手说："宝，你妈知道我是来借钱的，先说了一通她怎么难，我知道这是堵我的嘴。宝，你去跟你妈说，这个年我过不去了，我就借四十块钱，瘦死的骆驼比马大。你去说，我等着，你知道高大妈疼你。"

我二话没说返身回屋向母亲陈述了她的话，母亲非常愤怒："早知道她来要钱的，不给！一个子儿都不给！"我站着没动，母亲突然目光犀利地望着我问："你说呢？"我说："何必呢？她挺难的，那么大岁数开个口不容易！"母亲沉吟半晌终于拿出十块钱。"给她！这都是看你的面子！"我没有接这十块钱，我感到尴尬、难堪，我觉得拿这十块钱无法面对高大妈。

我突然转身从我的床底下拉出一个小木箱，里面是我攒的私房钱，大部分是崭新的硬币，约四十余元，我抱着小木箱往外走。"站住！"妈妈厉声喝住我，我回头分明又看到母亲眼中露出了少有的凶光。"你干什么？""我给她还不行吗？""你坐下。"

母亲两眼望着窗外出神。当时我完全蒙在鼓里，后来一切都明白了，再回忆当时母亲的神情和心境，真是叫人心碎。母亲终于拿出四十元钱："给她！下不为例！"我当时只觉得母亲不近人情，当我把钱交给高大妈时，她老泪纵横不住地说："宝！大妈没白疼你，你救了我了……"我也不知为何竟涕泪交流。此后与高家再无来往。我与母亲也有意避开高家之事不谈。

一九五九年夏，我报考大学，在中央戏剧学院考场遇见了我童年时的一位邻居，他突然问："找到你的亲生母亲了吗？"我脱口而出："她在家呢！"他说："那不是你的亲生母亲，你怎么到现在还不知道？"此时我才确认，我还有位亲生的母亲，可我不知道该去问谁，到哪里去找。

直到一九六二年春节前，高大妈忽然来送信儿说姨奶奶不行了，死前一定要见见我，于是我与母亲一起要了出租车来到天桥的这个大杂院。我当时已是北京电影学院导演系三年级的学生，我穿了一件非常名贵的狐皮大氅。大杂院轰动了，都跑出来看我们母子俩。

一进屋，姨奶奶正趴跪在炕上用扫炕笤帚扬场似的扫炕，从炕席上涌起一片灰尘，嘴里不住地喊着："宝啊！快来！我们家还没你们家的茅房干净呢！"我有洁癖，一见灰尘立即捂着鼻子站到门口。高大妈埋怨着："别扫了，暴土狼烟的干什么！"姨奶奶扔了笤帚伸出两手在空中乱抓，我才发现老人家已双目失明，我忙把手递过去，她一把将我拉到怀里，紧紧搂住我，直到我走始终没有放开。我已感觉不到童年时的温馨，我浑身不自在，我觉得我的大衣上沾了灰尘，我闻到满屋子都是劣等烟草的气息。我偷偷看了一眼母亲，发现她眼睛里充满了冷漠和仇视，那眼神是我一辈子不能忘记的。母亲心领神会，起身说该走了，姨奶奶像受了惊吓一样死命抱住我："走？别走！我再见不着你了吧！啊！我活不了几天了啊！死以前就见你这一回了吧，啊？……"在高大妈的帮助下我终于挣脱出来。果然这是最后一面，不久她就去世了，我甚至没有参加她的葬礼。

一九六四年元旦刚过，一场疾风暴雨式的政治运动终于把我卷了进去。我被定为"反动学生"送农场劳改。出身不好是我被劳改的主要原因之一，在那"阶级成分论"十分猖獗的年代，我忽发奇想，产生了一种极其龌龊的心态：假如我出身工人或贫下中农，是否可以减免我的刑罚？一种卑劣的投机心理，使我完全不顾我母亲的痛苦和感受，在大年三十的夜里向我母亲发难。十二点一到我先向母亲叩头辞岁，母亲给了我个红包儿，这是"压岁钱"。我不敢正视我的母亲，我难以开口，最后鼓足了勇气问我母亲："我亲生的父母、我家的亲人还在吗？"我母亲着实惊呆了，两眼发直地望着我，半天说不出话来，气氛紧张到了极点。我发现母亲很快平静下来："你不是要去理发吗？去吧，回来我再跟你说。"我下午才从劳改农场赶回来，拿了个理发号是夜里十二点半。

理发回来已近一点，母亲在屋里等我。我再次发问，母亲却说没什么可说的！我很愤怒，为什么说话不算数？母亲忽然说："你爸爸早死了才把你卖到郭家，你妈前两年也死了。"我追问卖身契，母亲说："你妈死了，留着没用，烧了！"我完全蒙了，脑子里一片空白，母亲却出奇地平静，那口气完全像说死了一只鸡、烧了一张草纸一样。母亲走到门口又回过身来说："知道那个高大妈是你什么人吗？"我茫然。"那是你三姨！你的亲三姨！"说毕拉开门回自己的北屋去了。我惊愕了半响，终于趴到床上痛哭失声……

第二天，大年初一，一早儿我高大妈便来登门拜年。我母亲脸色不好，大概和我一样彻夜未眠，不时用眼观察我，我自然不能有任何亲热表示。那局面十分尴尬。高大妈还蒙在鼓里。

高大妈走时我送她到门口，突然悄悄地告诉她，叫她到儿童剧场门口等我，我有话要说。高大妈奇怪地问我什么事，我说待会儿再说。我回房故意磨蹭了一会儿，说要去王府井书店，便忙溜了出来。

走到儿童剧场，果然见高大妈站在路边等我，问我何事。我开门见山便问我父母何在，她睁大了眼惊奇地说你妈在家呢怎么问我，我说我问的是我亲生母亲。她两眼发直地望着我，掩盖不住的惊慌与疑惑，忽然说："甭问！我也不能说，你这孩子怎么想起问这个来了！"我咄咄逼人地说："你不说我也知道！"她气冲冲地说："你知道什么？"我突然说："我知道你是我三姨！"她完全傻了，突然伸着胳膊大叫："老天爷呀！这是怎么啦，你是怎么知道的？坏啦！我的亲妈呀！"三姨自农村来京，长期混迹于底层市井，嗓门儿之大完全没有环境感，这一喊几乎惊动了半条街，无数来往行人都惊愕地驻足观看，我闹了个大红脸，忙拉着她向王府井走去。在一个珠宝店门前，我把她推到墙角毫不客气地叫她快说！

"我家人在哪儿？"

她战战兢兢地说："你爸爸早死了，你妈还在！"

我大惊："那为什么我母亲说她死了？"

三姨说："记得十年前你三姨夫说了句'当初不该送你走'，你回家就跟你妈说了吧？她带着人打上门儿来了，差点儿没把我们家砸了。还有一回你亲妈来北京找你，跟你母亲碰到一块儿了，没把我吓死！后来没辙了，我就编了个瞎话，说你亲妈死了，这才叫你母亲放了心，打那以后就没再上我家来过。"

"我家还有什么人？"

"你有个大你三岁的哥，还有个妹。"

"他们在哪儿？"

我分明看见三姨的眼珠狡猾地转动了一下。

"不知道！没联系！"

我郑重地向三姨说："求您一件事，帮我找到我的家人，日后我一定好好孝敬您！"

三姨似是而非地点了点头，算是答应了。

回到农场我立即向管理人员汇报了这些我认为至关重要的情况，谁知那位黄管理员说，你两岁卖给资本家，吃的是剥削饭，流的是资本家的血，长的是资本家的肉，你早已变质，出身救不了你，你是一身的反骨，只有认罪服罪脱胎换骨才是唯一出路！得！我费尽心机弄明白了身世，却并未给我带来什么好运，这是对我投机心态的一次重创。

我并未死心，时值"文革"前夕，山雨欲来风满楼，各级组织都在动员资本家放弃股息，做一个自食其力的劳动者。我堂房二哥乐松生，时任北京市副市长，首先带头放弃了。我又感到立功的时刻到了，便坚决动员母亲放弃股息。母亲不从，经我苦口婆心劝告终于答应放弃一半。当我再次劝说时，母亲终于翻脸了，她感到受了巨大的污辱："宝昌！你不就是觉着当资本家可耻吗？我就是资本家，你觉得有这么一个资本家的妈不光彩是吗？你可以不认！你自食其力成你的家，过你的日子去！若还念及母子之情，你有空儿回来看看我，你不愿意来也无所谓！"真如晴天霹雳，这不分明把我赶出家门嘛！我从小就是个浑不懔的孽障，我拿起破书包就走，临出门前撂下一句话："我永远不再进这个家门儿！"

"文化大革命"来也！劳改农场断绝了我和外界的一切联系，并宣布我为无期徒刑。到一九六九年一月劳改农场散了摊子，管理人员纷纷被揪斗，我被遣送回电影学院，又被关在牛棚里一个多月。

一个极寒冷却阳光明媚的上午，我被叫到工宣队"反革命专案组"，我竟然被宣布没事儿了，等着和毕业班同学一起下干校，我可以自由地上街、回家了。我心惊胆战地走出电影学院大门，没有听到"站住"那像吆喝牲口般的吼声。我兴奋而又凄惨地望着久违了的北京街道，我竟然极其奢侈地进了"力力食堂"花了一块钱吃了五碗（一斤）担担面。虽然只吃了半饱，但囊中惭愧（我全部家当只有二十二元），只好罢休。

这是大年三十，真他妈的，又是大年三十！我很想知道我的母亲怎么样了，我从心底里思念她。我来到东华门旧居，哪知旧居已成了大杂院，没人知道我母亲的下落。她在一九六六年八月已被扫地出门了。

我站在街上，寒风嗖嗖，我无家可归了。我忽然想起我母亲过去曾在前门外草厂四条买了一所房，我又来到草厂旧居。门口赫然挂着牌子：草厂四条革命居民委员会。我走进院子，一位老太太从我原来住的北屋走了出来上下打量着我。

"你找谁？"

"郭榕。"

"你是郭宝昌吧？"她终于认出了我，这是主任。

"是！"

"你放出来了？"

"是！我想问一下我母亲去哪儿了？"

"她搬下四条简易房了。"

"我能去看看她吗？"

"可以！注意划清界限！"

天呐！我不知道反革命分子和反动资本家怎么划清界限，本是一条船上的盗匪嘛！我来到下四条，母亲正在门口卖一个大木箱子。一看见我，她像看见一个天外来的怪物一样，愣了半天没说出话来。

"我正卖箱子。"

"卖吧！"

"我得过日子！"

我无言以对。

"你先进屋坐，最里边儿的一间。"

我走进了仅七平方米的一间小屋，低矮、简陋，屋里乱七八糟。母亲坐到床上，我坐在门口一张小方凳上。

"我放出来了，宣布没事了。"

"没事儿就好，好好改造吧，大家都得改造。"

这生硬的语言我听着不舒服，怎么了？母子见面说这个？我也不知道该说什么。

"您挺好的？"我问道。

"我挺好，我出身贫农，我是卖到乐家的。红卫兵对我挺好的，一下也没打我。"母亲又没的说了。

母亲突然抬头。

"你没去看看他们？"

"谁？"我明明知道她问的是谁。

"你三姨！那才是你的亲人！"

"我知道！我会去看他们的！"我的心像刀剜一样地疼。这句话里包含了母亲对我多少思念和泪水！

"没有你三姨也没有咱们这段缘分。你当年被卖到沙城，你三姨借了八十块大洋把你赎回来，我花两百大洋买了你。你三姨父赚了一百二！"

"人贩子！"我脑子里立即出现了这三个肮脏透顶的字，我迷茫了，心里乱成一团麻。

"可是……咱们的缘分到头儿了！"母亲的这句话分明是希望我回到她身边，我知道她想叫我说什么，可我咽不下三年前那口气。

"您想过没有？三年前我劝您放弃股息是对的，可您把我赶出了门儿！"

"当初不是没想吗，当初的形势……"

"只问您错了没有？"

"那不能这么说，当初要是知道……"

"您就说错了没有？"

"这不是我的错呀，我要知道……"

"既然这样那我走了！"我突然起身推开了屋门。

"宝昌！"母亲突然冲过来抱住了我："你别走，我养你这么大不容易，我到处打听你的下落，我找过你的同学，我到你们学院去过。我……"

我和高大妈(我的亲三姨)

母亲哭了，我又坐了回来，悲伤地望着母亲。这个一贯养尊处优、一呼百应、威名赫赫的女人，如今竟落到这个地步。人到此时方能理解"心碎了"这个形容词。可我这个无可救药的卑劣小人，我这个天下第一号的大混蛋，为了自己那一点儿一钱不值的虚荣和自尊竟然在她碎了的心上再踏上一只脚。

"那好，我可以不走，您说，您错了没有？"

母亲不回答，只是低着头默默地擦泪。

"您就是不说是不是？就是不认错儿是不是？"

母亲仍一语不发。

"那就没什么可谈的了，我走了！"

我毅然推门而去。天已黑了，下起了小雪，我匆匆走向胡同口，我的第六感觉告诉我，母亲就在后面。我停住了回头一看，昏暗的路灯光映照着小雪，母亲呆呆地站在路中，没有一个行人，我只要再多看一秒我就会扑过去抱住她痛哭，可我这个无耻的忘恩负义之徒竟然转身大步走出了四条。我心里已在盘算着怎么收拾我三姨。

年三十夜照例吃饺子，我的到来使三姨父和三姨兴奋莫名。酒过三巡吃上饺子，三姨父满脸笑容地开口了："宝昌，你这次回来，是还想跟着你妈过呢？还是投奔我这儿来呢？还是有什么打算？"

我再次问及我亲生母亲的下落，回答依旧：下落不明。我沉不住气了。

"姨父，我当年是八十块钱卖到沙城吧？"

"是啊，沙城火车站站长吴家。你三姨当时就骂你妈，太狠心了，怎么卖儿子呢？是我借了钱把你赎回来的。"

"转手又卖给了郭家？"

"那不是你妈非要你吗，这才送过去。"

"送去？卖了多少钱？"

三姨父低着头扒拉着盘子里的饺子不说话了。

我狠狠地说："卖了二百，您赚了一百二！"

姨父的脸涨得通红，我起身告辞，还拿了一饭盒饺子，准备给那些牛棚里不能回家的难友吃。走到门口，姨父突然叫住我说："宝昌！你今天来，我本来挺高兴，可你刚才说了些子话，我是很不爱听！"

"姨父！我今天来没想说您爱听的话！"我转身走了。直到姨父去世没再去过高家。只通过几次信，仍是问我亲生母亲的下落。

一九六九年三月，我到了张家口四六一九部队干校，扎营在腰占堡。在部队干校那段日子里，我和亲生母亲、亲哥联系上了。

我是个"狗改不了吃屎"的家伙，一下干校，我以为找到了贫农的亲生母亲自己就是革命群众了，再也没有了劳改的矜持，说话、行动逐渐嚣张起来，终于在抓"五一六"的运动中，我又被当作杀鸡给猴看的鸡被抓上了审判台，每天撅着屁股挨批斗。原来我不是什么"没事儿了"，是"戴帽儿"下放，继续接受监督改造。我的女友也被逼在批斗会上揭发批判我，使我丢尽了人，那侮辱远远超过我在农场劳改所受的委屈。

一个多月，度日如年。我从来没有这样颓败过，前途一片渺茫，我注定要当一辈子"老运动员""反面教材""死老虎""活靶子"！

这时竟然有一位少年时代的朋友来看我，令我异常感动。人在危难之时啊！而且他告诉我，在北京他去看了我母亲，她因为想我，哭得双目已近失明，我从心底里震惊了。

由于我的女友也深深受到了伤害，她请了探亲假，决定离开连队回去散散心，临行前问我有何事要办，我悄悄地说，路过北京请去看看我的母亲，我写了信并装了四十元钱，不料女友在火车上被偷，连信带钱全丢了。她只记得草厂四条，便一路找去。进了四条却不知门牌号，便问路边一位扫街的老大妈："郭榕住在哪儿？"老大妈警惕地问她是谁，她说是郭榕儿子的女朋友，老大妈说跟我来吧。两人一起来到下四条的简易房，开了最里面的门。我女友不知所措，老大妈说："我就是郭榕。"我女友半晌惊愕得说不出话来，天下有这样的巧事吗？我母亲说，她扫街不属于劳改性质，是街道照顾每月给六元钱生活费，这笔钱也是从查抄我母亲的财产中扣除。女友提及我，我母亲说不认识，早就断了关系了，也不想再来往。我女友只有悻悻地走了。

我从女友信中知道了这一切，便叫她探亲完毕返程时到北京再去看我母亲。我料定，我女友一走，我母亲肯定会后悔的。再次见面，我母亲的热情叫我女友受宠若惊。我母亲的眼睛确是不行了，我女友带她去医院看了几次，大概是心绪好了，眼疾得到了控制。女友回连队时还带了一大饭盒土豆沙拉，我母亲做给我的，那真是天上美味，可我吃在嘴里，怎么也咽不下去，生活是不是太残酷了点儿！

我按捺不住了，冒着挨批斗的危险去连部请探亲假，理由是要回老家看我的亲生母亲，连部居然批准了。

我又回到了北京，这一下又是三年。一进家门，我看到床上摆了一个小炕桌，上铺红纸，摆着四干四鲜八个小果盘，这是我母亲所能表示的最隆重的欢迎仪式了。一进门我与母亲抱在一起，母亲的头抵在我的肩上，轻轻地说："不许哭，不许哭，我的眼睛不行，不能哭……"我用力咬着舌头，不使眼泪掉下来。我在家里待了两天，其乐融融，娘儿俩不提过去，不说未来，我一味地讲笑话哄我母亲高兴。

第三天我不得不告诉母亲，我必须回老家见我的亲生母亲，因为我向连里请假就是为了探亲生的妈。我完全没想到这一举动所带来的恶果。我以为母亲会理解我这一举动，我真蠢！我母亲的真正悲剧实际上是从这一刻开始的！她当时没有说什么，只是两眼发直。

第二天一早我便踏上了回乡探母之路。在火车上我思绪万千，不知道该怎样面对我的亲生母亲。我很好奇，想知道亲生母亲什么样儿，我非常恨她，怎么可以把亲生女儿卖进窑子呢？生活再难再苦，这种缺德事是不能做的！虎毒不食子，这不是连畜生都不如吗？我哥绝对是高智商的农民，他摸透了我的心思，有意安排我在外面一位朋友家里住。村子里轰动了，奔走相告说李家那小子在北京发了大财回老家找他亲妈来了。我妈初时兴奋，继而发现了我无比地冷漠。

在家待了五天，我几乎无法与亲母对话。她哭，她诉苦，我都无动于衷。她甚至说要跟我走，我说不可能！我不可能和你生活在一起！这就是我与亲生母亲的唯一一次相会。

我回到北京，第二天在院子里刷牙，听到的第一句话就是我母亲一人在屋里狠狠地自言自语道："狼！养了一只狼！狼是养不熟的！"我知道坏了，我的家乡之行深深伤害了我的养母。我做梦也没想到是这种结果。我想对我母亲解释我对生母并没什么感情，甚至恨她；我想告诉她我回家乡看生母只是出于好奇，我想告诉……可不知为什么我就是说不出口。我知道母亲的养育之恩我终生难以报答。

我自幼便有严重的"恋母情结"，直到十四岁，每晚还要母亲哄我睡觉。我睡熟之后，母亲才悄悄离去，每夜三点钟她都要到我屋里给我盖一次被子、关好窗户。

高中二年级我留了一级，我喝得大醉嚎啕大哭，她说："留了级心里不好受是吗？你还小，再上一年怕什么！"从小到大她不曾骂过我一句，打过我一下。十四岁她教我喝酒，十六岁教我抽烟，她说，是爷，就得抽烟，就得喝酒，否则无法应付家庭内外的社交活动。她教我买东西、下馆子，她说不会花钱的人就不懂挣钱，她用一种极特殊的方式培养教育了我，使我终生受用不尽！我犯了一生中最大的一个错误！

一九七三年我娶妻生子，分配到南宁的广西电影制片厂。老太太有了孙子，家庭关系有了缓和。老太太疼孙子，将孩子留在北京一个人带。疼得过分了，数九寒天每天夜里三点去"春明食品店"排队买面包，惯得我儿子除了高级面包什么都不吃。老太太累垮了，孩子八个月大的时候我不得不领回南宁抚养。孩子长到两岁半，老太太想孙子。我母亲一辈子没出过远门，没离开过北京城，只在一九六五年与我三姨一起回过一次河北深州老家。这次居然千里迢迢一个人来了南宁，显然老太太对我已不大感兴趣，进门抱起孙子第一句话就是："孙子！我想你！就想你一个！"我知道老太太依然记恨我，可我这个混蛋依然说不出一句解释的话。

没多久，风闻要落实政策了，老太太风风火火离开南宁返京。北京确实正在落实政策，归还查抄的财产。我母亲满怀希望地要重建新的家庭，可一个巨大的阴谋在等待着她……两年的时间她一无所获，终于一病不起。

一九七八年元旦，我接到朋友急电：母病危，速归！我当即借钱买了火车票，当我登程北上时，母亲竟已仙逝，守在她床前送终的竟是我三姨！我问三姨我母亲临终前说了什么，三姨说她只有三个字："无牵挂！"这分明是说给我听的，她不想我！可这三个字恰恰说明她想我，是恨到了极点的想我！我哭，哭到医生说你的两只眼睛要保不住了。我当初为什么不向母亲解释清楚这一切？我做了那么多对不起她的事，她临终前竟没有听到我的一句忏悔！

一九八〇年我离婚后，妻带儿子出了国，我成了真正的孤家寡人。一九八五年我亲生母亲也去世了，我哥哥甚至没有通知我，他知道我根本不会放在心上。从小到大，我的所谓"家庭"经历过近十次的大变迁，却从来没有过一个完整的家庭。

"家庭"究竟是什么？是一笔说不清的孽债，"家庭"于我如钝刀子割肉，疼死你，却不叫你死！

但愿人人都有一个幸福的家庭……

大 哥

这"大哥"不是我的亲大哥（我有亲大哥，那又是一篇令人断肠的故事），可说起我们俩的兄弟情谊，那是任何形式的大哥也无法比拟的。从中学时代我叫他"大哥"，至今已经几十年了。

一九五五年上高中，我和大哥成了同班同学，由于作文课上我们两人的文章经常名列前茅而互相倾慕，成了很好的朋友。课余探讨文学问题成了我们初交时的友谊基础。我发现他才华横溢、学识渊博、思维敏锐、看法独特，而且"左"得出奇。我们的观点并不一致，经常争得面红耳赤，但很愉快。我始终觉得大哥的思维方式有问题，这在以后几十年的坎坷经历中得到了充分的验证。举个小例：当时我们的外语课是俄语，他拒绝学习。

在一次大考中，不到两分钟，他第一个交卷。他在卷头上自己画了个大大的零分，下面赫然写了两行大字：祖宗语言没学好，哪有闲情学俄文。我看见老师拿着他试卷的手直发抖，气得说不出话来。为此我和他争论了一个星期，告诉他学习一门外语对一个人的重要性。他勉强认输。以后我受师命，专门负责辅导他的外语。我们的关系又进了一步，接触得更多了。常言道，物以类聚，人以群分，在那个时代又有"亲不亲，阶级分"一说，怪就怪在我与大哥既非一类，也非一个阶级。无数人向我提过这个疑问：你们俩怎么会成了铁杆朋友？说不清，我至今也说不清。

我出身富家，在京城虽非首富，也是富甲一方，海内外驰名。我从小周围就聚集着一帮酒肉朋友，我是一个完全不知生活艰难的人。而大哥却出身贫寒，工人家庭，父母均是党员，兄妹五个，他是老大。

从我认识他的那天起，他的一副深度近视眼镜（最劣质的一种）便在中间鼻梁处裹着厚厚的一层白胶布——显然中间是断的；打着补丁的学生服，从未见他换过；长方脸上总凝聚着一种思考的神情，眼睛不大却总是闪着咄咄逼人的光。他朋友很少，有，也交往不长，偏偏对我情有独钟。有时他会突然搂住我，咬我的脖颈或胳膊，我忍着疼一声不吭，每松开以后我的脖颈或胳膊上便留下青紫的印痕，很像后来人们所说的"同性恋"。班上的同学都怕他，有人喜欢看香港电影，有人学唱港片中的歌曲，都会遭到他暴风雨般的斥骂。他得了个外号叫"暴风雨"。只有对我例外，我可以平等地和他争论任何问题。

一次放学后我们争论着列夫·托尔斯泰的"人道主义"走出校门，他坚持那不是革命的人道主义。我辩不过他，对他所熟知的马列主义，我一窍不通。忽然他停住了，我们竟不知不觉走到了他家门口。而我家的方向恰恰与他相反，我第一次走进他的家门。

那是一个肮脏而又破旧不堪的大杂院。我迈过污水走进他家的堂屋，简陋得叫人难以置信。他忙着倒水，我惊讶地东张西望。他拉开一个抽屉，脸色突然变了，向院里大吼了一声，那是叫他的小弟弟。那孩子跑了进来，也就五六岁模样，一望见敞开的抽屉脸色也顿时变了。大哥问他抽屉里的一头蒜哪儿去了，弟弟答曰吃了。大哥突然扬起手狠狠打了弟弟一个耳刮子，气急败坏地嚷道："爸爸晚上回来吃什么？！"我忙劝大哥，不就一头蒜吗，至于吗？大哥说这是爸爸晚饭唯一的菜，难道叫爸爸晚上干啃窝头吗？我当时的惊愕，很难用文字形容。

这是怎么了？在世上还有这样活着的人？从此我知道了，他一家七口只靠父亲一个人的四十几块工资过活；我知道了，他家七口人只有四床被子；我知道了，他渊博的知识全靠借书，他买不起一本书；我知道了，他家四个孩子都在上学，看不起一场电影和一场戏；我知道了……而那时的我，住在深宅大院，奴仆成群，我的藏书已有两万多册，我每星期至少看五场电影、三场戏，我每月在母亲那里支取四十块固定的零花钱。我思考了很多很多，甚至想到在经济上援助他，又立即打消了这个念头。据我对他的了解，他不会接受，事实证明我是对的。

一天放学后，我们又在争论什么问题，不知不觉走到了我家门口，我请他到家坐坐。进屋以后，他的惊愕不亚于我去他家。他说他这是第一次走进资本家的门。特别是满墙的书架，引起了他特别的关注。

我们聊到了天黑，母亲叫我们去饭厅吃饭，大哥说不吃。于是母亲叫仆人将饭端到我屋里来，大哥仍不吃。我以为他第一次来不大好意思，母亲走出以后我叫他边吃边聊。他突然说，我不吃资本家的饭！我感觉我的脸红了，我不再让。叫他喝茶，他又说，我不喝资本家的水！多亏我了解他，我不再废话，自己吃了起来。那顿饭很丰盛，是专门为大哥这位客人做的。我吃，他浏览书架。突然，他看见了书架上立着的一尊石膏雕塑维纳斯。他一把拿了下来，将维纳斯塞到了床下。当然，他走后我又把维纳斯恢复了原位，在当时我只笑了笑没说一句话。

那天我们谈到了深夜，谈起了我的家庭。他出乎意料地关注，且夹批夹议，夜里十二点我送他出门，边说边送，竟把他送到了他家门口。他又送我回来，又到我家门口。我再往回送，他又送回来。走到王府井十字路口，我们坐在街中心转盘上聊到清晨四点钟，说好谁也不许再送，分道扬镳。此后，叙说我的家史成了我们谈话的主要内容之一。他建议我一定要写成小说，公之于世，且说，此书不出他死不瞑目。他认为这是一部中国民族资产阶级的发家史，一部资本家的剥削史，一部中国近代史。

那天，他终于说出了他所以对我这么好，是因为看我是一个不可多得的人才，因此绝不叫我落入资产阶级之手，一定要把我拉入无产阶级的队伍，为无产阶级服务。他将为此不遗余力。

从一九五六年开始，我已在一些报纸杂志上写小文章。第一篇发表在《中国电影》上，是批评当时电影宣传画的资产阶级倾向。正逢暑假，三天后我接到大哥来信，第一句是：好兄弟，我终于看到了中国电影地平线上的曙光。我吓了一跳，怎么就成了曙光？我把这封信和八元钱稿费夹在一起压在了书桌的玻璃板下。

这种关系的发展竟然惊动了双方的长辈。他了解了我母亲的身世以后，对我母亲充满了崇敬。这也很怪，无论如何我母亲是吃股息的资产阶级阔太太，且在北京诸多阔太太中颇具影响。也许因为是我的母亲吧！我母亲也对他印象极佳，说我的同学均属狐朋狗友，只有大哥有学问，有礼貌，是条汉子。终于，我母亲决定去大哥家拜访，这在大哥家引起的震动是可想而知的。母亲准备了厚礼，被我阻拦了，母亲不解，我也无法解释。她很不情愿地空着手进行了一次礼节性的拜访。总的来说，气氛很拘谨，这是一次几乎是京城首富的阔太太和几乎是赤贫家庭的两方老人的会晤。此后，我和大哥的关系发展到了如胶似漆、形影不离的地步，连老师都说我们二人是"焦不离孟，孟不离焦"。可在经济上依然如前，我们没在一起吃过一顿饭、喝过一次酒。

我藏书万卷，订了八种杂志、三份报纸，他从不借阅。他宁可去图书馆借书，顶着烈日站在操场的报栏前读报，还拿着一个小本做读报笔记，每天中午一个小时，整个高中从未间断。对世界大事，大哥永远分析得头头是道，而对国内形势的理解，大哥几乎偏颇到了令人难以容忍的地步。

经历了一九五七年反右、一九五八年"大跃进"，我越来越感到迷茫，这是在搞共产主义吗？大哥却对右派分子那样咬牙切齿地痛恨，对"三面红旗"又表现出那么疯狂的热情。我们建议回收废玻璃建一个勤工俭学的玻璃厂，搞半工半读，被老师斥为胡思乱想。大哥一怒之下贴了大字报，说老师打击革命群众积极性。我们又办起造纸厂，把好纸捣烂，用手工"抄"出一张张糟得连擦屁股都不能用的烂纸——因为轻轻一捅就破。这烂纸居然被也放到了区教育成果展览会上,作为"敢想敢干,思想解放"的成绩。我和大哥又编排了一台小节目,组织演出了一场歌颂"三面红旗"的晚会,受到重视,并在东城区开了一次演出的现场会,出尽了风头。可我心里总不是滋味。

我和大哥的关系进入了一个新的阶段,我们只要见面就要争论,经常争得口干舌燥、筋疲力尽。但大哥有一样特好,无论我怎样反对"三面红旗",他从不给我上纲上线扣政治帽子,他对我的热爱党热爱社会主义坚信不疑,认为我只不过存在认识问题。有一天我们在争论了一个下午以后都忍不住有点儿急了,面红耳赤,拍桌子瞪眼,终于大哥指着我的鼻子恶狠狠地说:"不争了。"他说:"郭宝昌!在我们这一代一定要实现共产主义!咱们打个赌,假如共产主义在我们这一代不能实现,咱俩死后,做一个特殊形状的棺材,你躺在那儿,我跪着!"我也毫不示弱:"大哥,在我们这一代如果实现了共产主义,你躺在那儿,我跪着!"那天出了校门谁也没送谁,各回各家。

中学的生活终于结束了,每个毕业生都面临着前途命运的抉择。大哥第一志愿似乎报的是北大哲学系。我由于从小喜好文艺,决定报考中央戏剧学院和北京电影学院。这遭到了大哥的坚决反对:"你要干什么?整天去和那些资产阶级的少爷小姐们鬼混,你的雄心大志都跑到哪儿去了?"我奇怪了:"怎么了?艺术院校就不是无产阶级开的吗?"大哥振振有词:"祖国和人民有更重的担子交给你!"说实话,我真不知道祖国和人民有什么重担要交给我,我早已深知,我这样出身的人,功课再好也轮不到我去名牌大学。尽管我也参加了统考,第一志愿北大中文系,但我的必然结局最好也不过就是师范学院中文系罢了。这又很怪,这一专门培养教育人才的责任重大的学院,专门收罗出身不好的学生,像一个专门倒剩饭剩菜的泔水桶。

果然如我所料,我们文科班中六个出身不好的学生(包括我和后来当了北京市市长的李其炎)全都进了"泔水桶"。幸亏我同时考上了中央戏剧学院和北京电影学院。后来我才知道这两个学院为了招收我都费了很大的周折。我决定进电影学院。不管大哥对我怎样横眉冷对,我依然兴奋莫名,一头扎进各种电影、戏剧的理论书籍中,做着入学前的准备。

那时高考尚未发榜,大哥终于又登门了,他以一种充满了忧国忧民的精神对我说:"宝昌,我想通了,你应该进电影学院,要把电影掌握在无产阶级手中,要占领这块阵地!电影的影响太大了,你不去谁去?"我这个大哥是不是太可爱了!他怎么这么纯、这么透!

大哥说他爸爸要见我。我来到他家中,他爸爸拿出一个红皮儿的笔记本给我,说是送给我考上大学的礼物。那笔记本很精致,当时至少要两三块钱才买得下来,这对于他们家是笔不小的开支。打开扉页,是老爷子写的几行字:"宝昌贤侄:我是个粗人没有文化,用我的粗手写几个字——为工人拍电影,为农民拍电影,为士兵拍电影!"我不住地点着头,一句话也说不出。我想哭!

高考发榜了,大哥跑来给我送信儿,叫我猜他考上了什么学校。

我见他目光炯炯，两眼放光，一定是考上了名牌儿。"北大？"他摇摇头。"复旦？"他又摇头。我猜不出了。他掏出录取通知单塞给我，原来是北京政法学院。他根本没报考这个志愿。大哥激动，那种发自内心深处的激动："宝昌！你想想，为什么把我分到这儿？党需要我们这样的人掌权，党需要我们这样的人执法！我一接到通知书，我就全明白了。"大哥的话，我深信不疑。

一入大学我们见面的机会骤减，但书信往来不断。我一直保存着他的信，厚厚的一大摞。他的字很没水平，大方块儿字，笨拙得难看，但字里行间的革命激情，常常令我钦佩和羡慕。

随着三年严重困难的到来，我的激情猛退，我深知这"困难"有天灾，也有"人为"原因。而大哥在一封长信中只是痛快淋漓地把苏修骂了个狗血喷头，我已不愿再和大哥进行任何争论。有时一两个月才见一次面。他回家，电影学院是必经之路。我们宿舍临街，只要路过，他必大叫我的名字。我叫他上来，他拒绝，我匆忙推车出来与他会合一起回家。我问他为什么总是不进我们校门，他说他讨厌见我们学院那些资产阶级的少爷小姐。我说我就是资产阶级少爷，他说你不是！

一九六〇年夏是我二十岁生日，母亲为我举行生日宴会，宾客满棚，生日礼物堆满一床，我正在吆五喝六地痛饮，仆人说我大哥来了。我忙出迎，一起进了我的书房，大哥进屋直奔书架，愤愤地一把将"维纳斯"拿下，用力地扔到床下，然后从书包中恭恭敬敬、小心翼翼地拿出一尊毛主席的半身石膏像放到了书架上，转身就走。步伐之快使我不得不紧赶慢赶地送他出门，竟至连一句话也没来得及说。这是他送给我的生日礼物。

一个新的人生关卡立在面前：毕业分配。大哥的学业是四年制，我是五年制，因此他早我一年，他被分配到新疆伊犁。那时正值苏修挑起边境争端，那是一个充满了火药味儿的险地。分配表上无人填写这个地方，他第一个报了名，且没有和家里人商量。

学院党委叫他在毕业生大会上介绍一下自己的思想斗争过程，以及如何向家里做的说服工作。他很愤怒："什么过程？我没斗争过！家里听说我要去，我妈说，这种地方咱们不去谁去？说服什么？没什么可介绍的！"就这么轻描淡写！只有我知道这些话的分量！我听到这个消息首先想到的不是去得太远，而是他那一身发硬了的破棉裤棉袄如何抵御边陲的寒冷，我必须帮助他，不管他怎么痛骂"资产阶级"！我说，大哥，你这身行头到了新疆还不把你冻死？他说怕艰苦就不到那儿去！我说："你一个人活该。你总要带床被子褥子走吧，那你家里就得三个人盖一床被子。"他冲着我发了半天愣，低下头不说话了。我又说，你不要再给家里增加困难了。他说他要再想一想。

第二天他借了一辆自行车来了。我知道他一定会来。我把早已准备好的皮帽子、皮猴、皮手套、皮靴、被子、褥子、三十斤全国粮票、二十尺布票交给了他。他默默地将东西高高地捆在后货架上，只说了句："我走了！"使我最欣慰的是，他没有说一个"谢"字！当送他去火车站的时候，我无法抑制内心的痛楚。那天送他的人很多，除家里人外还有很多同学。我趁乱匆忙溜出站台，在北京站外广场上久久徘徊，我不能经受火车启动时那种类似生离死别的目光。还是溜了好,把眼泪流给自己。

大概隔了四天,还是五天,我接到了大哥来自新疆的第一封信。不知怎么了,拆信时两手有些发抖,那是一封厚厚的写满了十几页纸的信。由于后来我把这封信作为大哥绝非"反党反社会主义"分子的铁证交给了电影学院党委,所以我记得非常清楚。这封信使大哥躲过一次灾难。

他在信中写道:"亲爱的兄弟,走进我们的办公大楼,那真是满目疮痍!几乎所有的玻璃窗都被打碎。满地的碎玻璃、倒伏的文件柜、散落的文件、烧焦的窗木框,一片劫后的恐怖气氛。我,穿着你的皮猴、皮鞋,戴着你的皮帽、手套,感受着兄弟给我的温暖,我更清晰而具体地明白了党为什么把我送进政法学院。党为什么把我派到这个地方来?×你妈的苏修,我要和你血战到底!我在办公室一个人坐着,一直到天亮……"那愤怒,那豪情,那凛然的正气,从纸面上,从那笨拙而又难看的大方块儿字中喷薄而出。早已麻木了革命激情的我,又一次被震撼了。那时的我,已对无休止的政治运动不满。那些干巴巴的口号、形而上学的标语、苍白无力的号召,早已激不起我丝毫的兴趣,而大哥的信还是震撼了我。

在我毕业的前夕,在伟大领袖"千万不要忘记阶级斗争"的号召下,我被一场文化界的整风运动席卷而成了劳改犯。在我交代问题时其中重要的一项是交代我与大哥的反动伙伴关系。没有人相信,大哥与我生死相交十年,竟然会不反动!放在别人身上我也不相信。

当时我已是四面楚歌,连许多揭发我的人都难逃厄运:你既说郭宝昌向你散布了反动言论，那么你怎么表的态？反对了吗？没有，那么你也反动！反对了，那好，汇报了吗？揭发了吗？斗争了吗？没有，那你依然反动！过关吧小子！不扒你几层皮想蒙混过关？白日做梦！因此，我绝不能交代一句我向大哥散布过什么反动言论。可谈何容易，整我的人都是高智商，是身经百战的整人老手，每每一针见血地揭露我的"反动"谎言，令人汗颜。

我差点儿把我和大哥关于"共产主义"的打赌交代出来，那可以证实大哥是坚定的无产阶级战士。话到嘴边我刹住了：大哥为什么不向有关部门举报揭发？岂不更连累大哥？于是我想到了那封信，大哥从新疆寄来的第一封信！在有关人员的监押下我回家取来了这封信。管用！他们不再追问大哥散布过什么反动言论了。

可问题又来了：物以类聚、人以群分，我这样一个浑身长满反骨的"反动"家伙怎么会和一个坚定的无产阶级战士成了莫逆之交？我交代我们的交往只局限在文学的争论、艺术的探讨，没有任何其他交往，大哥甚至不吃资本家的饭，不喝资本家的水，阶级阵线分明！又不对了，大哥那封信上明明写着穿着我的皮猴，戴着我的皮帽！这么大的漏洞居然被我忽视了，浑身是嘴也说不清了。大哥呀！你当时就该坚持"不吃资本家的饭，不喝资本家的水"的坚定的无产阶级立场，既然那么多年两个人盖一条被子都坚持过来了，三个人盖一条被子又有什么了不起？你终于没有经受住资产阶级的诱惑，中了糖衣炮弹！

我承认大哥在我死皮赖脸不得已的情况下勉强接受了外援。那么目的何在？我说自然是腐蚀拉拢。拉拢他干什么？世界上没有无缘无故的爱，也没有无缘无故的恨！要交代"缘故"！我也并非低智商，立即明白了他们想叫我交代什么，我说我早已看中了大哥是一个不可多得的人才，我要通过腐蚀拉拢把他从无产阶级的队伍中分化出来，充当我复辟资本主义的马前卒，只是由于他太革命了，以致十年间我未敢向他散布一句反动言论，这次送皮衣皮帽被子褥子是我"反革命"步骤的第一个缺口，可他的来信又使我复辟资本主义的梦想化为泡影！——于是结案。

这是怎么了？明明是大哥看我是个人才、不遗余力地要把我从资产阶级的营垒中拉入无产阶级的队伍里来，怎么反过来了？然而，办案人合乎逻辑的推理一下子变成了不争的事实，严密得连我自己也不得不相信这是事实！我的案子株连了不下二十个人，只有大哥幸免于难。

此后我与大哥再无联系。我没脸联系，我被判三年进了劳改队，"文革"开始又被宣布为无期徒刑，四年后又被当作"活靶子"送到干校继续接受批斗。直到一九七一年初干校的人跑光了，只剩了五个人——四个表现极好的积极分子和我。

有一天早上，我刚起床，排长推门而进："郭宝昌，你还不回家赖在这儿干什么？"我一头雾水没有听懂。排长一脸严肃："难道还叫我给你一个人儿做饭吗？"这次我听懂了："这么说我可以走了？"排长似乎很生气地说了一句："你早就该走！"摔门而去。我有生以来第一次感到了解放军的温暖，连忙收拾了简单的行李滚回北京。

这一年是我一生最轻闲的日子，既无事可做，又有同学每月把

从中学时代起我就叫他"大哥"

后来的大哥几乎完全变了一个人

代领的工资送到家里。我结了婚。我几次想去大哥家看看都止住了,我这个身份去人家里不是给人家添堵吗!有一天中午,我和爱人穷极无聊地逛大街,看到同仁医院对面居然出现了一家小花店。怎么不"四旧"了?便进去看花。冷不防有人猛地一掌击在我的后颈上,打得我两眼直冒金星。是谁如此无礼?我回身正欲发作,发现站在我面前的竟是大哥。

八年了,他竟没变样。我介绍了我的爱人。我爱人说:"久仰久仰,宝昌没有一天不说到你。"大哥说:"净说我坏话了吧?"我爱人说:"没有,把你说得像神话传说中的人物,今天总算见到了。"于是一起到我家见了我母亲。我家早已被扫地出门,如今住在一间七平方米的简易房里,生活穷困。大哥神色有些黯然,然后又一起到了大哥家,依然大杂院,矮平房,但境况明显好转。

五个孩子均已工作,看来早已告别大蒜就窝头的日子了。只是老爸身体不好,他作为工宣队员进驻清华,一进校门就被学生一扎枪戳穿肺部,经抢救又活过来了,算捡了条命。大妹妹说话很冲:"活该!一个工人管人家大学生干吗?你管得了吗?蹬鼻子上脸,给个棒槌就纫针(认真)!"我心想,怎么这么说话?老爸却嘿嘿笑了:"我他妈贱骨头!"饭后(那顿饭真是很丰盛)大哥送我回家,到了家门口,我又送大哥回家,来回送到了深夜十二点,重温了中学时代的"十八相送"。当然谈话是从我进劳改队开始。大哥无论如何不相信我会成了"一小撮儿"。"你?进监狱?这怎么可能,我以为你早已经入了党,在电影界贡献才华呢!那么多的样板戏拍成了电影,我一直在找你的名字。我到你家找过你,可你家已下落不明。"我告诉他我信仰过,崇拜过,忏悔过,洗刷过。可大哥依然在关心着派性的发展,两派的谁是谁非,新疆的运动,领袖的最新指示,红色的江山怎样代代红……他还是那么"透",那么纯。我真不知道,我们两个到底谁是悲剧。

我把我所知道的有关江青一伙的劣迹讲给他听,还有"文化大革命"的种种荒唐……我抑制不住地又向他散布"反动言论"了。我知道我恶习难改,无可救药,可我就是不愿意说假话。大哥听傻了。尽管是在深夜行人已很稀少的街上,大哥仍不安地东张西望。他把我拉到大街的中心,神色紧张地说:"说吧,这儿没人听得见。你说的这些东西我一点儿都不知道。"我们站在街心聊到东方发白。

这时的大哥已不再是"不吃资本家的饭,不喝资本家的水"了。我俩或在他家吃饭,或到我家痛饮。大哥很有酒量。他也刚结婚不久,妻子是新疆的同事。由于常来常往,大哥也认识了我的很多朋友。

可能是我的人缘儿不错,每天来访的朋友不断。我计算过一次,最多一天竟有八批客人共二十一人次。屋子太小,我只好每天清晨起床先把床拆掉搬到院里,然后米缸、橱柜、小桌全部搬空,沿墙放一圈儿小板凳。深夜最后一批客人走后再全搬进来。

人来了,总要吃饭喝酒,这样每到月底,我们夫妻俩那点儿工资便显得捉襟见肘。终于,有一个月还差五天才发工资,我已经分文无有了。我不敢向母亲说,便悄悄地奔向了大哥家。晚上十点,他不在家。老爸问我有什么事,我说没事便匆匆离去,借钱的事没好意思开口。第二天清晨,我一边往外搬床板一边思考着上哪儿去趸摸俩钱把今天对付过去，总不能让客人啃窝头就大蒜吧！忽然大哥来了，他帮我搬完东西，把我拉到街上，眼中闪着狡黠的光："昨天晚上找我去了？"我点点头。大哥："没钱了吧？我替你算过，你们家三口人，可每天平均吃饭人数七至八人，你那俩工资够干什么的！"他把早已攥在手中的钱塞到我的衣袋里，还是那句话："我走了。"我掏出钱一看是四十元。月初发了工资我立即还给了大哥，他二话没说顺手揣进兜里。第二天他又来了，给我母亲买了一大堆营养品，还给我爱人买了一块料子，总值四十元。这就是大哥！我也没有说一个"谢"字。

分配方案终于下来了，我被分配到广西，那里没有故事片厂，只有一个"大跃进"时盲目上马的省一级的新闻制片厂。这次轮到大哥送我去火车站了。晚上，站台上冷冷清清，车厢里几乎全是空的，只有我这节车厢前黑压压站满了送我的人，依次拥抱握手。我寻找大哥，却不见了。火车开动，我仍在寻找，直到远离站台我也没有发现他的身影。我想他大概也正在车站外的广场上徘徊，把眼泪流给自己吧。在我远离京城以后，大哥承担了照顾我母亲的责任。

八月份我爱人回京生小孩，住院、出院以至月子期间，全由大哥照顾。转过年来大哥返回新疆，我们偶有通信，均为家长里短。一九七六年打倒"四人帮"，我接到大哥一封充满激情的信，此后再无音讯。一九七九年我回京平反到大哥家看老爸，据说大哥在新疆很忙，无法回京。

一九八〇年我再次来京参加我的电影处女作《神女峰的迷雾》

的首映记者招待会,再去大哥家,真是晴天霹雳——大哥竟在新疆入狱已经三年多了。他一九七六年十一月被捕,判刑八年,罪名是"四人帮"的小爪牙,迫害革命干部,并有一条人命!

这简直太令人不可思议,太离谱儿,也太荒唐、太戏剧化了!我入狱尚可理解,我太"反动"了,大哥怎么了?这个根正苗红,对美帝、苏修以及各类的资产阶级恨之入骨,对共产主义无限忠诚的大哥,居然进了监狱!家里人说他是冤枉的,我开始了对大哥的营救。

当时我正筹备一部新片的拍摄,便委派我的一个极能干的心腹携巨款(我母亲已于一九七八年去世,留下遗产,并给我落实了政策,那笔钱在当时真是天文数字)去新疆捞我的大哥。我每天和我的心腹通一次电话,指挥他如何上蹿下跳,指挥他如何"腐蚀拉拢"干部,花多少钱都不要心疼。我那个心腹是位神通广大、呼风唤雨的人物,绝非等闲之辈。这次他栽了,除了安慰一下我大嫂,带着大哥年龄尚小的两个孩子吃吃饭、洗洗澡,留下一笔钱以外,一无所获地回到了北京。

据他说大哥在新疆民愤很大,作为一派的头头曾夺了市委的权。在大哥主持的一次批斗会上,尽管大哥没有动手,但确实打死了一个人。可据大嫂所述又完全不是这么回事。心腹劝我不要再努力了,没戏!我怎能死心,又通过一位朋友找到了当时最高人民法院的一位老领导。我侃了一个小时,大哥的弟弟又侃了一个小时,这位老领导靠在椅子上始终闭着眼睛静静地听,看到那副"冷漠"的样子,我心里凉了半截。岂料,当我起身告辞时,老领导忽然睁开眼说："我清楚了，我给新疆写封信。"我的心狂跳着走下楼，对引荐我的那位朋友说要不要送一份厚礼，朋友说千万别送，一送礼就全砸了，那时的党风硬是廉洁！

不知是因为大哥在狱中表现得好，还是因为大哥确实冤枉，或是那封信真的起了作用，一九八二年中，蹲了五年半大狱的大哥被提前释放、保外就医。我当时被判四年，他是大哥，当然应该比我长，多了一年半。我们哥俩扯平了。我早说过，大哥偏颇的思维方式，屡屡地让自己害了自己。

他以后的经历简直叫人欲笑无声、欲哭无泪，或曰哭笑不得。他一出狱，原单位便欢迎他回去，给他安排工作。大哥一口回绝，不行！说必须先给他平反，他才答应回去工作。单位又说你先回来工作，平反的事以后再说。他说不，不平反就不工作！听见了吗？倒好像人家是在求他，叫你回来工作就不错了，那是看得起你，给你面子，你还给脸不要脸！真他妈的，你工作不工作关人家什么屁事，请君自便！大哥成了无单位无工作的无业游民。

人总要活着，更何况还老婆孩子一大堆。大哥四处打小工，好在监狱里什么活儿都干过，一肚子学问早已一钱不值，只剩了两膀子力气。筛沙子、搬石头，上脚手架，扛水泥构件。首先得活着，什么美帝苏修只好先靠边儿站了。这一阶段他没和我进行过任何联系，我接到他的最后一封信还是他在狱中写的，说在狱中看了我拍的一部电影，大受好评，他自豪，听到别人的赞美声，他心想，这是我弟弟拍的！我再次得到他的消息，大概已是一九八四或一九八五年了，他被获准可以离开新疆回京就医。两个弟弟去火车站接他回家。老爸早已在大门外站了两个小时等他回来,就是不进屋。当老爸终于看见大哥的身影出现在胡同口时,竟然支撑不住跌坐在地上,痛哭失声。

我一得到信息立即向单位撒了个谎,匆匆登机飞到北京。劫后余生,我们兄弟又见面了。大哥完全没有那种历经坎坷后的颓败,双目炯炯,语锋依旧犀利,只是话比以前少了,经常是微笑着坐在小板凳上听别人聊天,偶尔插插话。我又提起中学时打赌的事,大哥像孩子一样笑了。他说他待不了多久还要返回新疆,一家宝石公司聘请他做法律顾问。我放了心。一切云雾散,一切似乎又走入了正常。他告诉我,知道我忙,没事不一定常写信,写不写信我们哥俩心里都互有对方。这话那么温馨,那么熨帖,那么平淡,那么回肠荡气!我只待了一个星期便匆匆返回深圳。他不久也回了新疆,此后几年真的没有通信。我拍片不断,进入了我一生最忙碌的阶段。但我经常想起大哥。

生活真是一团乱麻、一团迷雾,在它的千变万化之前,任何预言家都显得笨拙而可笑。一九九〇年我再次见到大哥,他还好好的,很正常。

那年我五十岁,且正闹离婚。大哥为我做五十大寿,那规格和排场实在有点出格儿。他又帮我出主意打离婚。我向他尽情地倾诉了我的苦闷,并把我这么多年做的好事坏事尽数地抖搂给他。这世界上我只有对他一人可以毫无保留地说出一切,他永远不会出卖我。

他也谈及他的情况,他要做生意。做生意也还罢了,他说他已辞去法律顾问之职,而专门为宝石公司催讨债务,因为每催成一笔可以从中提成,获利可观。我问他催成几笔?曰一笔未成!我已感到不妙了,催债的差事最难当,且极具危险性,大哥不以为然,似乎很有雄心要闯一闯。这与他当年的"雄心"早已是南辕北辙了,但身处商业大潮的裹挟之中,还是可以理解的,可没想到大哥越走越远。不是我不明白,是这世界变化快!

一九九四年的秋天,大哥突然出现了。此时的大哥,几乎完全变了一个人,在他身上我已找不到原来大哥的影子了。

整个八十年代到九十年代初,中华大地发生了巨变,这变化使世人震惊、国人瞠目,一个时代的大变迁必然风起云涌,也必然泥沙俱下。小平同志一句"一部分人可以先富起来",立即使穷的、富的、有本事的、没本事的、有文化的、没文化的、有后台的、没后台的……着实地忙活起来。"金钱"不再可憎,一只眼盯着钱,一只眼盯着先富起来的人。

钱,调动了人们的智慧,也调动了邪门歪道!我这位大哥似乎陷进去了,他似乎不是为了个人发财,而是要弄很多很多钱,拯救中华民族和全人类!这钱在哪儿呢?据大哥说,有位高人指示他到北京找一"银主",当在这一年的八月中秋"接上头"。我觉得这明显是个陷阱,大哥却坚信不疑,并果然接上了头。

据说三个月之内这笔巨款便可到手。开始我只是当笑话听,我想大哥也不会太认真,三个月不是眨眼就到吗?到了,却连个一分的硬币都没见到。又说春节,可到了春节,仍然如是,又推到"五一",又"十一"。据说由于"十一",海关放假,钱进不来。这明显已露出了破绽，似大哥这样优秀的人会看不出来吗？到现在我也闹不明白大哥的心理上究竟发生了什么样的变化？我解释不了！

以后发生的事便越来越不堪提及：与大哥接头的人称，这笔巨款若从海外进关须打通某些环节，需要钱！诚实的大哥开始了无休止的借贷，从家里到朋友，几乎借遍，说是两三个月内必还。您千万别以为大哥是骗子，他不是！我以我的人格和全部信誉担保！到一九九九年的时候，据我所知，他已负债至少八十万元，这些钱在大哥手中没有一笔超过两个小时。大哥苦守清贫，到了经常只能喝粥的地步。即便喝粥，这粥钱也是弟弟、妹妹支援的。大哥呢，依然信心十足，如此这般地演绎着马拉松式的"狼来了"的故事。这种故事顶多三次也就没人信了，可大哥把这故事已整整演绎了八年。二十一世纪了，二〇〇三年了，大哥依然在这条路上苦行僧似地奔波着。

我那聪慧睿智、博学多才的大哥哪儿去了？我的心无比沉重！

不是我不明白，这世界实在实在是变化太快、太快了！

大哥！我的好大哥！

亲大哥

我前面写的"大哥",那是朋友之间的亲昵称呼,他姓刘,我姓郭,并非亲大哥。现在要说的是我一母同胞的亲大哥,他姓王,我姓郭。这又奇怪了,亲兄弟也不同姓?我亲生母亲中年拖油瓶再嫁,我哥随继父姓。我两岁被卖,随养母姓。其实我们哥俩全姓李。姓氏一改,长年失散以后便难寻找,只要知情人隐瞒,登报、贴满街的告示,一概无用。我哥哥徒劳地找了我十几年。我也东一榔头西一棒槌地瞎找了好多年。

一九六九年元旦过后,我结束了劳改生活被遣送回电影学院。从挨整到释放整整五个年头。春节过后,我同一九六四年至一九六五年入学的同学一起下放到张家口地区清水河边的腰占堡村,在由四六一九部队管理的干校劳动,直属六十五军一七二炮团。我天真地以为自己已平反(直到后来我又被揪出来批斗才知道我与其他下放同学性质完全不同,我属于戴着"反革命"的帽子下放,继续监督劳动改造),所以心气儿很高,干活儿卖力。我有四年劳改的底子,连里这点儿活真的不在话下,我被分到菜地劳动。我最高兴的是，开集体大伙，吃饭不限量，我顿顿都可以吃饱，甚至吃"撑"。

连部门口挂着一个信口袋，所有来信都扔在里面自己去取。我"戴帽儿"多年，所有的亲戚朋友基本断绝了来往，谁也不想沾包儿，所以这信口袋我从不光顾。入夏，一天出操回来，我所在的三排，集中在屋里听排长训话，最后三排长举起了一封信问："这封信是谁的？在信兜里插了一个多月没人领，大家传看一下，没人领就退回去了。"于是这封信在同学们手中一一传看，并大叫着不是我的，等传到我的手里一看，信封上写着"李保常收"。

信来自徐水县户木公社孙村营大队，这显然与我无关，我正要往下传，无意中翻了一下信封背面，竟还有行字，写着"此人如不在你处，请将信退回'莲花向'（现荣光胡同六号）"。"向"字写得像"何"，不知是"莲花巷"？还是"莲花荷"？肯定是写了个错别字。这名字太古老了，属于当年妓女云集的"八大胡同"的一个支脉，早已改名"荣光胡同"。这分明是我三姨家的地址。我惊愕地说这信大概是我的，同学们奇怪地望着我。排长说，你又不姓李，怎么是你的？我说背面是我三姨的地址，这是绝对没错的。因为几年来我为了寻找亲人，只还和三姨有联系，但每次回信都告诉我下落不明。

同学们拥上来开始起哄地大叫："拆！拆！"排长说拆别人的信拆错了要负法律责任，我说我负！我把信拆开读了不到三行，眼泪便扑簌簌地落了下来。这正是我亲大哥王顺才的来信，他找了我十几年啊！最后写道："你若是我的弟弟，请速回信与我联络。"同学们一声不吭地望着我,传看着这封信。排长说找到亲人应该高兴,是好事嘛,哭什么!我说不出在哭什么,心中如倒海翻江一般,几十年的恩恩怨怨,迷离恍惚的身世之谜,九死一生的寻寻觅觅,劫后余生的坎坎坷坷,一下子涌上心头。屋子里静极了,同学们的目光中基本上没什么同情而是充满了好奇。

我当即给大哥回了信,告诉他我是他的亲弟弟无疑。他也很快回了信,写了许多文绉绉的思念套话,显然是请别人代笔。我又立即回信,叫他速来干校会面。我急于想见到他。我也好奇呀!同学们好像比我还急,天天催问我大哥什么时候来,他们无法想象亲哥俩,一个是学了电影导演的知识分子,一个是贫下中农的生产队长。还有一些人怀疑是我做的"局",想捞政治资本。那时一个人的出身是太重要了。"龙生龙,凤生凤,耗子生儿会打洞"嘛!要不怎么分出"红五类""黑五类"呢!大哥回信了,说他立即动身来干校,他也急着要见我。

从菜地收工回来已是傍晚。连部把我叫了去,告诉我张家口警卫排来电话,有个王顺才到了,要我去接。我有些兴奋。有位同学Q君非要和我一起去,以先睹为快。我和Q君匆忙吃了饭就上路了。从腰占堡到张家口大概有二三十里地,并无交通工具,走到警卫排已经很晚了。

警卫排的战士告诉我,王顺才出去看朋友了,今晚不回来。这令我十分泄气。也不知他张家口会有什么朋友,三十年没见过面,居然都不等一会儿。我忙问小战士,这个人长得什么样儿?他是我没见过面的哥。小战士仔细打量着我说:"像,鼻子、眉毛、眼泡都像，比你瘦，小了一圈儿，不过不留神看不出是亲哥俩。"我和Q君只好去军部招待所住了一晚。

第二天刚一起床，警卫排来了电话，说王顺才回来了，正在等我。我和Q君忙赶了去。小战士见我一进门儿就冲里屋大喊："起来吧，你兄弟来了！"大哥居然躺在战士的炕上睡着了。睡眼蒙眬的他见我走进里屋，没等我看清模样便抱住我大哭起来。还莫名其妙地说了一句："兄弟啊，我可受了苦咧！"我完全想不出该说些什么，只叫他不要哭，该高兴。他带了一口袋红枣、一口袋花生。我叫他给警卫排战士留点儿，他一下子差点儿没倒出半口袋，倒少了怕人笑话，真实心眼儿。

我们踏上归途，我才知道大哥找到我的过程。他确实找了我十几年，用李保常的名字登报、贴告示都无结果。由于当年卖我是由三姨转的手，便托我三姨寻找。每年我妈和我大哥都到三姨家打听我的下落，三姨都说下落不明。其实我每年都要见两三次三姨。直到一九六五年三姨才告诉他们说我已入了大狱，是"反革命"，发配到云南，死在大狱里了。编出个云南，大概是说得越远越好，断了他们再寻找的念想。妈和哥都死了心。

直到去年，我舅爷爷来京办事看我三姨，三姨夫生病，三姨扶着他上厕所，舅爷爷想卷根烟抽，找不到纸，就掀开炕席找废纸，炕席下压着几封信，舅爷爷拿起一张字纸看看还有没有用。他上过几年学，识字，竟然发现是我写给三姨的信，寻找我的母亲和大哥。他着实惊了一下，忙又偷偷地拿了信封揣在怀里带回老家，这才有了一个月前我哥的来信。

大哥说真不知道三姨是怎么想的，何必瞒着呢？我说这么一对口供就全明白了。三姨多次向我说："你是无产阶级的孩子，你是就这样跟着你养母过下去了，还是回到我这儿跟我过？我是你亲姨，谁最疼你，你心里应该明白。"她这是想叫我回归到她那儿。不说她当年倒手卖我干赚了一百二十块现大洋，而且二十年来她每月都从我养母处拿"保密费"，这件伤天害理的事我已当面向她捅破并骂过她，居然在二十年后还要我自动地走回来——她又白捡一个可以养老送终的大学毕业生。可见人心不一定都是肉长的。

大哥到此时也才恍然大悟，为什么三姨死瞒了这么多年。大哥咬牙切齿地说："兄弟呀，三姨可是黑了心了，你可不能去跟着她过呀。"

到了干校，大哥的出现立即产生了轰动效应，像大明星一样地被同学们围观。花生、大枣被一抢而光。大哥毫不怯场，谈吐自如，很见过世面的样子。他的一口家乡话（就是赵丽蓉老师表演小品的那种口音），惹得同学们不住地大笑。这时我已交了女朋友，忙介绍给大哥，奇怪的是，大哥显得不太热情，只是不住地斜着眼睛上下打量。

到了吃饭的时候，把我吓了一跳：偌大的馒头他吃了六七个，我女朋友特意为他炖了一只大母鸡，也一顿"造"光。我就够能吃的了，比起他小巫见大巫了。我最多时吃过三斤二两羊肉包子，看样子我哥能吃四斤。我说："哥，你真能吃。"哥擦了擦嘴说："不饿，没干活儿吃不下，是有日子没见过白面了。"好家伙，这还"吃不下"？我知道了家里一定很穷，也没往心里去，到底穷成什么样到后来回老家才清楚。

晚上，我和大哥单住在老乡家里。躺在炕上我问他张家口怎么会有朋友，这才知道，当年我爸乞讨冻饿死在北京街头，我妈先后卖了我姐姐和我，依然无有生计。天桥"小桃园"戏院的白经理说给我妈找个事由，一辆小驴车把我妈和我哥送到张家口一家豆腐坊。老板姓张。

第二天白经理不见了，张老板说他已把我妈卖给了他，并有契约为证。白经理拿了钱，回北京了。整个上了一个大"狗当"！从此我妈白天当老妈子，晚上当小老婆。我哥才十一二岁，每天负责给豆腐坊挑水，一百多斤重的水挑，一挑就是一天，挨打受骂是家常便饭。一年后我妈生了个女儿。由于不堪虐待，她终于带着一儿一女逃出张家口，沿路乞讨回到老家躲了起来。新中国成立以后我妈再嫁，我哥姓了王，于是四个儿女便有了四个姓，王、郭、张、陈，就是没一个姓李的。我这才明白见面时我哥说的"兄弟，我可受了苦"的意思。

我说大家一样，我劳改四年也吃尽了苦头。我哥觉得那也比不上他苦。我说，你知道失去自由的苦吗？大哥很不理解，说那有什么苦？问我，劳改有饭吃吗？我说饭当然有的吃，哥说，有饭吃你还苦什么？还能比要饭苦？

这话说真实在！

我哥又小心翼翼地问我，白天那个女的是你相好的？我说是我女朋友。

"那个人行吗？"

"那个人挺好的。"

"瘦成那个样儿，能生孩子吗？"

"那哪儿知道。这也不能先试试。"

"能过日子吗？"他还是不放心。

"你什么意思？"我有些不满了。

"我看她不是个过日子的人，城里人就知道享福，哪懂过日子？"

"哥，我跟她已经定了。我在劳改时就想过，出了大狱以后，第一个走到我面前说'我爱你'的女人，那就是我媳妇了。她是第一个。我一个劳改释放犯，有人看上我就不错！"

"你不缺鼻子不缺眼的，凭什么看不上你？告诉你吧，咱村儿里好闺女有的是！粗腰大屁股能生孩子的、膀大腰圆能干活的……你要有文化的，咱村有俩小学毕业的，还有个上过初中的，要什么样的有什么样的……"

"哥你别说了，我这事儿已经定了，你别瞎操心了。"

大哥也有点儿不高兴。他说嫂子能干，里里外外一把手，膀大腰圆给他生了五个，还得生。你得找个能生孩子的。我惊讶地问他生那么多干什么？他说一个家里没有男劳力还行？我也只好当他随便说说，没往心里去。

第二天一早出工，哥哥非要和我一起下地。到了菜地，他看了看说你们都歇着吧。我们十来个都坐到了地头儿的土坡上。他一个人耕地、浇水、施肥、间苗，半天干了我们十个人一天的活儿，方显出英雄本色。晚上吃饭，我女朋友给他炖了一斤红烧肉，加上连里伙房打的半盆菜、半盆子米饭,他又一顿"造"光。我不住地劝他吃饱了就行了,别撑着,下顿还有。他拍拍圆鼓鼓的肚子说这点儿东西要是撑着了,还干什么活儿呀!

待了三天哥提出要走。我说刚见面怎么就走?他说整天大米、白面吃着不干活儿还行?享不了这福。我说你不是干活儿了吗?他说这也叫活儿!我说三十年没见面,好些话没说呢,他勉强答应了。

连队干校突然要搬家,转移到宣化沙岭子,连里顿时一片混乱。开始了如逃难一样的大搬家。三五成群溃不成军。新干校设在一座废弃的大监狱里。我们连占据了最后的一排大房,前面是一排排小监房,一间间如鸽子笼般窄小阴暗。从不知"组织纪律"为何物的学生们立即纷纷占领:摄影系的学生做暗房,音乐学院的学生做琴房。经过打扫"装修"以后,一间间小房成了谈恋爱的、私藏偷来的东西的、开小灶儿的、讲故事的、哥们儿饮酒聚会的密室。我和大哥也占领了一间,白天干活儿,夜里聊天儿。

哥哥是条汉子。困难时期,饥荒肆虐,草根树皮都吃光了,几个干部找到我哥说要饿死人啦,粮库里还有一部分公积粮没有上缴,给乡亲们分了吧。哥说不行,万一上边儿查出来,非坐牢不可。村干部苦苦哀求说坐牢也比饿死强,孩子们都不行了。大哥下了决心,夜里偷开了粮库,这粮食救了一村的人,可大哥自己一粒都没拿,并说出了事我一个人顶着。"四清"来了,干部"上楼"。我哥是生产队长,粮库丢失了粮食,他第一个被抓出来审查交代。哥只有一句话:"不知道,我一粒粮食没拿过。"整整一个月"下不了楼"。一位村干部悄悄给他通风报信说快交代了吧,我们都交代了,你还顶着干什么？哥只说了一句"这叫什么事啊"，并没有过多地埋怨大伙儿。

哥哥又向我说了农村家里没有男劳力是绝对不行的。我才明白他为什么生了那么多孩子。前三胎都是女儿，哥哥急红了眼为此竟打过我嫂子。第四个才是个小子，他高兴了，说接着生，肯定还是小子。第五胎出世那天，接生婆在里屋忙活，他焦急而又紧张地在门外等着，一听到孩子落地的哭声，他便叫："生了个什么？生了个什么？"里屋人没敢回话。他等得不耐烦，掀帘子冲了进去，拉起刚生下的孩扯开腿一看，女的，竟气得把孩子往炕上一扔扭头走了。嫂子坐月子，他竟一个月没回家。后来嫂子一提起这事儿还掉眼泪。我哥说还得生，再生个小子为止。我能说什么呢？生就生吧。好在那会儿还没提倡"计划生育"。

我哥长这么大没拍过照片。我有个相机，苏联的佐尔基五型。本来查抄了，放我出狱时又发还给了我。我给哥哥拍了不少照片，摄影系的同学也给他拍了不少。晚上我把他带到暗房看洗印照片，他看傻了，当显影液中的相纸渐渐出影像的时候，他竟大叫了起来："看，看！快看！出影儿啦！"把洗照片的同学吓了一跳。

哥临走时拿了至少上百张照片，他激动地说这拿回村里去还不得炸了！了不得，你们这里头全是能人。

连里的劳动工具坏了很多，哥看见了，一声不吭地把坏的工具全修好了。大伙这才发现他有一手极好的木匠活儿，于是炊事班的缸盖、锅盖、碗橱、立柜、放各种瓶瓶罐罐的架子，他全包了。更有甚者，当时同学们打木箱子成风，木料都是从军部仓库偷来的床板。纷纷求我哥哥帮忙打木箱子，好烟好茶招待，好酒好肉伺候着。他一下子忙了起来，也没工夫跟我们下地了。也怪了，顿顿吃好的，他的饭量还是那么大。

有一天连里吃炸酱面，各班都是用脸盆打回去班里吃，我打了一盆面条回去了。过了一会儿，我班值日的同学来打面，炊事班长说郭宝昌已经打走了。值日生说那是给他哥打的。炊事班长说："他打了一脸盆，他们俩再能吃也吃不了一盆。"值日生说："那一盆根本没端回去！"当时我们住的大狱离老乡的村子很近，同学们有事经常去求老乡，各有各的关系户，便经常把连里的馒头、豆包，甚至鸡蛋、花生油偷给老乡。班长、司务长多次围追堵截，怎奈这帮学生很有些游击战的经验，甚至开辟了由女厕所翻墙而过的秘密通道，从未被抓获。这次班长怀疑多打面条是去送给老乡。两人吵了起来。

正当此时，我端着空盆又回来了，说不够吃，还得半盆儿。值日生说你看怎么样？他哥哥一人儿就吃一盆！炊事班长惊得目瞪口呆说，好家伙，这也太能吃了。隔着一条公路还有另外一个学生连是戏校的红卫兵演出队，一帮哥们儿听说我哥会木匠活儿也纷纷登门求助。我哥又跑到演出队忙了好几天，晚上还听他们唱戏、吊嗓，过得高兴，吃得满嘴流油，每天小肚子溜圆。第十天头上他走出演出队，被连队的狗在腿上咬了一口，哥哥的脸色立时变了，一回到屋里立即提出明日就要回去。我叫他再玩儿几天，他坚决不干，而且垂头丧气，十分懊恼。追问再三，他才说叫狗咬了很不吉利，怎么劝都没用，只是重复说不吉利，不吉利！只好叫他后天走，无论如何明天和大家告个别。

第二天我去连部交伙食费，家属探亲都要交的，可连里说什么也不收，说大哥干了那么多的活儿，炊事班都焕然一新了，按理说应该给你大哥工钱。到了儿没收大哥的伙食费。他来的日子不多，人缘儿极好。大家争着请他吃送行宴，闹腾了一个晚上。我问他还有什么事儿，有什么要求尽管说。他说兄弟呀，你能不能帮我个忙，村儿里早就通了电了，可装上电灯的没几家。电线杆子是从村外过的，装电灯要出钱买电线，几百米电线，谁买得起？还有，村儿里有本事的都不糊窗户纸了，改用塑料薄膜，稻田里有废薄膜能不能捡点儿回去？我一口答应了。

入夜我潜入部队九五仓库，从后窗户翻进去偷了两大捆军用电线，一大捆塑料薄膜，通过女厕所的秘密通道，由我女朋友放哨弄了出去。先送到老乡家藏好，第二天一早，几个哥们儿就弄到火车站托运走了。我送我哥到宣化火车站，我说年底我一定回老家看看，也看看亲生母亲。

我哥这才很为难地告诉我，本不该说老家儿的不是，可咱这个妈，把你卖了以后，没两年又把十三岁的姐姐也卖了，而且是卖到了"窑子"里。这话如晴天霹雳把我震晕了。这是人干的事吗！我问哥，现在姐还活着吗？找了没有？哥说想找，可妈死活不说在什么地方。我说等我回老家问她。从这一刻起，我与我妈之间便有了深深的隔阂。

我又掏出仅有的四十元钱给我哥，叫他给孩子们买点儿东西，他死活不要，说你又不是开银行的，给了我你怎么过？我说我每月发工资，每月都有四十元，这月的伙食费交过了，反正饿不着。他仍急赤白脸地不要。

我真急了，硬塞给了他，谁知他一下子呜呜地哭起来。我连忙劝他别哭，他说："兄弟呀，你要不给我这钱，我就回不去了，我身上一分钱也没有，没钱买火车票。"我惊呆了，说我不给你钱你怎么办？他说当年他和妈被卖到这儿的时候，他在张家口和宣化还有几个朋友，只好去求他们借个路费钱吧。我生气地说你宁可找朋友借都不花兄弟的钱，哪有这个道理？他说这些天，我看你们买酒买肉，又照相还抽烟卷儿，开销太大了，哪好意思要你的钱！这就是我大哥！我们在干校以为是十八层地狱了，可在他看来是高不可攀的天堂。我们之间隔着一道厚厚的帷幕，很难沟通啊！

大哥走后不久，干校风云骤起，开始抓"五一六"。我作为死老虎，先被揪斗，以震慑"五一六"分子。我才知道我仍戴着"反革命"的帽子，根本没有平反，而且我的罪名又多了一条：以亲哥哥的名义冒充贫下中农，妄图改变反动的阶级成分。

此后"五一六"分子造反逃跑、上访告状，连里整个儿一个乌烟瘴气。紧接着林彪又摔死在温都尔汗。同学们一个个纷纷逃亡回了北京，连队完全失控。我的女朋友也在斗争大会上公然宣布断绝和我的一切来往，我再次进入了生命的最低点。这时，我中学的一位最要好的朋友打听到我的下落突然来干校看我，如我这样的处境，还能来看我的人，实在令我由衷地起敬。他在北京去看望了我的养母，说她想我想得整天哭，快双目失明了。我心痛如绞，良心发现，"狼性"消失了。我以回老家探望从未见过面的亲母为名请了探亲假，我先回京探望了养母，接着我又犯了一个不可饶恕的错误——告诉她要回乡下探望亲生母亲——她很大度地同意了，但心中结下了永远摆脱不掉的怨恨。

我大哥听说我要回家真是喜出望外，并给我写了一封信。因为我向他说过，以后写信自己写，看着亲切，不要找人代笔。新中国成立后他上过识字班，也认识一些字，所以这封信是他自己写的，意思全能明白，可其中有一句怎么也猜不出："你这回来千万带上你的胡琴和招阳鸡。"我会拉胡琴，在连里他常听我拉，自然想带回家叫我露一手好热闹热闹，可这"招阳鸡"是什么东西？我们几个同学一起研究了很久，估计是一种优良品种的鸡。我忙去问老乡，也都不知道，只知道有"土鸡""九斤黄"什么的，没听说过"招阳鸡"。晚上我又拿出信来反复研究才恍然大悟，肯定是照相机！我还买了很多糖果，四条胜利牌香烟，一些头巾、花布之类的礼物。又特地买了四十斤白面、五斤大米，知道家里吃不上细粮。

大哥借了两辆自行车，骑一辆拖一辆到徐水火车站接我。下了火车还有二三十里才到家。

大哥告诉我家里安了电灯，窗户纸也都换成了塑料薄膜。他去连里时我女朋友送给他一个熊猫牌半导体收音机，这在村里引起轰动。大哥怕人乱动，特在屋里接近房顶的地方挖了一个墙洞，把收音机放了进去，惹得村儿里的孩子天天跑来仰着头往上看，总以为里面有个小人儿在说话。哥说他一下子成了村儿里的大户，回家那天，村儿里人像过节一样全跑来看他。看见他拍了那么多相片都惊奇得不得了，边看边偷，现在剩没几张了。又告诉我，说妈这些天吃不下睡不着，想起过去的事就哭。她后来嫁的这个人姓王，是生产队的饲养员，哥说你要不愿叫爸，就叫叔吧，大爷也行。

快进村儿了，大哥突然问我："你是住家里和妈一起还是住外头？"我说哥你真聪明，我住外头。哥说我知道你不待见妈，我都安排好了，住我朋友家吧，炕都烧上了。我说你安排好了还问我，哥说谁知你什么心思，我不过是防备你这一手罢了。到了家，妈和那姓王的早已站在门口，我叫了一声"妈"，妈掉泪了。我又和姓王的胡乱说了两句什么就进屋上炕。哥后来说我还想听你叫他什么，结果你哼哼哈哈地就糊弄过去了。

嫂子带着"三千子弟兵"进来了，五个孩子乱叫着"叔，叔"。当地把"叔"都发"收"音，全叫成了"收，收"，我把糖果给孩子们，一个个欣喜若狂。从孩子穿的衣服上那整整齐齐的补丁，看得出嫂子是个持家的能手。笑破不笑补嘛！孩子们都很干净，我把小礼物分送每个人，没我妈的。她拿过我的提包乱翻，我反感地把包夺了回来说都是给孩子的。我妈掀开一个篮子，里面是一篮子鸡蛋，她说听说我要来没舍得吃攒了一个月，我的心为之一动。母子之情是天性。看着她苍老的脸，一种扯不清的亲情还是涌了上来，这是她力所能及的唯一的表示了。

大哥急着拉我去他屋里，进去一看已经坐满了人。我忙拿出一条烟来交给哥，他似乎犹豫一下还是打开了，一轮烟就发了一包。人越来越多，屋里挤不下，外边人上窗台把窗户掀开站在窗台上趴着往里看，不住地赞叹着王家二小子发了财了，不抽旱烟抽烟卷儿，直闹腾了大半夜才散。躺到炕上，哥问我那"招阳鸡"带了没有，我故意逗他说没有带"招阳鸡",带了一只"九斤黄"。哥说以后他不写信了。我说就是要你自己写,写得不通也看着亲切。哥问我能照多少张,我说两卷六十四张,他愣住了,大概太少了。他说早已经答应人家了,都排好了号儿了,看来一家也只能一张了。他又一家一家地算起来。

第二天早上一起床我在外屋洗漱,忽然来了个姑娘站在门口,我忙叫:"哥,来客人了!"哥撩开里屋门帘子看了一眼什么也没说又把帘子撂下了,我觉得太不礼貌,忙招呼姑娘里边坐,姑娘却笑了一下扭身走了。没两分钟,又来了一个高个子姑娘,也不进门往门框上一靠冲着我笑,我忙又大叫:"哥,来客人了!"哥这次连帘子都没掀,喊了一声知道了,没等我说往里请,姑娘咯咯地笑着跑了。我正在奇怪,忽然又来了个胖姑娘站在门口叫顺才大哥,我忙往里让,姑娘不进来,只听哥在里屋喊了一声:"行了,回去吧。"姑娘又跑了。

我忙着刷牙,大哥一撩帘子走了出来问我,这仨姑娘怎么样?我说挺好的。又问,哪个好?我说我刷牙呢没注意看,这仨姑娘怎么了?哥说,你相中哪个了?我责怪地说,相中什么?我都没看清模样。大哥懊恼地说你这个人呐,人家是来相亲的,你看中了哪个这就成了!嗨!我这才恍然大悟,这不胡闹吗!什么跟什么就成了?我一下子就跟哥急了,叫他再不要搞这种荒唐事。大哥极不高兴地说你那个女朋友比得了吗?一看就不是过日子的人。

我不再理他。过了一会儿他问我早上想吃点儿什么?我知道家里穷,千万不能给他添负担,就说吃贴饼子吧。哥一下子愣住了,惊讶万状地望着我。我忙说你千万别做什么好的，我就爱吃贴饼子，哥呆呆地望着我，一脸的尴尬，我不解地问怎么了？只好又说随便吧，你们吃什么我就吃什么。哥说你怎么一早儿起来就想吃干的？我说那吃什么？他说早上起来喝点稀的就行了呗。天呐！我这才知道，家里根本没什么粮食，每天早、晚两顿稀，只中午吃顿干的，我一大早儿就要吃干的，这个要求实在是太过分了。

无论如何我也没想到家里会穷成这个样子。

解放二十几年了，毛主席号召"闲时吃稀，忙时吃干"，我们家早响应得超前了，闲时稀，忙时也稀，一年到头，年年如此。我惭愧得无地自容，忙说随便随便！一锅稀的端上来了，那也叫"稀"吗？一锅清水只在锅底有一薄层小米粒。孩子大人一人一碗，嫂子突然端上一碗杂面条，上面还有俩鸡蛋，放到了我面前。我惊呆了，这不骂我吗？我忍心吃吗？我吃得下去吗？我把碗推给了大闺女。哥急了，立即夺了回来叫我吃，再三推让，我的眼泪快下来了，坚决把碗推给大闺女。我要急了，哥只好把碗端起说了句："她也配！"把一碗面放到唯一的儿子面前，儿子立即狼吞虎咽地吃起来。四个闺女看得两眼都冒出火来了。

我拿着相机跟着大哥走门串户。五个孩子跟在我旁边，后面还有好几十村儿里的大人孩子，浩浩荡荡。毛主席的"最新指示"发表也没这么热闹。大哥的小儿子两眼总盯着我的相机，我就把相机挂在了他的脖子上，四周响起一片赞叹声。大哥一再嘱咐儿子千万别碰了、摔了，脸上呈现出难以形容的得意之色。这在村儿里实在是风光啊！一照起相来麻烦事就多了，一家人洗头洗澡梳妆打扮换新衣服，足折腾了一天。

第二天又带我去公社的毛泽东思想宣传队，拿上我的胡琴，叫演员们轮番地唱样板戏，教他们拉胡琴。围观者众，水泄不通。回家路上一个女孩子跟上了我，白白净净的长得很漂亮，高高的个儿，身材极好。一路上哥的脸色一直阴沉得可怕。我们一路上聊着"样板戏"。到了家门口，哥突然对女孩子说你老跟着我兄弟干什么？没事儿回去吧！姑娘没能进门儿很扫兴地走了。我埋怨哥太不礼貌了。哥说："我一眼就看出她打的什么主意，瞧她那个样儿，就不是生孩子过日子的人。"哥哥是认准了那粗腰大屁股的了。

晚上躺到炕上哥哥劝我说兄弟呀，回来吧，你要回村儿里来那可就了不得了，谁敢说你是"反革命"？在外头受那个气干什么？家里多舒心呐！你也不用种地，就你这本事，干点儿什么都能吃干的。大哥的话，语重心长，充满了兄弟之情。这么多年了，头一次享受到亲人的关怀、真挚的情谊，我内心涌动着无限的温暖。我说我身不由己，将来如何全要看组织上的安排。

聊到半夜，嫂子忽然送来了一张刚刚烙好的鸡蛋饼，说回到家了，整天喝稀的实在过意不去。我说你们不是天天喝稀的吗？我这才几天算什么，嫂子叫我趁热快吃，我没再谦让，和我哥一人吃了半张。我实在是饿了。

第二天一大早我和哥去集市买肉买菜，决心改善一下伙食，一下子买了五斤肉。哥哥心疼得不得了。大柴锅炖了满满的一锅，也没酱油，白不呲咧一点儿也不好吃。孩子们吃疯了，五斤肉一顿"造"光。惊讶之余我无限伤感，我以为这五斤肉能吃两天呢！除了过年他们见不到荤腥啊！第二天又买了五斤，一顿"造"光。第三天又买五斤，剩下了。

　　农民是很容易满足的啊！他们一年到头辛苦劳作，吃点儿肉，吃点儿干的，就这么难吗?！我又买了五斤肉、五斤韭菜，用我带回的白面包顿饺子吃。五斤韭菜一毛九，我给了一张两毛的，卖菜的小女孩说没有一分钱找，我说那就算了。哥哥立即瞪起了眼不依不饶地要那一分钱。小女孩真的没有，两人吵了起来，我不耐烦了，提着菜先走了，大哥才不得不追了上来埋怨我大手大脚。我说不就一分钱吗！他说一分钱怎么了？她该给的，她这是投机倒把！这怎么能和投机倒把扯在一起呢？哥哥不停地数落着我："有这么过日子的吗？好家伙咧，一分钱就不要了，你们家是开银行的？一分钱就不要了，好家伙咧，这么过日子还行？你们家有多少钱呐，好家伙咧，一分钱不是钱啊？有这么花钱的吗？白给人家了……"我实在忍不住了，说你要再啰唆我立马儿买张火车票回北京了啊！他不再说了，一个人大步向前走去，不再理我，一直到了家门口没再和我说一句话。后来一想也是，家里连酱油都买不起，一分钱对他来说很重要啊！

　　我要走了，和哥哥嫂子商量该向我妈摊牌了，一定要问出姐姐的下落，就算卖到妓院也该有个地方。哥说你问她她也不会说，她怕丢人，怕……我忽然问大哥，妈有没有听窗根儿的毛病？叫嫂子出去看看。嫂子看回来说下雪了，雪地上一溜小脚印儿奔了北屋。哥问我怎么知道妈有这毛病，我说做了亏心事的都有这毛病。

　　第二天一早，我妈一见我就说昨儿晚上你说的话我都听见了。

我逼问她把姐姐卖到哪儿去了？她死活不说而且坚持说没卖到那脏地界儿，还下决心要跟着我走。我说我戴着"反革命"的帽子还不知道将来发配到哪儿，跟着我干什么？她说你走到哪儿我反正跟到哪儿！我愤怒地说你不说出我姐的下落，我永远不再见你！她很惊慌，愣了半天突然嚎啕大哭，哭得大概全村人都听得见。哥毫不客气地说：你还哭？还有脸哭？快说！妈终于说出把姐卖到了那脏地界儿，在西四报子胡同，哭着说："我对不起你们，我不是人……"

此后我再没见过妈妈。直到八十年代她去世，哥哥都没有告诉我。现在我老了，回忆这些事心里很不是滋味，我似乎不该这样对待我妈妈。

大哥去报子胡同找过我姐。派出所的户籍警说有这么个人，解放初期随一大批妓女从良去了唐山一家纺织厂。哥又托人去唐山找，据说找到了，可姐姐谁都不认。她是伤透了心了，她被卖时才十三岁呀！

临行前，姓王的拿出五元钱，给我，说初次见面表示个意思。这五元钱在我看来简直儿戏，可对他们说来简直能要了他们的命，我能要吗？姓王的忽然又冲到我的面前指着我的脚说你穿这个不挤脚吗？我穿的是一双黑皮鞋。他非常奇怪，好好的人，脚上怎么会穿这个？他没见过皮鞋，回家十天这是他和我唯一的一次对话。我说不挤，挺舒服的。大哥嘲笑他说："这叫皮鞋，连皮鞋都没见过！"我说呢，这些天姓王的总是看我的脚，他这是实在憋不住了才鼓起勇气问个究竟。

我要回去了。大哥送我去徐水县火车站。时间还早，便到车站附近一个脏乱差到无以复加的小饭馆吃饭。要了两斤馅饼，屋里有七八个虎视眈眈的乞丐。馅饼一端上来，便有两个乞丐过来伸手要。他们很有规矩，每张桌子分别由不同乞丐管理绝不越界。我很见不得这个，便把馅饼推给乞丐。大哥立时急了，狠狠地轰赶乞丐，那两个要饭的已见我要给他们了，如何肯走？死伸着手要。我说哥，给他们吧，再去买两斤，哥说你没事儿干了，那么多要饭的人你给得过来吗？！我又争执了两句，哥急了，我脱口而出："哥，你也要过饭！"这下坏了，哥的脸登时通红，低下头不再说话。我把馅饼推给乞丐，又买了两斤，哥不吃。我后悔，我深深伤害了他的自尊心，是我比哥哥高尚，更有同情心吗？完全不是！我哥也是饥民呀！远没有轮到他去救济穷人呢！我一再道歉，哥才勉强吃了两个，剩下的用报纸一包带回家给孩子们去了。

回到连里没多久，同时接到家乡的两封信。一封又是哥哥给我介绍对象，我的亲事他时刻挂在心上。另一封是他叫那个女孩子写的，还附上了一张照片。女孩子初中毕业，村儿里的"知识分子"，梳齐耳短发，一身军装腰横皮带，手持红宝书并举在胸前。典型的粗腰大屁股。我回信说你要再给我介绍对象我就不再理你，这事儿才算告一段落。

一九七二年夏，部队干校分崩离析，学生们快跑光了，我也被赦免回京等待分配。我申请结婚，居然批准。北京只有我养母的七平方米小屋，如何办喜事？只好向朋友借了一间五平方米的小屋权做洞房。婚后五天哥哥来祝贺，凌晨三点骑上借来的自行车，下午五点才到，一进门便蹲在地下抱头痛哭。我吓了一跳，忙拉起他问出了什么事？他说给我带的结婚礼物在永定门检查站被查抄了。问他带了什么？两瓶香油！检查人员说他投机倒把，没收了。凡进城农民均受检查，农产品一律没收，简直与强盗无异。

中国农民是不是太老实，太善良，太好欺负了？两瓶香油，我哥连酱油都吃不起，他一家一年不吃不喝能买得起几瓶香油？吃饭的时候我给他倒了一杯茅台酒，说这是周总理招待日本首相田中角荣时喝的。大哥很庄严很神圣地抿了一口，说什么也不喝了，他说这么好的酒叫我喝不是糟蹋东西吗？我说这酒你喝过了，别人怎么喝？不喝也得倒了。他这才把一杯酒喝了，得意地说这下回村儿里有的吹了："好家伙咧，周总理喝过的酒！"我又带他去了天安门、天坛、北海、故宫博物院。

一进故宫他两眼就直了，我充当导游边走边讲。中外游客甚多。进了太和殿看着皇帝的宝座他忽发奇想：兄弟，我进去坐一下，你给我拍个相。我说不行，不叫进，没见拦着绳子吗？他说叫我当回皇上吧，坐一下就起来。我说真不行，管理员要抓你的！他说我蹿进去一坐，你准备好机子赶快一按，不等他抓我我就跳出来了。说着抬腿就要往里跳。急得我死拉活拽地把他弄出大殿，惹得那么多参观者都回头看我们。

第二天他说他去火车站接个朋友说点事儿，一会儿就回来。早上七点多钟走的，到了下午一点还没回来。我不放心了，莫非迷路了？不会，北京他常来，路是熟的。出了什么事？找不到家门儿了？出去看了好几趟也不见个影儿，直到一点半才见他满面春风一脸得意之色地回来了。

我问他上哪儿去了？他笑着说进站接人没人理我，等出站的时候朝我要票，我说我又没坐火车哪儿来的票？人家说站台票，我说有这规矩吗？接个朋友说几句话还要票？非叫我拿五分钱补一张票，我能给吗？我说买张票进动物园我还看只老虎呢！你这车站里有什么？我看见什么了？凭什么给你五分钱？你得给我讲出个道理来！管理人员见他蛮不讲理，把他扣在了办公室，不补票就甭想走！哥说不走就不走，谁怕谁呀？反正也没事，要钱，休想！就这样，朋友是早走了，他从八点一直坐到了下午一点，硬是没掏这五分钱。管理人员终究耗不过他，只好挥挥手叫他快走。

　　五分钱耗了五个钟头，你值吗？大哥说值，时间对他并不重要，可那五分钱能买半斤盐呐，他不能花冤枉钱。我对大哥刮目相看，还有点儿反抗精神嘛，可前两天扣你香油的时候你怎么不反抗？他说那不犯了法了吗？说我投机倒把，那可不是闹着玩儿的！哥哥不懂什么法，也不懂什么叫投机倒把，要不怎么说那卖韭菜的小女孩儿投机倒把呢？

　　转过年来我被分配到广西南宁，很难回京了，更不用说回老家。年底我爱人回家生小孩儿，我哥不顾养母的情感能否承受，来京看我爱人和孩子。我养母还是很大度地接待了他，可他待了半天便吓跑了。原因是我养母有洁癖，他一进门便要他洗手，他洗了；他要抱孩子，又叫他洗手，又洗了；该吃饭了，再叫他洗手，他急了，说怎么进门没一会儿就叫我洗了三回手了。后来经我爱人一再要求，我养母又实在累得不行，便叫我哥的二女儿来伺候月子，结果闹得不欢而散、水火不容。

此后，我给大哥又寄过几次钱，但我生活过于艰难，慢慢与大哥失去了联系。他来过几封信，以为我记恨他女儿和我养母不和，其实我到一九七九年才平反，不但生活拮据，事业也无望，平反后急于追回失去的年华，工作起来玩儿了命了，哪还顾得上我哥。这一下子又是三十年。

二〇〇一年，我六十一岁了，电视剧《大宅门》问世，轰动一时。哥在家乡看了，派他在京打工的女婿找到我。送来了一篮子水果，两瓶香油，还有绿豆小米什么的，并告诉我家里日子好过了，不但有了沙发，还有了电视机，叫我无论如何回老家看看，我答应了。并叫他先来京玩儿几天，然后一起回老家。那时我在拍《宅门逆子》，每天被记者包围，他们非要和我一起去火车站接我大哥。

火车来了，人都走光了也没看见他。出了站再找，我的手机响了，他用公用电话打的。也在为找不到我着急。我说我们那么一大帮人还扛着摄像机、举着照相机你没看见？他说看见了，那阵势像等什么大首长，就赶紧躲着走了。我叫他认一认哪个是我新娶两年的媳妇，他在几个女人中看来看去，便乱指了一个，不是柳格格，因为那太不符合他"粗腰大屁股"的标准了。柳格格天生瘦小。

回到摄制组，一进屋正赶上一家出版社给我送稿费，我转手给了大哥，叫他在北京的时候花。哥又不要，我说现在挣钱容易了。没想到大哥说你容易吗？你太不容易了，你吃了多少苦，受了多少难，遭了多少罪，学了多少本事才有的今天！你这是用命换来的！这都是他在电视中看介绍我的节目时看到的。

他为我骄傲，叫我不要惦记他，他现在的日子可好了，并神秘

我姓郭,我的亲大哥却姓王

地问我："知道我现在过的是什么日子吗？"这可叫我一惊，莫非他搞了什么名堂发了横财了吗？他十分自豪地告诉我："兄弟呀，我和你嫂子两个人一年能吃上五百斤白面了！现在孩子们进门儿，我就敢说：'拿个馒头吃吧！'"大哥这话太叫人心酸了，怪不得总是提倡"今昔对比，忆苦思甜"呢！四十多年了他们不再喝稀的，而是吃干的了，而且是白面，这是什么生活？哥认为这就是共产主义了，一九五八年毛主席说要"超英赶美"，现在怎么样？美国人两口子一年能吃上五百斤白面吗？

再有三天，我们摄制组就要停机了，下午我把大哥带到拍摄现场，大哥立即被记者包围接受采访。哥落落大方，面对记者谈笑风生，对记者来说他成了新闻人物：郭宝昌会有这样一位亲大哥？第二天见了报，大哥惊奇得不得了！我说大哥你上个镜头吧，留个纪念，他惶恐地问行吗？别给你演砸了！我说没问题，当着那么多记者们都不紧张，没问题。

他问演什么？我说看两个人打架，你站在旁边喊好鼓掌，演不好我就不用啊！他说行！叫他换服装，他不换，说他穿的这身衣服都是好料子，你们城里人也没他穿得好。我说这是三十年代的戏，你这身太时髦了，其实他这身衣服怎么看也是进城的农民。换好服装站在镜头前，显然有点儿脸不是脸，鼻子不是鼻子，好在照明师、摄影师都很卖力，很关照，抓拍了不少，顺利通过。大家起着哄地夸奖他，他来劲儿了，向我说："兄弟我还告诉你，我就是有那个演戏的天分，在乡里我还上过台呢！"真想不出他上台什么样儿。

摄制组停机的第三天大哥要回去了，他人缘儿好，组里的人都喜欢他。不少人送给他礼物，甚至有红包，有戒指，有手表。我说送他一个彩电，到了商场，他就是不要，说家里有，一问才知道是个九寸黑白的老掉牙的电视机了。我给他挑了一个二十九寸的"长虹"。他说太大了屋里没地儿放。我说你是木匠，做个柜子不行吗？其实就是嫌太贵。最后我急了，说是我给你买，用不着你瞎管！临行时，我和柳格格与他同行，一起回老家看看。

又是三十年啊！许多记者、演员、朋友也要跟去，于是七辆汽车组成的车队，浩浩荡荡地出发了。路上我才知道，据哥哥说当年卖孩子卖的是他，人家看了八字以后说这孩子不行，命苦，就是种地的命，这才把我换了去，说我的八字大富大贵。我说哥呀，当年要是卖了你那现在你就是导演了。哥说我没那个命，卖了我也当不了导演。在车上他又给家里打了电话（家里已经安了电话），说我要吃贴饼子，一定准备好。

我要回家的消息，村儿里早传开了，而且县里一辆小轿车追了上来，强行超到前面拦住了车队。县委宣传部的干部特意下车欢迎我回到家乡，并请我到县里去。我哥哥不住地捅我。我当然明白了，说只有半天时间还要赶回去。一上车，哥就说甭理他们，你要不来，这些当官儿的从来不搭理我。

车队进村，可老乡们都远远地望着，没一个人近前。我问哥这是怎么了？哥说你是大人物他们敢往前来？这叫我忆起了三十年前，我回家时那里三层、外三层围观的情景。那时我什么都不是——当然也是，是"戴帽儿"的"反革命"，却与乡亲们亲密无间，现在无形中与乡亲们之间隔了一堵厚厚的高高的墙。当所谓

"大人物""名人"有什么好?

一进院子顿时叫我眼花脑涨,大哥一家二三十口人老老少少、男男女女全等在院子里,嫂子来来回回介绍了好几遍,我也闹不清谁跟谁。那六个(后来大哥果然又生了一个儿子,这才罢手不生)儿子闺女下面又已是一大堆儿子闺女了,都抱着我哭叫着:"收(叔)!收(叔)!"屋里已摆好了饭菜,是特请镇上一个有名的厨师来做的。贴饼子端上来了,我心花怒放。孩子们都不吃,看都不看,光去抓馒头花卷。只有我和柳格格吃,那实在太难吃了,根本咬不动。不是嫂子用柴锅贴的,是儿媳妇用饼铛烙的。那我也吃了俩,两桌菜剩了有一半儿。

大彩电装上了,孩子们欢欣鼓舞。大哥又带我去看一块宅基地,说是给两个儿子留的,假如我回来的话这块地就留着给我盖房。大哥还是盼着我叶落归根呐!

回到屋里以后的情形却越来越不好,我发现绝大多数的孩子都不上学,不是家里供不起,而是厌恶上学。有的打工,有的倒腾服装,只想在外挣钱。一个个分头把我拉到一边说悄悄话,要我带他们进京找工作挣钱。我愤怒了,全体集合,我说你们爷爷奶奶没文化睁眼瞎;爸爸妈妈没文化,是文盲;你们第三代了,居然还这样!老一辈儿的是没办法。你们想干什么?上学没钱我管。以后你们到北京,我一开门先问你上学没有?你要说没上,对不起滚出去,我连门儿都不叫你进!谁考上了大学,我负责你的全部学费,毕了业没工作,我替你找工作。

我是真生气了,脾气发得太大了,气氛一下子变得很紧张,一直到走都笼罩着不愉快的情绪。车队出村了，可我确实把一个愿望留在了村里：上学吧，孩子们！一个家里出了一个大学生，整个家庭的素质都会改变，就不会满足于两口人五百斤白面。二十一世纪了！

以后我由于拍片太忙，柳格格只好一个人在朋友陪同下又回了一次家乡，给我哥哥嫂子留了一笔钱，又买了冰箱、洗衣机。这下倒麻烦了。当我拍《大宅门》后三十二集时，特意邀请我哥哥和嫂子一起来京玩儿，可到车站一接，还是哥哥一个人。我问："嫂子呢？"他说她可来不了了，家里钱多了，又有彩电、冰箱什么的，我俩都出来，万一叫人偷了那还了得，家里怎么也得留个人。我说叫孩子们看着不就行了，没那么严重吧？哥说兄弟呀，你是不知道啊，过去卖东西的走到咱家门口吆喝一声就过去了，现在好家伙咧，站在门口吆喝起来不走。你嫂子是大买主，别人一掏不过一两毛钱，你嫂子一掏就是二三十块啊，那不招眼吗？您瞧，日子好过了有好过的难处。

大哥又提出了新要求，他还要演戏。《宅门逆子》在电视上播出以后，家乡人都看了，而且看到我大哥那两个镜头，立即传遍四里八乡，我哥成了"大明星"，出尽了风头。这次他还要演，而且要有台词，我说行。晚上排戏我叫他跑了个群众，演个卖卤煮火烧的小摊贩：人家吃完了给钱，大哥一边切肉一边回头说："谢谢！"大哥问："这就完了？闹了半天就俩字儿？"我说："这就不错了。"换了服装系上围裙，给了他一小块肉和菜刀、砧板。他还是有点儿紧张，拍了好几条才算完成。

第二天，一见我又说这事儿。他说回去以后一夜没睡，躺在床上想啊想啊，演得不好，主要原因是给他那块肉太小了，切着切着切完了，拍了好几回没的切了。光拿刀在那儿比画能演好吗？回头说"谢谢"也不好，应该再客气点儿笑着说。

于是，他再次提出还要演一个，要戏多的，要台词多的。我说你行吗？演戏不是闹着玩儿的。他说他行，怎么就信不过他呢？我断然拒绝说不可能，你不可能在一个戏里演两个人、出现两次。再说您那一口家乡话也叫人受不了。他磨了半天也没有成效，居然找到柳格格走后门去了。死缠活磨，格格只好说，你兄弟不发话，谁说也没用。大哥只好作罢，不无遗憾地说：我兄弟怎么就信不过我？

写了一大篇流水账。我哥哥是个大好人，他心地善良，为人义气，勤劳朴实，真诚厚道，他是个高尚的人，所有中国农民的优点他都具备。他来电话说在他的"督导"下所有的孩子都上学了，我松了一口气，我们都盼家里出个大学生，哪怕是一个。大哥也是快七十的人了，我想帮他，起大棚种菜、办鸡场、买辆车跑运输，他都拒绝了。他说他过得很好，叫我千万不必挂念，他很知足了。我愿他长寿，晚年好好过几天舒心的日子，天天都能吃上白面馒头。

我们房头的两位小姐

那年,我八岁。在家族中我人小辈分大,常言道"萝卜虽小长到背(辈)儿上了",那没辙,连孙子辈儿在年龄上也要长我几岁。雯和芹是我们这个房头儿的两位如花似玉的娇小姐,已经是二十几岁的大姑娘了,见了我也不得不叫一声"小叔"。由于家族大,人口众多,且等级森严,我又是个外来户,作为养子无法和正牌的少爷小姐相比。我还住在大宅门外面,偶尔进宅门一次,极少能见到家族中的上层人物。

这年夏天,暑假,我的养母忽然传我进宅吃西瓜,仆人说是个很少见的无籽西瓜。我立即被打扮成长袍马褂、小帽盔、千层底儿鞋的小少爷,在仆人引导下七拐八弯到了上房院的东厢房。八仙桌上放着一个极漂亮的西洋搪瓷盆,里面盛满了碎冰块儿,中间镇着半个西瓜,上面插着一个精致的小银勺。仆人在一旁看着我将西瓜吃完,然后去上房向我的养母汇报。一会儿转回来告诉我可以走了,好好上学别贪玩儿。合着我除了西瓜谁也没见着。

仆人又引领我穿堂过室,到了二厅垂花门下,两个亭亭玉立的

小时候的芹小姐

年轻时候的雯小姐

小姐与我擦肩而过。突然她们叫住了我。这是我第一次看见雯姑娘和芹姑娘，她们是小大房的两位小姐，长得实在是好看，尤其是雯，可谓天生丽质。两人都穿着浅竹布的旗袍，身材修长。后来我才知道，这是我们四大房头儿里长得最漂亮的小姐。雯望着我问，这是谁家的孩子？仆人答曰二太太的儿子。雯拉着芹的手说："姐，这就是二太太买的那孩子。"芹说："哟，咱俩还得管他叫叔呢。"两人极为好奇地看着我，说我长得好玩儿，又问我上学没有，在哪个学校，几年级，等等，我很局促地一一做了回答。

雯一边问我话一边不停地摸我的头、脸，揪揪我的耳朵，我感到很不自在。雯说这么热的天还长袍马褂你不热呀你？我说热，奶奶非叫我穿的。雯笑了："这年头的学生哪儿还有穿这个的，叫你妈给你换身行头吧啊！"忽然雯大叫："嘿！姐！你快摸他的耳朵，这么软和。"芹忙伸手摸我的耳朵，俩姑娘一人揪住我一只耳朵，不住地揉搓。我从未经过这种阵势，这叫什么事儿啊！雯说，真好玩儿，这么软和，男人耳朵软不好，长大了怕媳妇。两人哈哈大笑，仆人也站在一边笑。我有些不知所措，只觉得后背全叫汗湿透了。

后来她们又说了些什么我已听不清了，一回家便很气愤地将长袍马褂脱下扔在床上，并发誓永不再穿。这是一九四八年，北平就要解放了。

此后我与两位姑娘见面不多，但每次见面我都无可避免地要被她们揪住耳朵揉搓一番。我从开始的不自在慢慢竟感到了一种温馨。我喜欢这两位小姐。雯极有艺术天赋，她古琴弹得好，师承于查阜西、管平湖二位大师；二胡拉得好，师承于蒋风之先生；钢琴弹得也好，且有一副甜美的歌喉。

有一次她自弹自唱一曲歌剧的选段："风吹那个雪花满天飘……"我站在院中听得入了迷。她发现了我，叫我唱，她伴奏，我说我不会唱歌会唱戏，于是她找来二姑一起唱《二进宫》。她的青衣，二姑的老生，我的铜锤。她夸我嗓子好，有味儿，有机会一起票一出。但我后来成了北京东城颇有点儿名气的票友，经常粉墨登场票一出，再去找雯，她早已无心唱戏了，此乃后话。

我十二岁才正式走进这个大宅门，岂料两三年间，两位姑娘的命运已经起了地覆天翻的变化，往日的温馨爱抚已荡然无存。我见到的芹已是满面木然，两眼呆滞；而雯则变得乖戾孤僻、寡言少语。我上高中时候才知道了那惊心动魄的一幕，那是北平解放前夕的事。

可以想象，这样的门庭，这样的美人儿，当时求婚者之众真可说是踢破了门坎子。而芹却一个也看不上，她早看上了她二哥的一位大学同学。此人与二哥志趣相投、思想先进，使芹知道了外面还有另一个世界。

一九四六年，二哥为了逃避家庭的包办婚姻毅然出走，跟随这位同学一起参加了革命，而且入了党，直到北平解放才随解放大军入城。芹与那位同学再次相会而且私订了终身。那位同学没能在京停留，很快便随大军南下，两人相约书信往来。可这种事如何瞒得住？很快芹的母亲便知道了。这位母亲是大家族的长房长媳大奶奶，如何能允许自己的女儿嫁给一个共产党？于是，南方的来信突然中断了，芹不明就里，仍不停寄信，皆如石沉大海。

终于有一天，芹在翻找东西的时候，发现了立柜顶上的柜橱里有一堆全未拆封的信件，那正是南方的来信和她写给南方的信。芹惊呆了，她开始拆看南方来信，那最后一封也有半年了。信上非常遗憾地告诉她，他对这件婚事已不再抱任何希望，估计芹已变心，否则为什么在近一年时间竟无一封回信？他已另寻伴侣，且结婚了。芹揣着信去找爷爷，那是一个开明的老爷子。

芹不知为什么没有告状，却看见了爷爷卧室内挂在床头的一把三尺长的鬼头刀，那是爷爷年轻时练功用的。芹偷偷摘了刀走向母亲的卧室。大奶奶午休刚起，芹进门便举刀向母亲砍去。大奶奶吓坏了，她躲开了刀向门外奔去；芹追去，大奶奶号叫着在院里、廊子上乱奔。芹举着刀紧追不舍，仆人们站了一院子没一个人敢上前阻拦。爷爷闻声出来，老爷子练过功，他拦腰抱住芹夺下了刀。从此芹疯了……

芹被送进了精神病院，人们埋怨大奶奶，大奶奶解释把信留下来，是为了芹好。此事对雯的影响是人们始料未及的，她坚决站在芹一边，从此对母亲十分仇视。当时也正在给她说亲，由于大宅门十分封闭，即便解放了，也还是针插不进，水泼不进。姑娘们很少与外界接触，自由择偶几乎是不可能的。雯说，她在婚姻问题上绝不听从母亲的安排，除非她母亲死了，她绝不嫁人！

大家都以为这只不过是一句气话，谁知此后的四十多年，大奶奶竟活到了九十多岁，而雯七十一岁而终，竟然终生未嫁。雯不再是过去那个开朗文静、说说笑笑的小姑娘了，目光中总是充满了一种警惕和仇恨,无论对谁。人学会爱很难,可学会仇恨真是轻而易举。也很少再听到雯的歌声了,她有时把自己关在屋内弹琴,没完没了,可不管弹什么曲子都让人听出一种凄凉。她不再揉搓我的耳朵,经常用一种鄙视的傲岸的眼光审视我。她变得很任性,很自私,好在我已上中学,早出晚归,与她很少照面。

一九五三年,这个大家族终于支撑不住了。分家!各房头各买各宅,各立门户。我和老爷子及养母迁到东华门,大奶奶一家则搬去锣鼓巷。那次搬迁跟鬼子进村差不多,三光政策寸物必争,以雯最积极。我对金银珠宝不感兴趣,只在仓库里看到了一把琵琶,我喜欢乐器,便向母亲提出了要这把琵琶。不料被雯断然拒绝,话也说得很难听:"且轮不着你挑呢!占便宜占到我这儿来了!"我是个自尊心很强的人,这件事(当然还有许许多多的事)对我刺激很大。

除了雯给我留下了极恶劣的印象以外,我更明白了我自己的身份、地位,我立誓发愤读书,必要功成名就。我深知靠祖宗吃饭是没出息的,我视这些少爷小姐如粪土一般。分家后见面更少,老爷子八十大寿在东华门很是热闹了一番,宾客盈门。雯来了,居然芹也来了。芹已经出院。雯依然美丽,芹却胖了一大圈儿,是一种病态的胖,显得臃肿。芹居然还记得我的耳朵,又亲热地揉搓起来,不住地说怕媳妇,怕媳妇!雯却冷眼旁观,显然对我的耳朵已毫无兴趣了。我小心翼翼地和芹聊了一会儿,感到她精神已很正常,我问母亲芹怎么还不嫁人?母亲说没人敢要,万一再犯了精神病呢!

我说不会吧，看起来挺好的。

　　谁知酒宴散后芹又开始两眼发直。她不走，非要在堂屋的大圆桌上睡觉。大家知道她又犯病了，可能是因为喝了一些酒。仆人拿来被褥铺在圆桌上，谨小慎微地哄她睡觉。她刚一躺下，忽然又坐起说她看见鬼了，她指着黑漆漆的院里说："看！那不是来了。女鬼！还吐着舌头，是个吊死鬼。这儿是一所凶宅，当年一个丫头在这屋里吊死了。怎么？你们看不见？"她说得大家都毛骨悚然，直到凌晨三点多钟，她大概是真累了，倒头便睡着了。

　　一九五九年我考上了电影学院导演系，又入了团，我在家中的地位突然发生了巨变。家中的少爷小姐们大多吃祖宗饭赋闲在家，似我这样在学业、政治上双进取的人可谓很有出息的了，用那帮爷的话来说："行啊，宝爷，大学生还在党了！"雯的态度尤其变化大，一次在饭桌上她拉着我的手说："我从小就想演电影。我看了那么多美国片子，那些我都能演。你现在是电影导演了，将来拍电影你得想着我。"我一直想，雯若早年步入电影界一定会成为一个好演员，她太有艺术天赋了，那天还逼着我和她一起唱了一段《武家坡》。可她毕竟已是三十多岁的女人了，尽管看上去像二十五六岁，但她真正的青春时光已经逝去了，这些年在她面前没一个人敢提她的婚姻之事。

　　这是走进了一个什么样的死胡同？真令人费解！可不久我便得到了芹已嫁人的消息，男方七十岁，政协委员。一个星期天，这一对老夫少妻来拜爷爷，两人一进门就给爷爷磕头道喜。七十岁的老人费了半天劲儿才在芹的帮助下站了起来。又转过身给我这个小叔叔磕头，我忙一把将老者抱住死活没叫他磕，自始至终站在旁边的人包括仆人们都在偷偷地笑。我只见芹满面生辉，春风得意，看来是婚姻美满。我想，只要芹高兴，这婚姻就是十全十美。我祝福她，我和母亲都给了他们一个大大的红包。这时的芹已快四十岁了，婚后她度过了一生中最美好的四年。

一九六三年夏，我正在学院上课，家里来电话叫我立即回去：老爷子去世了，死在了协和医院。我立即赶回家，进大门很远就听见了吵闹声，过了两层院进了垂花门才听清那是雯在大吵大闹，矛头指向我母亲。什么老爷子的钱都上哪儿去了？什么上上下下没一个好东西！为什么灵堂布置得这么简陋？这供果是从哪个小摊儿上拣来的……我走进堂屋，已经站满了一屋子奔丧的人，只见雯正边骂边往八仙桌上系桌围。几乎一句一个"他妈的"，完全没了小姐的样儿。

我母亲坐在东里间的书案前面无表情冷眼看着，一言不发。雯突然发现了我，先是一愣，随即大吵大闹变成了嘟嘟囔囔。不一会儿雯又将几个房头管事的人叫到了院里悄声嘀咕着什么。我心里明白，都在琢磨老爷子那些遗产呢！我请示母亲是否给堂房的二哥打个电话叫他来，二哥当时是北京市副市长，在这个家族中是第一权威。

母亲没有表态，我心领神会便到小客房去打电话，二哥答应马上就来。我放下电话忽然芹走了进来，由于人太多我一直没发现她在什么地方。芹一脸祥和之气悄悄问我："宝叔，生气啦？"我说：

"无所谓，大家族的事历来如此，无非是钩心斗角争权夺利，我早已看惯了。"芹说："你甭理她，我妹妹就那脾气，浑！让她闹去，姑奶奶闹丧棚也是在论的。"我说："两位真姑奶奶还没说话呢，哪儿就轮到她了？她还没出嫁呢，哪儿跟哪儿她就姑奶奶了！"芹笑了："按旗理儿姑娘不都叫姑奶奶吗？"我说："到此为止，你告诉雯，假如她再敢越出一步我不客气。"芹叫我消消气，为了雯气坏了身子不值得。我从心底里感到芹是一个太善良的女人。

很快二哥来了，局面大为改观，一屋子人鸦雀无声听他训话。他说困难时期刚过，丧事一切从简，不可铺张，注意影响，不管有什么意见等办完丧事大伙坐下来再商议。老爷子尸骨未寒，你们就有心思吵闹吗？先送老爷子平安入土才能表现出大伙儿的一片孝心。果然，风波暂时平息了，直到嘉兴寺开吊、福田公墓安葬均相安无事。

二哥特意把我叫到一边，问我这些日子怎么样？雯还闹吗？我说没有。

无论如何，老爷子的去世雯是真动了感情真伤心了。几十年来，在老爷子面前雯是最受宠的一个。我们吃饭都各在各的房头吃，只有雯经常被老爷子叫去陪他吃饭，每次出门下馆子也总是叫她一起出去，有了什么矛盾冲突，老爷子也总是护着她。她在家中地位显赫，没人敢惹，这也使她从小养成了桀骜不驯的性格。

丧事一完，雯立即牵头与几个房头联名列出了我母亲的所谓"十大罪状"，说穿了就是要钱，大有办个学习班说说清楚之势。我母亲是个绝顶聪慧的人，早有准备。她以大局为重，息事宁人，将家产列出清单各房平均分配。那些日子我真开了眼，分钱是自然的了，分物实在壮观。先分字画，字画分等级摆得铺天盖地——齐白石、陈半丁的画都没人要——桌上桌下床上地下摆得无下脚处。每房按数协商分配。再分扇子，又是分等级摆得铺天盖地。接着是玉器、砚台、鼻烟壶、字帖、毛皮、料子。整整三天三夜，门前车水马龙，我没发现一个人面有倦色。树倒猢狲散，此之谓也。

其实大家图什么呢？不过三年，"文化大革命"来也，家家抄了个精光。我这一辈儿的爷，打死的打死，自杀的自杀，全军覆没；少爷小姐们被驱赶下乡；落得个白茫茫大地一片真干净。

我有幸在一九六五年便入了大狱，一九六九年"戴帽儿"释放，总算活着过来了。我悄悄到各家探访了一番，大多已人去楼空，无迹可寻。

雯侥幸留在了城里，因为要照顾七十岁的老母。据说在这段患难的日子里，母女两人相依为命前嫌尽释。看来患难比安乐好，人情人性都恢复了。而芹却很惨，她的老丈夫在"文革"初期便被斗死，她自己则被赶到乡下，在大兴县（今大兴区）某村嫁给了一个农民，因为她根本无法自食其力。那是个叫天天不应叫地地不灵的时代啊！奈何？她总得活！

此后我又下干校接受监督劳动四年，又被发配广西控制使用，"帽子"拿在群众手中，几乎与家里断了联系。打倒"四人帮"以后，我逐渐听到了落实政策的消息，发还抄家物资和存款。

落实最早的是雯家，先还了存款十一万余元。这在一九七八年是何等巨大的天文数字。此消息不胫而走，惊动了还在乡下"偷生"的芹，这个受尽凌辱和苦难仍处在饥寒交迫中的大宅门出身的小姐，终于找回娘家要求母亲和妹妹周济于她，但遭到拒绝！芹赖着不走，从日出进城到日落黄昏，雯一口咬定你已嫁出两回，你有你的家，这笔财产你无权拿去一分一文！十一万哪！拿出一两千也足以使芹感激涕零，雯不！最后是出于怜悯还是手足之情，还是怕她赖着不走？雯终于拿出五块钱扔给芹，叫芹快走。芹绝望了，拿了五块钱走出娘家。在街上买了一把菜刀藏在身上又转回了娘家。钱！这个可爱又可恨的怪物，竟能如此残酷地戏弄芸芸众生，一提起来就让人的心发抖……芹说天晚了回不去了，要住一夜，母亲与雯都很无奈，只好任她去。

入夜，母亲在东里间安歇，雯在西里间睡卧，芹关上了门将八仙桌推到门口顶住，便在桌上和衣而卧。大概深夜两点，芹起身持刀先进了西里间。雯只觉得头上一阵冰凉惊醒了，摸了摸头，手上湿乎乎的。开了灯，只见芹的身影冲出屋奔向东里间，再看自己的手沾满了鲜血，雯这才感到自己被刀砍了。突然东里间传来母亲凄厉的嘶喊，雯冲下床奔向东里间，见芹正挥刀一下下砍她的母亲。雯大声号叫着冲到堂屋搬开八仙桌开门呼救，街坊邻居闻声赶来，不一会儿居委会、派出所的人都来了。芹两眼发直地坐在地上。人们忙将雯母女送往医院，将芹送进了拘留所。几天后，芹死在了拘留所。

这真是一段说不清的家庭公案，姐妹、母女、亲情、金钱、社会、环境、恩怨、历史……复合交叉混在一起，全都扭曲变形，真的不可救药了吗？我母亲感慨万分地说："这一刀又还上了，三十年前芹那一鬼头刀没有砍成，这回又算补上了。"雯出院后，额头上留下了一个刀疤，她有意将头发向下梳将额头盖住，她虽已五十多岁但依然美丽如昔。她的母亲也奇迹般地活了过来，然而精神却大不如前。

我母亲没有赶上落实政策，一九七八年辞世而去，遗产当然落实到我的头上。当街道办事处通知我来京办理继承手续时，同时通知我还要先打官司。雯纠集了三个小房头群诉，告我根本无继承权。这场官司雯始终不出面，而指使她的表兄弟出面与我展开了旷日持久的拉锯战。

我不愿打官司，尤其是为了钱，更何况一家人对簿公堂又伤和气又丢脸，同时我正在筹备一部新片的拍摄，根本没时间也没精力打官司。我越这样说，他们越觉得我不敢打这场官司；我当然知道，这官司若打，我准赢。但我仍提出私下和解方案：我继承一半，剩下一半由他们几家去分。他们说要回去请示雯，当晚便告诉我雯坚决反对，遗产只能由他们继承，至于给我多少则由他们说了算，实在是欺人太甚！而且又从某些亲戚那儿传来消息，说雯骂我是野种，要饭的"下三烂"！我也没什么好生气的，对这个大家族来说，我当然是"野种"——我有生母——可不管我是什么东西，我仍是我母亲的唯一合法继承人，这也是无可改变的事实。于是我决定反击，打这场艰难的官司！说艰难，因为很多因素对我不利：雯有钱，十一万在手大可疯狂地走"后门"；再者他们有许多社会关系，某位领导竟给法院写条子，叫给他们"落实政策"。可他们完全没有估计到一九八〇年那正是恢复法治之年，区法院十分重视此案，这也成了当时区里、市里关注的第一大案。

雯太小看我了，她太缺乏法律的基本常识了。经过我和我一帮哥们儿的精心安排策划，我写了反诉状，法院立即接受了。在长期的法庭调查期间我逐渐占了上风。

开庭前夕，他们感到形势不妙，雯找她的代理人与我谈判，说官司不打了，都是一家人何必呢！并同意我原先的方案，我分一半，他们拿一半。我说晚了，一只脚进了法院，那只脚也只能跟进去。我叫他转告雯：她是个不见棺材不落泪、不到黄河不死心的人，我一定叫她到黄河、见棺材！开庭之日我要与雯对簿公堂。但开庭之日雯没有来，一堂庭审下来我获全胜。许多细节由于种种原因不便在此描述，那是太好玩儿太好玩儿了！那天参与旁听的人竟达二三百人之多。人大法律系的学生竟然停课半天参与旁听。

雯等不服，第十日提出上诉，他们动真格的了。雯请了一位当时正在走红的律师，每出一庭六百元。她有钱哪！我傻了，我是穷光蛋，只能孤军奋战。

中院开庭那天门口挂了布告牌，法院全院停止办公半天，旁听我与某律师法庭辩论。我很紧张，我对法律条文一窍不通。开庭时间推迟，我在外面等了约一个小时。天冷风大，我看到对方人马到了，却仍不见雯。当走进法庭时我愣住了，竟无一人旁听。审判长宣布，由于某种特殊的原因，某律师不能出庭。结果我终于以"唯一合法继承人"的结论继承了全部遗产。

我和晚年的雯小姐

后来雯要约我见面，我拒绝了，我永远不想再见她。没想到十几年后，雯和他们小房头为了房产又打上了法庭。我正在北京拍戏，被法院传唤到庭。庭里黑压压挤满了一屋子人，我除了雯等几个熟面孔外其余一概不认识，一报名才知已是老爷子的第四代、第五代传人了。我成了辈分最大的长者。我劝大家都不要争，包括我自己在内，几十间房大家平分。法院裁定，半小时便解决了。

我与雯一起走出法院，我已经二十多年未见她了。雯老了，她母亲已去世了，她也是快七十岁的人了，头发花白，脸上布满了细细的皱纹，但皮肤仍然细腻，身材仍然苗条，气质仍然优雅。她说我拍的许多电影电视剧她都看过，还不住地说好。我提起一九八〇年的官司，她说与她无关。我说全是你在幕后指使的，她坚决否认，说她有了十一万和无数其他的财产，干吗要跟我打官司？是那几个小房头撺掇她打，她只是应付，否则为什么一庭都没出？她约我去家里玩儿，我答应了，但一直抽不出时间。

一九九四年我在白洋淀拍一部新片，居然一连三天接到雯的电话叫我与她联系。我在野外拍戏都未接到，是通过县委宣传部转来的，难为她怎么找到的我。直到回京我才与她联系，原来是她的一个外甥女婿想上戏叫我照应，我答应了。

戏直拍到一九九五年初，春节我和我太太在她外甥女和女婿的陪同下一起去看她，这是我第一次走进她的家门。我太太特意买了一个大花篮送给她，卡片上面写着：祝雯永远年轻、美丽。看得出雯很激动，似乎还有些紧张，给我倒水的时候两手在发抖。我心中油然升起一种莫名的情感，我知道她的晚年过得很孤独，来看她的人很多，大多心怀叵测。

雯只身一人家财万贯，人已暮年，万一撒手人寰，那遗产是可观的。她也知道，在众多来访者中唯一没有私心杂念的就是我。我是她唯一由衷欢迎的客人。这个家族尽管与我无任何血缘关系，毕竟养育了我二十多年。我对雯的爷爷、也是我的养父始终充满了敬佩和亲情。老爷子辉煌的一生、完美的人格始终影响着我的全部生活、事业，是我一生的楷模。雯毕竟是他的亲孙女，这是一种说不太清楚的情感，我愿在雯的晚年给她增加一些情趣，消除她一些孤独。

她居然还记得小时候揪我的耳朵。她说，现在你是大导演了，耳朵是不能再揪的了。我陪她打了八圈麻将，吃了便饭。隔天她又请我去东四十条得利居吃饭。那是一家两姐妹开的店，菜不错。初五，我又请雯到我家搓麻吃饭。据她外甥女说，这么多年，这是雯过得最愉快的一个春节。

第二年春天便传来很不好的消息，雯患了肺癌。我去看她，由于化疗头发已脱光，戴了一个假发和线帽子。我安慰她，告诉她西直门新开了一家谭家菜，等她病好了一起去吃"黄焖翅子"，她说她现在就想吃。那天是她得病以来精神最好的一天，我扶她起床在屋里慢走。我说你当年还想演电影，现在不想了吧？她说想，以后有什么老太太的角色至少让她在银幕上露一下留个纪念，我说太没问题了，留个永久纪念嘛。这个纪念终于没有留成。八月份我去天津拍戏，回京时便得到雯已去世的消息。据她的外甥女说，临死前她还问宝昌什么时候回来。

雯走了，一个终生未嫁的七十一岁的老姑娘……

一九九八年春节正月初五晚上，我与大房头的几位亲戚聚会。我们年龄相仿，但只有我是长辈，在座的都是雯和芹的堂房弟、妹。席间谈起雯和芹，大家感慨一番。谈起雯的丧事，居然也还有十几二十人参加，为了遗产的事，据说又差点儿闹到公堂上，至今也不知是怎样了断的。谈起芹，则着实叫我吃惊不小。

半个世纪的谜终于在雯去世前揭开。雯患癌症后，有一天，突然一位美国客人来访，自称是芹的儿子，父亲就是我在前面所说的那位八路军干部。由于当年事情诡秘，大家并不了解详情。这位不速之客也着实叫雯吃了一惊。我想雯不会把芹当年要遗产，她只给五元钱，芹用菜刀砍她死在拘留所的事讲给这位天外来客听。

客人说出当年的真相：他父亲并非解放军，实乃国民党的一个官员，随军逃到南京，又转去台湾，且并不知芹已怀孕。这就难怪芹拿起鬼头刀追得她母亲满院乱跑了。此后芹突然神秘失踪了近八九个月。她确实进了精神病院，但出院后便去向不明，这一直是人们几十年来猜测不出也意想不到的。据这位客人说，芹在外地生了他，并抱着他去了台湾，演绎了一出千里寻夫的悲剧。结果因其夫已再婚，芹无奈，扔下孩子返回了大陆。这位客人在父亲死后侨居美国，而且几十年来日夜思念他的母亲，这个半个世纪未见过面的芹。

真是天方夜谭，芹忍受了怎样的痛苦与折磨！于今，她的儿子又演绎了一幕千里寻母的悲剧。这个终于没能见到母亲一面的儿子便把雯当作亲人奉敬，在京时陪雯看病，多方照应，返美后依然寄钱，助雯医疗。他把对母亲的思念与爱全寄托在了自己的小姨身上。

此事雯只对她的堂妹一人讲了，从未对我提过一字。雯是怎样想的？芹若有灵，九泉之下又当做何感想？

剪不断，理还乱。郁郁累累，悲歌当泣！

我的启蒙者

我小学就读于北京私立普历小学，一九五二年毕业，在升入高小的时候，我有幸遇见了侯远帆老师。我说"有幸"是因为他指引了我的前途，影响了我的一生。一个人，尤其一个人的童年和少年，遇见如侯远帆这样的老师，实在是幸运啊！

小学四年级的时候，侯远帆担任我们班的班主任，同时教授我们语文、算术、美术三门课；语文又分课文、作文、讲演（讲演这一门儿，不知何时已在小学课程中消失了，侯远帆老师恰恰在这门儿课上发现了我的表演天赋）。那是一九四九年，侯远帆十九岁。在他本人上小学的时候，就是学校的文艺尖子，无论是大会小会的讲演，广播电台的播出节目，市、区级的汇演，还是校际的巡回演出，他都是主角儿。

他在当时已是有点儿名气的童星，曾两次考入专业的戏剧团体，由于种种原因，未能从艺。他文学功底深厚，表演天赋极佳，风华正茂、壮志凌云。在教了我们一年以后，他第一次报考了中央戏剧学院表演系。当时录取发榜要登在报纸上，整个华北地区也没有几个人啊。侯远帆榜上有名。这消息在学校里如原子弹爆炸一样,他立即受到了英雄般的崇拜,同时也使我们全班同学捶胸顿足、嚎啕大哭。不管侯老师怎样解释,怎样安慰,同学们都舍不得他走。那都是十岁左右的孩子。

他不仅是老师,同学们视他如兄长、如父亲、如朋友。同学们觉得失去他,不但失去了现在,也失去了未来。没有人可以替代他!命运之神,并未眷顾这个天才,却使幸运降临我们这班学生的头上。暑期过后,开学第一天,鬼使神差地,侯远帆竟又走进了我们的教室。他没能走进中央戏剧学院的大门,由于他家境贫寒,兄弟姐妹多,要靠他这个当教师的工资养家糊口——至少不再给家庭造成负担。他上不起大学,他又走回本已不该属于他的教学课堂。我们先是惊愕,继而拍桌子跺脚地欢呼起来。我们年龄还小,不甚懂事,充满了失而复得的幸福感——却是建立在老师深深的痛苦和遗憾之上,这是他终生的遗憾。

他曾先后两次考入中央戏剧学院,第一次是表演系,第二次由于他的文学试卷极其优秀,竟被戏剧文学系的老师强行调入"文学系",无论文学还是艺术的才华,他都站在制高点上。他本可以成为什么什么家的,但不行了,只能在教书的路上走下去,一下子走了半个世纪的途程。一年以后,我们走出小学校门,那令人心碎的"生离死别"般的景象,至今令我记忆犹新。这些学生们到底怎么了?会对侯远帆如此钟爱?

人生坐标

中国自古有个传统，孩子生下以后，立即要找个算命先生，批解他的生辰八字，预测此子之未来。批完以后，先生走了，至于应验与否，他是不负任何责任的。

中国还有个传统，孩子周岁之际，要在床上和桌上摆上各种什物，如笔砚、玩具刀枪、脂粉盒、算盘等等，令其抓取，试其将来的志向。如《红楼梦》中所述，贾宝玉只把些脂粉钗环抓来，气得贾政说他将来不过"酒色之徒耳"。"抓周"也好，"算命"也好，其目的只有一个，想推测孩子的未来，也就是找寻他的人生坐标。

侯远帆不是算命先生，他也不相信什么"抓周"之类的把戏，但他为他教的每一个学生指引未来，衡定他们的人生坐标。他以敏锐的洞察力，超人的想象力，优良的人文素质，把"人本"作为他的终极关怀，描画了学生们的未来，使他们有了目标，使他们不再盲目。学生们明白了在人生的坐标上，横与纵，他们究竟在哪一个位置，这是一个在人类社会中，太过于伟大的工程了！侯远帆就是这一工程的一位优秀的工程师！

我自幼顽劣，只要不在家长和老师的视野之内，我就会不停地淘气。人常说七岁八岁狗都嫌，我是到了十七八岁还狗都嫌。升入中学，小学老师见了我便问，你还那么淘吗？升入高中，初中老师见了我也问，你还那么淘吗？升入大学，高中老师见了我还是这一问，你还那么淘吗？因为淘气，以致当时少先队成立了一年，我都入不了队。侯远帆老师把我叫到一边说，你能不能三个星期不淘气,我保证你入队。我答应了。

那漫长的二十天啊,我熬过来了,二十天中没有一个同学举报我,我入了队,戴上了红领巾。这样的孩子也可以培养吗?侯老师偏偏看中我的文艺天赋,他要给我定位;于是我人生中的无数第一,因他的定位而开始了。

家里对我管得很严(正因为太严,一离开家我便会像野马一样地撒欢儿胡闹)。家里只有奶奶,大字不识。我被规定,放学回家,不得再迈出家门一步。大门口台阶是边界。经常有三三两两的同学在门口大叫,邀我要去哪儿哪儿玩儿,都被我奶奶严词以拒。我只好眼巴巴地看着同学们走去。那欢声笑语早把我的魂儿勾走了。我奶奶执"法"严格,就是天王老子来,也不能将我带走。撼泰山易,撼我奶奶难。

但只有一个例外,那就是侯远帆。只要他在门口大叫一声"郭宝昌",奶奶立即忙不迭地把我送到门口。侯老师说"我带他去逛逛",我就可以走了。有时,奶奶还给我带上几千元钱(旧币)。这真是日出西方,奶奶只信任侯老师一人。

侯老师经常做家访,与这位文盲老妇可谈上个把小时,谈我的学习,谈我的前程。我想我奶奶并不一定听得懂,我也记不起都谈了些什么,但我知道我在侯老师指引的路上起步了。

侯老师带我第一次走进了新华书店,且让我买了我人生中第一本书:《钢铁是怎样炼成的》。从此开启了我的读书历程,使我嗜书成癖。我从读第一本书就是大部头起步,从未看过一本小人儿书。从此以后家里给的钱,我全部用来买书。

我成了书店的常客，一次竟买了五万元的书（旧币，现在的五元）。卖书的叔叔阿姨们把我围了起来，抱我坐在柜台上，惊讶万状地问我，给谁买？谁给的钱？看得懂吗？……至今想起，我依然倍感温馨和骄傲。

从苏联的现代文学到俄国古典小说，再从中国古典小说，到欧洲十八、十九世纪文学，在侯老师指引下，我几乎读遍世界名著。大学毕业时，我的私人藏书已达两万一千八百多册。侯老师在造就我的文学功底。

侯老师第一次把我的课堂作文《我爱红领巾》送到了报社，从此我投稿不断。诗歌、散文、评论、剧本，偶有发表，便得侯老师鼓励，并耐心批评指点。侯老师带我第一次走进电影院看了苏联影片《她们有祖国》，从此我成了影迷，迷到逃学旷课。上高中时竟然钻进大华电影院一个星期没出来。学校以为我病了，家里以为我上学了，两边一通气，发现我失踪了。这都是侯老师惹的"祸"。当时做梦也没想到我日后会走上影视之路。

第一次走进剧院也是侯老师带我去的。看的是中国青年艺术剧院演出的话剧《小白兔》，它使我完完全全地走入了一个全新的世界。看戏归来走到崇文门，侯老师说"咱们补充点热量"，领我走进一家小饭馆，每人吃了两个馅饼。吃饭时我给侯老师唱了《小白兔》的主题歌：

树林是多么美丽，天气是多么好。

打猎呀打猎呀，打猎我最爱好。

> 我不管天冷天热,打猎我最有劲儿。
> 我不打兔子和羊,我专打狐狸和狼。
> 我爱幸福与和平,我爱这大树林。

儿时的记忆力实在惊人。侯老师听得目瞪口呆:这不是天分是什么?于是侯老师为我排了第一个话剧《保尔·柯察金》。自然导演、美工、化装、服装、道具全是侯老师一人,我演保尔,立即轰动全校,所有的家长都来观看。我和扮演朱赫来的同学跑到海军后勤部借的海军服。那演出实在是像模像样。我在学校中不再是讨人嫌了,所有的老师都开始宠我,这又使我成了话剧迷。从此,北京所有重要的话剧演出,我一场都没漏过,而且发扬光大,京剧、评剧、芭蕾、歌剧,没有不看的。

于是,没有工夫再上学;于是,高二时由于数理化等五门功课不及格而蹲了班。但我却从来没有停止过自己的追求。小学有"讲演"课,我永远第一,侯老师带着我到各班去巡回讲演;作文课经常第一,侯老师带着我到各班去朗诵……无数的第一。侯远帆锁定了我的人生坐标:做一个演员,考中央戏剧学院表演系,将来进北京人民艺术剧院。小学毕业的时候,我们每个同学都准备了一个留言本,侯老师在我的留言本的扉页上写道:

> 可爱的郭胖胖,我们就要分别了,在这分别的时候,让我说几句祝贺的话吧!努力学习文艺,发挥文艺天才,增加文艺素养,将来做一个人民的好演员。也请你克服自由散漫

的毛病。

能想象这几句话在一个孩子心里产生怎样的震撼吗？能想象这么几句简单的话，会怎样影响一个孩子的一生吗？从小学毕业那天起，这个本子始终装在我的书包里，没有一天离开过。我经常拿出来看、念、背，激励着我奔向最终的理想。毕业典礼那天，我们毕业生排队走出校门，以校长为首的全体老师站在校门口和我们一一握别。侯老师说"记住我的话"，校长说"等着看你的演出"，许多老师们说"做个好演员"。那是什么心气儿！什么劲头儿！我感觉自己如离弦之箭，射向星空！

如今还有这样的老师、这样的学校、这样的"弓"吗？

挑战平庸

苏联第一颗人造卫星上天的时候，震动了美国白宫。美国总统艾森豪威尔叫他的属下"赶快查查，我们的小学教育出了什么问题"。不去查国防部，不去查航天专家，却去查小学，相差何止十万八千里！小学教育是创造伟人的根基；小学，那是每一位伟人人生的起点。

如侯远帆这样的老师，是制造发动机的工程师，不是车螺丝钉的挡车工。他为发动机加油，一旦这些发动机欢快地转动起来，就会产生能量，就会把整个世界点燃得灯火辉煌、光华灿烂。

一九五一年暑假后一开学，由于放了两个月的"野马"，学生纪律十分混乱。打架斗殴，满嘴脏话，旷课逃学，不服管教，从校长到老师都束手无策。在一天上早操时，侯老师登上了讲台，满怀激情地讲述了董存瑞的故事。他有超人的口才，六七百名学生包括老师们都听得心驰神往、激动不已；从始至终鸦雀无声，看不到一个调皮捣蛋的学生了。回班以后进行讨论，效果之佳，令人瞠目。学生纪律神奇地改变了。

那阵儿学校里充满了一种英雄主义情怀，以至于后来很多学生希望再打仗，一定像黄继光一样堵枪眼；希望哪里着个大火，一定像邱少云那样烧死也不喊疼；希望哪个冰窟窿再掉下一个人去，一定像罗盛教那样跳下去救人，哪怕牺牲了自己。能说这些孩子们幼稚吗？他们所接受的英雄主义教育不正指引着他们的未来吗？

侯老师用来教导我们最常用的两句话，便是《钢铁是怎样炼成的》里面那句振聋发聩的名言，和岳飞的《满江红》中的名句：

……不因虚度年华而悔恨，不因碌碌无为而羞耻。
……莫等闲，白了少年头，空悲切！

这成了我们终生的座右铭，是在心底里深深扎下了根、十分坚定的一个信念：人生可耻莫过于碌碌无为。不光激励你去学习，而且彻底改变一个人的素质，功莫大焉！

侯老师并非只为我一个人定位，他为所有他教的学生定位，这是不是太神奇了？有两件事我印象深刻。一个是在班上建立小图书馆，每个同学把自己家里的存书拿来，由一个同学专门负责保管。

他详细观察学生的借阅情况，了解他的爱好、偏向，作为他定位的参考。而同学们也因此扩大了知识面，养成读书的好习惯。更妙的是，有些同学因拿不出书而自惭形秽，于是节约出零花钱，少吃些糖果，用来买书，送到小图书馆。这在班级中形成了自觉的读书热潮，唤醒了每一个幼小心灵的求知欲。

再有一件事就是每星期出一期墙报，每个同学都要投稿。星期天他便带领几个同学排版粘贴、剪花边、绘报头。星期一上课，同学们进教室的第一件事便是拥到墙前看看登出了哪些同学的文章，有没有自己的？最令人难忘的是有一期他命名的主题是"我长大以后……"，引来了全校师生观看。同学们写得五花八门：有要当作家的，有要当医生的，有要当科学家的，有要当画家的，有要当演员的，有要当设计师的，有要当工程师的，共选了十几篇。侯老师根据每个人长大后的理想从《儿童画报》上剪下一张近似的照片贴在文章的上面：科学家的贴了一张孩子做航模，医生的贴了一张小小医疗站，画家的贴了一张小小画家在写生。在我的文章"我长大以后要做演员"的上面贴了一张拉小提琴的孩子。侯老师说找不到孩子的演剧照，以此代替艺术。这如何不叫孩子们心花怒放，对未来摩拳擦掌？

更令人瞠目的是，这些孩子长大以后，果如小学之志愿：成了工程师、设计师、护士长、科学家……而且，这一个班中竟有四个人从事艺术：一个考进"中戏"表演系，一个考进了"中戏"美术系，一个考取了中央工艺美术学院，我则考进了北京电影学院导演系。这是多少人向往的最高艺术学府！这是奇迹！侯远帆的学生都没有"碌碌无为",没有"虚度年华",没有"空悲切"!那本《钢铁是怎样炼成的》已被我翻烂了。

我们是从小学告别的"平庸"!

仍不止于此。在一次作文课上侯老师讲了他头天晚上的一件事:他去区里开会,会开到深夜,太晚了,他叫了一辆洋车。拉车的是一个十二三岁的孩子,侯老师问他为什么不上学?他说穷。侯老师在车上发现了一本破烂不堪的《三国演义》,于是知道他喜欢看书。书是拣来的。侯老师和他聊了起来,讲文学、讲历史人物,激励他自学,叫他有时间尽管来学校找他。这孩子有意放慢了脚步,聆听着侯老师的谆谆教诲。清静的街道上,响着孩子缓慢的脚步声和侯老师娓娓道来的话语声。本来二十分钟的路,却走了一个小时。

据说,这孩子后来找过侯老师,再后来,不得而知。但他是幸运的,假如他是有心人,我想就在那一个小时之后,他也应找到了自己人生的坐标。

追踪育人

如果仅仅是定了位,把学生送出了小学校门,到此为止,任其自生自灭,那就不是侯远帆了。

我考中学的时候,除市立中学统考外,还有无数的私立中学。为了保险,我同时报考了五个学校,五个全考上了,我选择了市立北京五中。又于一九五三年搬了家。侯老师则调到了北京十一中学任教，偶有书信来往，见面不多了。

升入中学，我在学校组织了业余话剧队、业余京剧团、业余篮球队，忙得不亦乐乎，哪里还有时间上课、学习、做作业。高二蹲了一班，数理化等五门不及格，我也不在乎，反正考大学绝不考理工科，一心报考中央戏剧学院；就算考不上，我也不准备再上大学。当时好多剧院、文工团都设学习班，我肯定去剧团做学员，来实现我童年做演员的梦想。

正当我举步维艰，迷茫徘徊之时，侯老师竟自天而降，登门找我，问我为考中央戏剧学院做了哪些准备。在侯老师众多的门生中，我真是得天独厚啊！这种超乎寻常的眷顾使我感念至深。尽管我的母亲一百个不愿意我当"戏子"（演员），但在老师面前也被感动得乱七八糟，肃然起敬。从此，侯老师开始了对我考前的训练。

侯老师有考"中戏"表演系的经验，他说自选的三篇朗诵最重要，这是一个展现演员全面素质的机会。经过再三的挑选，侯老师为我选下了三篇：一篇诗歌《孩子，你要什么？》，一篇民间寓言《猴王吃西瓜》，一篇鲁迅先生的散文《立论》。这三篇风格迥异、反差极大。诗歌是一篇对侵略战争的血泪控诉，侯老师每做示范都声泪俱下，而寓言则令人捧腹，散文则完全是哲理性的论述，幽默而深刻。

漫长的训练开始了，侯老师每个月都要来我家一次，两年中从未间断。他帮我设计动作，调整语调，把握节奏。他叫我每天至少练三遍，其实我每天至少练十遍。果如侯老师所说，考入电影学院以后，当时的主考老师告诉我，听了你的三篇朗诵后，就已经决定录取你了。侯老师又教我做小品,他当年考"中戏"时,考试小品为《夜走小巷遇见蛇》。他向我讲解小品的构思要领。由于是即兴表演,准备时间五分钟,这就要求充分地发挥想象力。他做了示范表演,而且告诉我考场上千变万化。当他表演到与蛇对峙时,他说如果场上主考官突然大喊"蛇爬到你腿上了",你必须迅速做出反应,改变你原来的构思。

我第一次知道了什么是小品表演。从此,我每天都给自己出个题目,练习小品,直到中学毕业,大学临考前。侯老师说:"假如没有意外,你一定能考入'中戏'。"这不仅使我信心百倍,而且使我变得十分狂妄!舍我其谁!这种心态,大大帮助了我考试时的临场发挥。不像有些老师一再地吓唬学生,警告学生,搞得学生心惊胆战,手足无措。

当年的高考,艺术院校提前招生,而且各自为政,考试时间错开,高校的统考则在最后。我到"中戏"报了名,又突发奇想,跑到北京电影学院报了导演系。

侯老师得知以后大发雷霆,说我不该报导演系而应该是表演系。侯老师眼睛不大,却炯炯有神,一瞪起眼来,凶得不得了。我只好说考上电影学院是不可能的,只为了增加一次临场经验,所以干脆选了最难的。侯老师愤怒地说:"胡闹!考表演系就有可能!应该选择你的最强项!"我说我长的这副德性,舞台上还凑合,上银幕,一个特写还不把人吓着?只能演坏蛋。侯老师竟说,你长得怎么了,我看很好,气质好,有特点,立即去报名处就说报名时填错了,改成表演系。我只好答应,但并没去做。

考试的前一天，侯老师又来我家，再三叮嘱进入考场后的注意事项，并叫我考完后一出考场，立即去向他汇报，并不容分辩地说进入考场后，告诉考官，报错了名，要求转到表演系考场。我含含糊糊地答应了，仍未这样做。

第二天去考场，一出家门，遇见了邮差，送来了报纸和信，竟有一封侯老师的信。我很奇怪，昨天还见了面，今天来什么信？打开一看，我的眼泪差点儿没掉下来。信上说你一贯自由散漫，不注意仪表，穿着怪异，像个少爷。进入考场，仪表是给考官的第一印象，你应该是个朴实无华的学生。你今天穿白上衣，蓝裤子，布鞋即可。出了考场立即到我这儿来！

您可曾听说过这样的老师吗？他引领了我的一生，而且连如此的细枝末节都想得如此周到。事隔四十多年，想到这里我仍不免热泪盈眶……

从我进入考场到考完试走出考场仅仅十五分钟。考场外面围着人山人海的考生，许多人都说我没戏了。

我是所有考生中考试时间最短的，一看就不行，考官没工夫跟你瞎捣乱。我自己也觉得没戏了，因为我的考试小品题目是《打耗子》，我做完后，考官问我耗子呢？我说跑了。考官问为什么没打住？我说，跑外屋去了，我还要睡觉。考官说你睡觉那么重要？你根本没听明白题，叫你打住耗子！考试就这么结束了。

我垂头丧气地赶去向侯老师汇报。他正在上课，我在十一中的传达室等了一会儿。课间休息，他匆匆赶来。当听我说完小品考试的情况后，他大发雷霆，当着传达室里那么多的人骂我是干什么吃的！两年的准备毁于一旦，连考题都没听明白，你瞎做什么小品你？我像打了败仗的残兵，头都不敢抬。侯老师说电影学院是没什么希望了，好好准备全力以赴考"中戏"。

我的心情坏透了，一天都打不起精神。谁知第二天侯老师突然打电话叫我过去，我立即去了。原来他有个学生认识电影学院的老师，他带了这两天考场的最新信息。主考官说这两天考试成绩最好的是北京五中的一个朗诵《猴王吃西瓜》的学生。那说的就是我！这信息太叫我振奋了！侯老师又燃起了巨大的希望，再次叮嘱我要沉着，要听懂考官的每一句话，不可有丝毫松懈，准备复试。

做梦都没想到复试前夕，主考官、电影学院导演系主任田风教授叫我去学院单独谈话。这在上千的考生中是恩宠有加、无上光荣。一谈完话我立即奔向侯老师的住所，详细汇报了谈话内容，并说我大概是考上了。侯老师惊讶地问我为什么？还没有复试呀！我说田风送我出门时说了一句："既然热爱电影，那就把毕生的精力献给祖国的电影事业！"侯老师听后愣了半天，呆呆地望着我，突然挥起右臂，用力拍打我的肩膀，狠狠地说："考上了！考上了！假如不要你，还说什么把毕生精力献给电影事业？考上了！"他那兴奋的眼神，灿烂的笑容，实难用笔墨形容，我终生难忘。

复试进行得依然顺利，因为我已胸有成竹。只是当我快走出考场时，被一位考官叫住了，问我为什么穿皮鞋没有系鞋带？我说鞋带断了。"断了几根？""一根。""那一根呢？"我说，"系一根不好看，所以全扔了。""为什么不买新的？""没时间。""从早到晚都没个时间买鞋带？"答曰，"从早到晚都在准备考试！"说好听点儿,我这是随机应变,说难听点儿是撒谎都不脸红!我一向如此,买来新皮鞋先把鞋带扔掉,觉得潇洒,与众不同。

我照例出了考场先去向侯老师汇报,也照例挨了一顿臭骂。侯老师声色俱厉地说:"你一贯自由散漫,不拘小节,叫你穿布鞋为什么不听?小学毕业七年了,你的坏毛病一点儿没改!"我无地自容,因为我从来没想改过。心想反正已经考上了,总不至于因为一副鞋带把我刷下来吧!侯老师仍叫我集中精力考"中戏",那才是他最最重视的。可我已不放在心上了,我知道我必考中无疑。果然顺利极了,也是在初试以后,我被告知已通过了"中戏"表演系的考试。在二者之间我与侯老师反复磋商,终于选定了电影学院导演系,从而完成了我的人生定位。尽管如此,侯老师依然耿耿于怀几十年,直到《大宅门》电视剧成功后记者采访他时,他仍说假如郭宝昌做演员的话,他的成就会比现在还要大。见过这么执着的人吗?

这就是侯远帆!

他成就了我,不管他有多少遗憾。

师生情谊

考入大学以后,我住校,学习紧张,与侯老师来往日疏,然思念之心未敢一日怠慢。在以后的日子里,有几件事我始终难忘。

大学住校,星期日才能回一次家,我朋友很多,又不希望假日被打扰,经常由保姆出面婉拒。

有一次,侯老师前来也被拒之门外,事后得知,我向保姆大发了一顿脾气。我母亲也后悔不迭,于是令我出面去向侯老师道歉,并由我母亲出面在四川饭店请侯老师吃饭,以表谢罪之意。侯老师死活不肯,被我强拉了去,本来是我道歉,反而弄得侯老师很不好意思,说了很多道歉的话。他询问了很多有关表演的问题,然后说:"我已经做不了你的老师了,我得管你叫老师。"窘得我无地自容。我说不管到什么时候,您永远是我的老师。饭后,侯老师向我说:"我去找你都走到垂花门了,保姆说你不在,可我听到了你在屋里的说笑声。我想,你已经上了大学,我大概很多余了。"这话叫我记住一辈子!我想,一个不尊重师长的人,一定是个不可信赖的人。

大学三年级,我们的实习作业话剧《骆驼祥子》在京公开售票演出。我演祥子。作为舞台演员的梦想,我在这次演出中实现了。首场演出,我特别请了侯老师前来观看,请他坐在一排正中间。我感觉那场演出,我是为侯老师一个人演的。《骆驼祥子》是我的作品,而我是侯老师的作品。演毕谢幕,我看到侯老师从座位上站起,高高地举起手臂为我鼓掌,我频频向侯老师鞠躬。我的理想实现了,同时也是他的理想实现了啊!也许他看到的台上的我就是他自己的身影。那么多观众为我鼓掌,可没人知道,站在最前面的观众是使我能站在台上的恩师。

好景不长,在我即将毕业时,我被打成了"反革命"。在大学里没人不知道我与侯老师的关系,于是,外调人员找到了他,叫他揭发我的反动言行。侯老师说:"荒唐!你们也不想想,我和郭宝昌是师生关系,一个学生怎么会向老师散布反动言论呢?"外调人

侯远帆老师引领了我的一生

员一无所获。现在的人已难以想象当年这样做所需要的勇气和巨大的危险性。其实，我确实向侯老师散布过很多在当时看来是"反动"的言论，侯老师撒了谎，这谎撒得光明磊落、心地善良！回忆当时，在众多和我接触来往密切的人中，只有两人没揭发过我，一是大学的田风教授，一是小学老师侯远帆！有这样的师长，真是三生有幸啊！

此后我锒铛入狱，戴着"反革命"的帽子一下子就是十五年。此间与侯老师完全断绝了来往，一是怕连累了恩师，二是无颜去见恩师。

直到一九七九年平反，一九八〇年我拍了电影处女作《神女峰的迷雾》，这才踌躇满志地去见侯老师，并请他参加了影片的首映式。我劫后余生，而且又坐到了导演的位置上，侯老师因此感慨万千。更叫他高兴的是，在片中扮演教师吴新竹的演员是他的亲侄子侯克明，电影学院表演系毕业，也是侯老师一手教出来的。

这次合作是经侯老师特别关照的。克明后来当上了电影学院的副院长，又是侯老师的一大骄傲。年届四十，我才走上人生的正轨，我更加珍视与侯老师的师生情谊。以后只要我在北京，每年春节初二这一天，是专门属于侯老师的。我推掉所有的聚会，携同我太太一起，登门给侯老师拜年，雷打不动。

侯老师退休前后，身体状况非常不好，他患有严重的心脏病，几次从死亡线上挣扎过来。儿女失业也给他生活上带来了沉重的负担。我不知道该怎么帮助他，我说您写个剧本吧，我来拍。他说从未写过剧本，不知道怎么写，我说您把素材写出来就行，由我来组织结构。"写什么？"他问。"就写我们小学的生活。"侯老师十分认真地开始了剧本创作。

暑期克明来看他，见他挥汗如雨，奋笔疾书。问他在干什么？他说写剧本，郭宝昌要拍。克明立即说胡闹！大热天，身体又不好，写什么剧本？写了也没用，郭宝昌肯定要重新写。侯老师不信，仍一丝不苟写完了剧本。我改了一稿。侯老师问我是否写得不行，又重新写了？我说我一向如此，任何人的剧本我都要重写一遍，您的也不例外。其实侯老师生活底子极厚，文学功夫极强，只是不熟悉编剧的技法而已。

由于种种原因，此剧一年后才得以投拍，并参加了一九九五年中央电视台的单本短剧展播。编剧：侯远帆。这大概是他留给世人唯一的作品吧！这部电视剧是《上学去》，写的就是当年我们的小学生活。那段童年的日子实在太美好了，拍得并不理想，如有机会和可能，我将再次将它搬上荧屏。

当我拍的电视剧《大宅门》第一次上马的时候，我请侯老师来演戏。扮演剧中的小学校长，这对于他来说本是易如反掌，但由于他习惯于舞台表演，对影视拍摄知之甚少，他很不习惯。拍完戏侯老师很生气地对我说："郭宝昌我告诉你，以后拍戏必须事先给我剧本，我必须做案头工作。你要告诉我怎么拍怎么拍，把我拉到现场就拍，完全没有准备，这种创作态度太不严肃了。"

我接受了侯老师的批评，他说的没错，现在拍戏，粗制滥造之风盛行，抓来人就拍，有的演员演完了都不知道自己演的是什么，反正拿了酬金走人。这能不留下一个又一个遗憾吗？可惜《大宅门》中途夭折，侯老师的创作也付诸东流。

侯老师的身体每况愈下，但仍背着家人偷偷往来于教学路上，直到双目失明，才怀着对教育事业的满腔热忱，极不心甘地退下了讲台。《大宅门》再次上马重拍，侯老师已经不能再参加演出了，终未留下他作为演员的影像——而做一个演员，也是他年轻时的梦想啊！太叫人痛心了！甚至《大宅门》完成以后他已经无法观看，只能坐在电视机前听，由他的夫人为他讲解，思之令人心碎！《大宅门》的热播，媒体因关注我而关注起侯老师，他的名字出现于报端，他的形象显现于荧屏。但大多媒体是为我捧场，有谁知道和关心侯老师是怎样燃尽了自己吗？！

我带着《大宅门》的光碟和刚刚出版的《大宅门》的书恭恭敬敬地呈给恩师侯远帆，在书的扉页上我写着：

> 名师高徒，
> 难忘"普历"。
> 谆谆教诲，
> 终生受益。

这碟和书他都无法看了。他极其痛苦地说，他宁可瘫痪截肢，也不愿意失明！一个读书人、一个知识分子，失去了与文字交流的能力，不能读书看报，不能看电视，在如今的信息时代，是何等的悲哀！我为侯老师一哭！我太能理解侯老师的心境了，侯老师的话叫我心痛，有如撕心裂肺一般地疼！

蜡炬成灰

前年（编者按：根据出版时间倒推，大概是二〇〇一年）和一九九七年我曾出面组织了两次小学同学的聚会，也只联系到了十几位，这已是不易。侯远帆老师自然是我们聚会的核心人物。这些都已年过花甲的老头儿、老太太们，都曾是侯老师门下的学生。侯老师也已七十三岁高龄。

席间，侯老师显得激动而自豪：学生成材，而且还都惦念着他，这大概就是社会对他仅有的回报吧！除此以外，他倾注了一生的心血，还得到别的什么，他似乎连想都没想过。他可以背出一大串他教过的学生的名字和他们在做什么、有了什么成就，他感到欣慰。仅此而已！他本人依旧默默无闻，且老来疾病缠身、双目失明、儿女失业、经济困窘。

在席间，看着侯老师那欣慰的笑容，很奇怪地使我想起很久以前看过的一篇小说。一个小偷溜门撬锁进了一个房间，只见家徒四壁，只有桌上放着二十元钱，旁边有个纸条，上面写着：我是个教员，我没有钱，请不必翻找，这二十元钱请拿走，也许对你有用。下留有教员的签名。小偷惊讶地发现这教员曾是他小学的老师，他没拿那二十元钱，却把自己偷来的钱放到桌上，悄悄地走了。

故事很简单，却耐人寻味，我为这老师喝彩，也为这小偷"喝彩"，可这个故事是多么令人心酸呐！这个学生沦为了小偷，假如这个学生成了名人呢？众多的媒体都来关注了。为了全方位地包装这个名人，也必然要涉及曾教过名人的老师。

这是怎样的涉及呢？我看过一些电视台播出的"名人专访""艺术人生""人物""朋友""老同学大联欢""人生在线"等等，名人的小学、中学的老师们常被拉上来陪绑，这些老师只是为这些名人还没忘记他们而感动莫名。

每当看到他们苍老的脸上的笑容，看到他们沧桑的皱纹上流下的泪水，我便为之心动。而媒体只是关注他们教出来的名人过去曾怎样，而并非通过名人来关注曾为伯乐的老师。也就是说他们关注"国防专家"和"航天专家"，并不关注小学教育。可是老师们还是满足了，觉得"蜡炬成灰"终于有了回报。我们的媒体习惯于追踪名人，从未想到过进行反追踪：这些名人究竟是接受了怎样的教育而成了名。由于种种原因，这些老师无法成为什么什么家，他们点燃了自己，照亮的不只是名人而是整个社会、人类，是地球、宇宙！

让我们把吝啬的目光转向小学教育，转向培育了"名人"的老师，他们才是社会的脊梁！

恩师田风

第一次见田风

第一次见田风老师是在一九五九年北京电影学院导演系入学考试的考场上。那时，所有的考官在我的眼里都十分神圣。因为我的命运掌握在他们手上，所以走进考场的刹那，心情十分紧张。

考场里的长桌后面大概坐了有十五六位考官，全是陌生的面孔，一双双眼睛全盯住我看，那严肃的神态、审视的目光，令人心悸。没有人说话。我的目光立即停在中间的考官身上：他四十多岁，宽宽的脑门，尖削的下颌，两颊和下巴刮得铁青，清癯的面庞上，线条刚毅而冷峻，目光炯炯，正半眯着眼睛上下打量着我。但不管他多么严肃和冷峻，与众不同的是，在严肃中透着特别慈祥而又和善的神情，这给了我深刻的印象。

他，就是田风！是在我入学前就早已闻名的大名鼎鼎的北京电影学院导演系的系主任——田风！他很快地将我应该测试的项目一一考了一遍，只用了十七分钟，在几百名考生中，我是时间最短

恩师田风（1912-1965）不仅是北京电影学院导演系主任，还是话剧导演、戏剧家

的，最后他批评了我所做的小品与考题不符。我灰心丧气地走出考场，并被我的课外辅导老师臭骂了一顿。虽感入学无望，但发榜时我还是去看了，居然榜上有名！我喜出望外，立即投入了紧张的复试准备。

在文化课考试的间隙，我们一群学生站在教室外神侃，远远地只见田风在树荫下来回踱步，大家小声议论着他，却没人敢上前搭话。在考生的心目中，他太高大、太遥远了，我不时偷眼望望他。忽然他停住脚步向我招了招手，考生们的目光一下子都看向我，当我确认他是在叫我，我的心几乎跳到了喉咙口，连忙奔了过去。在考生中，这种特殊的召见，是所有的人向往的莫大殊荣，这无疑是能跨入电影学院大门的瑞兆。

我颇为困窘地站在田风面前，他看着我，依然是严肃掩不住的慈祥与和善的神情。他突然说："年轻轻的，留胡子干什么？"我毫无思想准备，便不知所措地胡编了一些理由，他半眯起眼睛，稍稍歪着头笑着，听着，似乎看穿了我在瞎说，便打断了我的话："明天下午有时间吗？"我忙回答："有。""到办公室来找我。"这时考试的铃声响了，我和考生们又奔回教室。

那时候，小青年留胡子是很时髦的事，自以为很潇洒，这次一回家，第一件事就是赶紧把胡子刮掉了。第二天下午我去见田风，聊了一个多小时，从事业到家庭，从艺术到文学，我才发现他是那么平易近人，一点架子都没有，距离感立即消失了，我终于忍不住问他："您没发现我把胡子刮了吗？"他笑了："一进门就看见了。"最后他问我："喜欢电影吗？""喜欢。""那就把毕生的精力贡献给祖国的电影事业！"走出办公室我都蒙了，这是什么意思？这不明明是考上了吗！

一九五九年九月一日，我成为导演系的一名学生，田风是我从事电影事业的第一位领路人，也成了我心中崇拜的偶像，我知道，他也喜欢我。

最后一次见田风

让我们揭开那撕心裂肺的一幕吧！不愿写，不忍写，又不能不写。那是怎样愁云惨淡、暗无天日的年月啊！我已经被定为"反动学生"，日夜有人跟随监视，在学院里被监督劳动，等待处理已经三个月了。而田风老师在重病期间，被从大连老家骗回学院，立即遭到软禁。不许外出，不许打电话，不许与任何人接触。由于严密地封锁消息，我始终不知道田风老师已回到学院。

那是一九六四年十二月二十六日下午五点半钟。我在煤厂劳动完毕，扛着铁锹、铁耙去小库房。走过中楼一拐弯，几乎与从对面拐过来的人撞个满怀，因为两人都是低头走路，几乎同时猛一抬头，近在咫尺！正是田风！从挨整那天起，我近一年没看见他了。他面色灰黄，憔悴得令人吃惊，背也驼了，一副呆滞麻木的面孔。四目相视竟一句话也说不出，可那千言万语已憋了近一年啦！似乎一切都凝固了，时间、空间、周围的一切，都凝固了。

我的心剧烈地跳动，眼神中只有惊恐和慌乱。我看到老师的眼里充满了苦涩、哀伤、痛楚和迷茫。我们相视了有十几秒还是半分钟，已完全记不得了，就像一年、十年、一个世纪。终于，他低下头从我身边走了过去。我甚至没敢回头。那十几秒钟像印痕一样深深地烙印在我的脑中。

几十年过去了，每当我想到那一刹那，我就止不住热泪盈眶，那就是我见老师的最后一面啊！而此后仅仅过了一个月，也就是在我被发配劳改农场开始漫长的劳改生活后的一个月，老师便撒手逝去了。残酷啊！我当时为什么不向他说几句话呢？忏悔、自责、问候，哪怕随便说上几句什么，可我又能说什么呢？老师的死是受到我的牵连啊！

而真正得到老师去世的消息是在半年之后。我被当时的市委大学部召回学院交代问题，下午开过批斗会后，我必须立即返回劳改农场。我推着自行车走到学院门口见到了系里的一位老师，我声音颤颤地叫他代问田老师好。他却不解地问："哪个田老师？""田风老师。还有谁？"我也奇怪地问。他明白了，我还根本不知道田风老师已经不在了。

"死了！自杀了……"他颇为惊讶地告诉我。他下面的话我几乎都没听清，脑子里已完全空了。我推车出了学院大门，想上车却三次都蹬空了，我的两腿在发抖，我一直推到护国寺才上了车，脑子里却还没反应过来。我神情木然地把这个噩耗告诉了母亲。她泪流满面地大叫："你们这些坏小子！你们把老师害了！"在回农场的路上，我似乎才明白过来，我趴在路边的大石头上，嚎啕大哭了一个小时……

回到劳改农场整整三天，我几乎没吃什么东西，吃不下，心口像堵了一块大石头，我也没和任何人说过一句话。第四天一早出工的时候，管理组把我叫了去，早有人汇报了，管理组头头儿死盯了我半天，突然说：出什么事了，说！我说了事情经过，我已经无法控制自己的感情，竟咬牙切齿地说：快两年了，说我反党反社会主义，全是胡说八道，我从来没反过党也没有反过社会主义！可现在不一样了，你们整我也就算了，可为什么把一个老革命、老共产党员活活地整死，这叫什么？我就是反了，我反的就是你们！管理组的头头儿是被吓着了，他瞪着眼像看着一个怪物一样看着我，半天才说：你下午不要出工了，你现在回去，把你刚才说的话一字不差地写一份交代材料，写完立即交给我。我写了，且愤愤地甩给了他。我知道，等待我的是手铐和大狱。

第二天中午出工回来，我被管理组传唤，我完全是赴刑场的心态，这是一九六五年八月份。一进门，只见北京电影学院人事科的李科长和另两个干事坐在里面，他们把我带到外面路边的防护林里，坐在几块大石头上。李科长手里拿着我昨天写的交代材料问道，在学院是哪位老师把田风的事告诉了你？怎么说的？我一五一十地说了一遍。李科长说这位老师和你说的这些，是严重违反了组织原则的，我们看了你这份交代材料，你知道你说的这些话的严重性吗？我说知道。李科长说，对于田风同志的死，我们也是非常痛心的，没有人整他，只是有些问题要说清楚，是他自己想不开，这样的结果党组织也是非常痛心的，你对党的仇恨是你的反动立场决定的，这份交代材料说明你已经走到了危险的边缘……

这次谈话持续了五个小时，天已经全黑了，晚饭也没有吃，没想到李科长最后说，根据你现在的问题，我们可以立即处理你，可我们本着治病救人的原则，仍给你一次认罪服罪、重新做人的机会，我们知道你对田风同志的感情很深，有些话可能出于你的感情发泄，我们不希望你走到与人民、与党对立的绝路上去，以后每月要专门就这个问题写一份汇报，通过管理组交到学院里。

奇怪的是，此后不但管理组，连学院均未继续深究，可能是顾不过来了，没多久"文革"的号角吹响了，学院党委已经成了"黑帮党委"，他们已经自顾不暇了。

从进劳改农场的第一天起，我就下定决心：努力改造，争取早日出去。而出去的第一件事就是跪到田老师面前，向他忏悔，向他解释，请他原谅。我要努力工作，做出成绩，一洗这奇耻大辱。我不会辜负他的期望！……可这一肚子的话竟无处可诉了。

人生的路上，没有比处在这种尴尬境地更让人伤心落泪、痛心疾首的了。不管经受多少苦难，都无所谓，给我一次悔罪的机会，那是唯一可以使我心灵获得解脱的机会。然而，再也没有这样的机会了，这重重的阴影将永生永世罩在我的心头，这将是何等艰难而痛苦的生！老师死了，死得这样干净、潇洒，那是需要巨大的勇气和承受力的！他死了，留下了一个辉煌的男子汉的身影！这是在当时的历史条件下，一个人为了维护自己的尊严、表露自身的清白的唯一可以选择的反抗方式！这反抗，掷地有声！显示了田风的铮铮铁骨，凛然浩气！他没有跪着乞求活！这反抗，使我这仍活着的人感到无颜、惭愧、内疚、沉重！也会使所有那些迫害过他的人，感到卑琐和自责！

在田风身边

回忆我年轻时代,最愉快的莫过于在田风身边学习和生活的四年半了。田风为人正直厚道、豁达大度、开朗风趣、机敏智慧、风度潇洒、一身正气,既有长者之风,又有青年人一样的朝气和进取心。在与他相处的日子里,他的心里只有学生,真是废寝忘食,始终如一。他所给我们的教育,不仅仅是学业上的,同时也在为人上、作风上。我们之间远远超出了一般的师生关系,既是师生,也是父子,又是朋友。这种关系现在确实已不多见了。而他在我的身上,更特别注入了一种期望和爱心。这是整个学院众所周知的。

记得入学的第一个学期,仗着自己成绩不错,我很不用功。班主任找我谈了一次话,那激动的情绪,使我至今难忘。他谈到一九五六年电影学院招收了第一批导演系学生,在一九五七年反右中竟有三分之一的学生被打成了右派,成了北京高校之冠。一九五七年未能招生。一九五八年只好内部招生,政治条件当然成了首要标准。

到一九五九年才开始从应届高中毕业生中招考,政治条件仍为首要。我出身资产阶级,第一关就过不了。班主任激动地说:"你以为你成绩好就可以进电影学院吗?招生会议上没有一个人同意要你,是田老师拍了胸脯说,'这个学生我要定了不就是出身不好吗?我担保!全班都是工农子弟,有这么一个资本家有什么了不起,出了问题我负责!'你现在不用功,怎么对得起田老师!"这一番话使我大为震惊。在当时"唯成分论"相当猖獗的年代,敢于这样仗义执言，大包大揽，其勇气、其魄力不正说明了田风老师坚定的党性原则吗！而使我更为震惊的是，这些话四年后竟成了整死田风的证据。由于我的问题而祸起萧墙，要了老师的命！远远超出了他所应负的责任，况且他根本就没什么责任！但，当时班主任的一席话，几乎成了我努力学习的原动力。我不能辜负了老师的期望。

"导五九班"在田老师的教导下，在全院出类拔萃，是"又红又专"的红旗班；谁也不会想到四年之后的一夜之间，便被拔了白旗。历史是最好的见证人！如今，老师的学生大多已成材，在全国影视战线上起着主力军的作用，这就是田风冤案的最好的结论。

田风在教学上认真严肃，一丝不苟，且极富开拓精神。电影教学在五十年代的中国还没走入正轨，处于摸索阶段，也无先例可循。田风走了一条理论与实践结合、重在实践的教学之路。从无实物动作教起，到单人、双人、多人小品，直至片断、大戏，拍摄默片和短故事片，在电影教育界他是第一个实行这种五年一贯的系统教学的开创者，为以后的电影教育事业打下了坚实的基础，给后人以极其有益的启示。要知道那时候的电影理论界是完全封闭的。我们是在舞台上和摄影棚里，摔爬滚打学出来的，所以在各个方面，功底扎实过硬。

导演系进行实习演出，史无前例。实习处不予配合，老师便亲自动手设计服装、绘景、布光、化装，我们既演戏又上灯板、扛道具、搬景片、刷天幕，没什么不干的。感谢老师对我们这一段艰苦的训练，学到的东西太多了！同时也树立了实干苦干的艰苦朴素的工作作风。这对我们后来的创作起到了不可估量的作用。

几年中，我们所做的一切都渗透了老师一生积累的艺术经验，渗透着他的心血，在院内外引起了轰动。

老师的戏剧功底深厚，对斯坦尼斯拉夫斯基表演体系有精湛的研究，同时对中国传统美学的把握，博大而精深。他给我们讲的第一堂导演课的第一句话便是："不懂得中国的传统美学，不熟悉中国的文学、美术、戏曲，不懂京剧，就不能做一个中国的电影导演。"这在当时的电影界，是一种全新的提法，我们每星期一次的艺术观摩课，被规定为只允许看中国戏曲。这对于弘扬民族文化，在创作中更具中国特色和民族特色，是一个方向性的引导。作为一个有真知灼见的艺术家的田风，始终在这条教学的路上不懈地努力着。

在老师五十岁寿辰的时候，我们不听劝阻硬是给老师开了一个祝寿会。这个祝寿会简单到了寒酸的地步：一大盘花生，一盘海棠果，一盘苹果和几包劣质烟。穷学生不过是为了表达自己对老师的爱戴与尊敬。当时中央已明令禁止祝寿，可我们压抑不住心中的感情，这如同家里人自己的聚会啊！几年来每到节假日，老师都把在京无家可归的学生聚在一起，自己掏腰包请客，出游。他兜里的好烟从来都属于大家。

有一年春节，田老师戴着一顶鸭舌帽，穿一件咖啡色的呢子大衣，一副大教授的气派，带着我们七八个同学去逛厂甸。人山人海，拥挤不堪，老师精神百倍、兴致勃勃，还在小摊儿上请我们饱餐了一顿北京风味小吃。他端着一碗豆汁边喝边咧着嘴说："真难吃。"他还饶有兴味地买了一个纸塑的花脸，是焦赞的京剧脸谱，他说：

"别小看这些民间艺人，画得很有神韵。"他早年留学日本学习绘画，所以有着深厚的美术功底。他把脸谱戴在我们和他自己头上，引得大家哈哈大笑。

回去坐公交车，一个同学顺手把脸谱挂到了车窗的钩上，下车时忘了拿。等发现时，那位同学拼命追，可汽车早跑远了，老师笑得前仰后合！"追什么？丢就丢了，不过那脸谱画得不错。"他又给我们讲起了脸谱。他就是这么一个人，只要他在，就永远充满了其乐融融的气氛，他是我们年轻人的头儿，大家都离不开他。所以在生日会上，我还清晰地记得一位同学的祝贺词："你慈祥如父亲，为人如玉石，纯洁如少女，才华如春潮。"这是我们全班学生的真情表露、由衷的赞美。那天我还特意从家里取了一方大端砚送给老师。因为他一直想作画，苦于无大砚，他高兴得不得了，并答应把用这个砚画的第一张画送给我。

我前面说过老师对我更注入了特别的期望和爱心，但他对我的要求也是极严格的。

记得入学后的第一学期期终考试以后，我的所有成绩都是五分，只有专业导演艺术课是四分，心里很不是滋味儿。我去找老师想问个究竟，可半天也开不了口，只在那东拉西扯。其实老师心中早有数。他忽然问："给你四分有什么想法？"我装作若无其事："没什么想法，反正我的小品不比任何人差。"这时田老师变得十分严肃了："就凭这个我就给你四分！在班上你是两个月前被肯定的第一个小品，可到了考试那天居然没有任何改动。两个月干什么去了？你以为你的小品完美无缺了是不是？差得远！艺无止境你懂不懂？尤其是电影，本身就是遗憾的艺术，你这种态度将来就会有留不完的遗憾。"我心服口服了。在后来的创作道路上，我始终铭记"艺无止境"。只有不断地追求上进，才能在艺术上立于不败之地。

三年级的时候，我们排练大戏《骆驼祥子》，我演祥子。老师要我剃光头，我从心眼儿里不愿意。我又不是演员，再说暑假我要去上海，有人给我介绍女朋友，剃个光头去算怎么回事？我支支吾吾地把这件事拖了下来，跑到人艺借了个头套。

彩排那天老师亲自给我化装。看得出来他满脸怒气，一边给我粘头套一边嘟嘟哝哝不知说什么，忽然他用手指狠狠在我的头上戳了两下愤愤地说："这叫什么东西！"不知是骂我还是骂头套，说毕转身走了。这时距汇报演出还有一个多星期，彩排后又进入了紧张的连排。真是事有凑巧，正值著名京剧大师盖叫天来京演出，对于我这个戏迷来说是机不可失。可每天晚上都连排，没有时间去看。盖老的演出只剩最后一场了，我再也按捺不住，决定宁可违反院规班纪，也要逃课去看戏。许多同学阻止我，我全然不听，并扬言"我的检讨书早就写好了"。

当我看完戏回到学院，已经有三个同学站在门口焦急地等我，告诉我出了大事，田老师和同学们在教室里整整坐了一个小时等我，最后老师大怒，拍案而起，宣布停课整顿，回宿舍去了。我听了以后也有些吃惊，但转而又想，顶多写份检查，老师心慈面软，不会把我怎么样。

我径直奔向老师宿舍，只见老师背身站在窗前望着窗外，有两个同学紧张地站在旁边望着他，看来他还在生气。我刚刚叫了声

"田老师"，只见他猛地回头大喝一声："你来干什么！"我被吓呆了，从未见他发过这么大的火，我没词儿了。"滚出去！"又是一声大吼，我站在那里进退两难。"你听见没有？出去！"田老师转过身冲着那两个同学大喊："把他拉出去！"两个同学忙过来把我往门口又拉又推，我也急了，用力挣扎，把两个同学推开了。田老师气得手直发抖："你想干什么？你不是把检讨都写好了吗？啊？"我知道糟了，说什么都没用了，连检讨的话也不能说了。僵持了约五分钟，老师的气丝毫未消，他说："你不走我走！"我只好垂头丧气地回了宿舍，开始写检查。

三天的时间我大概写了有八份检查，都被不客气地退了回来；而且老师拒不见我，距汇报演出只剩了三天，难道演出也取消了吗？可全院都已通知了啊！我真急了，开了个通宵，写了份认认真真的检查。

终于班主席通知我可以在全班检查亮相了。田老师也参加了会。我检查了一个小时才过关。会后田老师语重心长地对我说："我最恨一个艺术家对自己的艺术创作采取不严肃的态度，艺术本身就带有游戏的性质，你再不严肃，那不成了瞎胡闹了吗？还能有什么艺术？我的火儿压了不是一天了，看看你这破脑袋，那么高贵？就舍不得剃？为了艺术连头发都舍不得剃，还谈什么为艺术献身？没有献身精神一辈子成不了艺术家！"他整整训了我两个钟头，比我的检查还多一倍。

从老师那儿出来我直奔理发店，推了个大光瓢儿！下午一进排练场，老师立即发现了，他稍稍歪着头半眯起眼睛看着我，这是他的习惯动作，那种神态特具风度和魅力。他终于轻轻地"嗯"了一声。我体会到那其中的首肯和满意。可那天下午排练得很困难，因为同学们在台上一看见我的秃瓢儿就止不住地乐。那天下午田老师也很高兴。他有时像孩子一样，从不知什么叫喜怒不形于色，他有一颗童心，那是极富感染力的。

只三天，我们日夜加班重排了一遍。演出获得极大成功，院内外取得了轰动效应。同学们悄悄告诉我："田老师夸你呢，说你小子的戏真不错！"我得意，因为是田老师在夸奖我。这对我来说是最高的奖赏！

在如何为人上，老师也经常对我进行教育，没有人能像他那样循循善诱、见微知著的了。在一次学生自己的排练中，我和一位女同学为了一段戏的处理吵了起来，我说的话很难听，气得她哭了。田老师知道后把我找了去，心平气和地对我说："……你是不是以为自己很了不起？你学习比别人好，可以耐心地去帮助别人，为什么说那么难听的话？比骂人还损！为人那么尖刻干什么？我看还是厚道、宽宏一些好。尽管在排戏上你的方案是对的，可以好好说嘛！你太傲了，这怎么能团结人？电影导演的工作，将来要带一个几十人的摄制组，你不懂团结人，你的创作意图就无法完成，别学得那么刻薄，对你将来做导演没有一点好处。"是的，在我以后工作过的几十个摄制组里，始终能保持良好的创作环境和气氛，是与老师的长年教导分不开的。

一个老师在一个学生成长的路上，究竟能起多么大的作用，真是难以估量！一个值得怀念的老师，一定是付出过巨大的心血和辛勤的耕耘的。

在生活上老师对我的要求也毫不放松。三年级的时候，我家里急着给我介绍女朋友，希望我毕业就结婚。老师听说以后大为不满，气呼呼地跑到我家里对我母亲说："你着什么急给他介绍对象？他才多大，这么年轻就结婚还搞不搞事业了？毕业以后正是他最要发展的时候，怎么能结婚呢？我坚决反对。宝昌的婚事你不要再管了，交给我好了，由我做主。你放心不放心？"我母亲连忙点头："放心，放心！"要知道我母亲在我们这上百口之家中，从来是说一不二的，特别是关于我的婚事，那是她凌驾一切之上的头等大事，没人敢乱插嘴，可老师的一席话竟使我母亲满口答应了。可见一个老师对学生的关怀和爱护到了某种程度，不能不令人感叹、令人敬仰。

同样在政治上老师对我的要求也极为严格。一入学老师就督促我要尽快解决入团问题，必须走"又红又专"的道路。终于要讨论我的入团问题了，我心中忐忑不安，我去找老师，告诉他当天下午要开会，问他去不去参加。可他说："我去干什么？有必要吗？"我没再说话。没想到会还未开始，他就来了，直到全体通过。

会议一完，他又把我找了去，单刀直入地说："你准备什么时候解决入党问题？"我还没缓过劲儿来，刚刚入团又提入党？老师说："你只要活着，就要每时每刻想着这个问题，能不能入党是一回事，努力不努力是另一回事；政治上不求上进，业务上就没有前途，电影是意识形态，你懂不懂？不要以为自己出身不好就背包袱，我出身地主，也入党了嘛！你还年轻，顾虑什么？要争取早日入党！"这么多年了，在这个问题上我有违师训。

我想，假如老师活到今日，他肯定还要向我提出这个问题的。从这里不仅可以看出他对我的严格要求，也可以看出老师对党的一片赤诚：一生中他历尽磨难，屡受打击和迫害，但从未动摇过对党的信任，从未发过哪怕半句牢骚，也从未流露出丝毫的不满。他太透明了。

大连之行

一九六三年暑假前，老师突然通知我：陪他去大连老家度假。这消息立即引起了许多同学的议论和猜测。这也表明了我与老师的极其不一般的关系。是的，我自幼失去亲生父母，几乎很少享受到家庭的温暖，更不用说父爱。几年来，我从老师身上感受到的不仅是师生之情，同时，一种强烈的父子之情，始终浸润着我的心。此次陪他回乡度假，尤其使我感受到了这一点。当然，这也是我全面了解老师、认识老师的一次忘年神交。

我们从天津乘船去大连。上船后只有三等舱。老师找服务员要求换头等舱，服务员态度很坏，说不是什么人都可以坐头等舱。老师憋了一肚子气。其实他只要讲明自己的身份，以他的资历是完全可以住进去的。可他不愿这么做，不愿以势压人。

有趣的是，我们返回北京的时候仍坐的这条船。由于老师在大连闻名遐迩、德高望重，许多领导和知名人士都来送行。船长听说田风来了，忙领着那个服务员来赔礼道歉。老师说："别以为我想搞特殊，贪享受，我是自己掏腰包，不是花公家的钱。我这学生的船票又不能报销。我是为了工作，我要和我的学生谈剧本，三等舱里乱哄哄的怎么谈？"从这件小事也可以看出老师那纯净超然的品格。

在大连，我住在老师家、吃在老师家，与老师朝夕相处，才系统地知道了老师的经历。他讲得特别细、特别生动。从他背叛自己的地主家庭只身去日本留学，到抗日战争爆发后毅然回国参加八路军；从在晋察冀边区的抗敌剧社度过的一段艰苦而又充满欢乐的部队生活，到胜利前夕将白山艺术学校（当时他任副校长）从丹东转移到旅大的传奇经历，曲折动人，惊心动魄。他出生入死，不但为抗战做出了巨大的贡献，也为新中国培养和保存了一大批优秀的文艺工作者。

这一切都激起了我强烈的创作冲动。我表示要写个剧本，表现这段鲜为人知的抗战生活。田老师笑着说："我这次叫你来，正是这个意思，你写电影剧本，我来拍。学院规定老师带完一届学生后有一年创作假，可以拍一部影片。你现在就着手写剧本，后年拍片你给我做助手，你毕业以后先留校……"我愣住了，留校？这在当时是学生最不愿意选择的职业。

老师早已料到了，他接着说："别怕，我不会叫你一辈子留校，只一年，和我一起把片子拍完。这对你来说是个不可多得的实践机会。分配到制片厂且轮不到你们拍片子呢！我们也可以一起做一些研究。一年以后，随你去哪儿，你想去哪个厂，我来担保。"老师啊！想得比我还周到得多。他要想找助手太容易了啊，有的是比我有经验的人，可他是在为我铺路。我知道老师对我钟爱有加，可对我如此地信任，远远超出了我的想象。我只有尽心竭力去做了。

在那段日子里，我们每天只睡四五个小时的觉，只有夜晚才能谈话，白天不属于我们自己。因为老师曾任旅大文工团的总团长、文联主席，他每年回大连一次，便被众多的专家、学者、导演、演员、团长等人物重重包围。这哪里是度假？每天看演出、听报告会、排戏、谈剧本，谁也不愿失去这难得的请他指导一下的宝贵机会。我也就像跟屁虫一样地跟他到处跑，时不时地还要被老师逼着发表一些意见。

由于我的特殊地位，是老师的得意门生，因而在各处也都受到了特殊的礼遇。我知道，这一切都是因为老师的面子。我发现人们对他的崇敬和信任是那么深，他的人缘儿是那么好，他走到哪里，哪里就充满了欢乐和学术的气氛。

有一天杂技团专门为他在排练场演出了一场，他当即从编排、动作、服装、舞姿各个方面提出了意见。我真纳闷，连杂技他也内行。我越来越佩服他渊博的学识和精湛的见解。这正是他艺术上最成熟的阶段，假如他还活着，他会走向他艺术道路上最辉煌的高峰，从某种意义上来说，他才刚刚开始啊！命运往往不照顾那些最有才华的人。老师去世得太早了啊。

短短的一个多月，紧张、愉快。老师比在学院教学还要繁忙，还要累，但从未见他有过疲惫之色。他是个工作狂，是个永远不知疲倦的人。长期的交往中我还发现他从不顾及家庭和子女，脑子里只有艺术、工作、学生。

在从大连返回北京的路上，我抱怨他没有把用那大砚画的第一幅画送我。他不好意思地笑了，说那方大砚第三天就被中央美术学院的王式廓教授专门雇了一辆三轮车拉走了，他们俩是患难之交，不好说什么。我答应回到北京再选一块送给老师。可回到北京以后，那阶级斗争的风已经刮起来了，人人自危，更不用说什么砚不砚了。然而，就这块只在田风手中待了三天的大砚，后来却成了田风接受学生腐蚀的一大罪状。真不能不佩服某些人勇于"上纲""上线"的本领！

无尽的怀念

山雨欲来风满楼。我已感到那咄咄逼人的寒气，那随时可能降临的打击。我想去向老师解释，向他讲明这一切都是假的：诚然我们对当时的政治时局有着自己的看法，比如"三面红旗""大跃进""三年自然灾害"等等，但那并没有"反什么""反什么"的意思。然而，我当时已处在完全地被监视之下，已无法接近老师。有个同学偷偷告诉我，田老师已被勒令回家"养病"了。我一听如五雷轰顶，这明明是调虎离山的阴谋，想把老师骗走，好来整我们，老师若走，还有人会为我们说公道话吗？不承想老师本人也已处在随时都有灭顶之灾的风口浪尖上了！但无论如何我要见他一面啊！我不顾四处监视的眼睛，毅然走进了田老师的宿舍。

他瘦了，瘦得那么可怕，好像一下子老了好多。他一根接一根地吸烟，两个手指已熏得焦黄了。他看了我一眼立即又转回头两眼直直地望着桌面。再也看不见那炯炯的目光了。他黯然神伤地大口大口地吸着烟，只有沉默，难耐的沉默。他缓缓地拉开抽屉拿出一个烟斗递给我，轻轻地说："还给你，这是向你借的。"这是一只英国"三B"烟斗，老师特别喜欢它的造型，借去用了有两年了。我拿着那只烟斗眼泪已不由自主地涌了上来，我真想大喊大叫："这是为什么！为什么呀！"可我不知道该说些什么，只问了一句："你要走了？"他"嗯"了一声。

我问他什么时候回来，答曰："不知道。"这是我听到的老师的最后一句话，"不知道"，是不知道！真的不知道！一个为革命做出过卓越贡献的老共产党员竟无端陷入了这样的困境，哪里有公道？公道何在！我默默地退了出来，手里紧紧地捏着那只烟斗。那是一只老师用过的烟斗。我很珍爱地把它收藏了起来。可在后来交代问题时，这只烟斗也被收了上去，作为田风老师收受贿赂的赃证。

田老师一走，那阶级斗争的盖子就如火如荼地揭开了，"导五九班"三分之一的学生被打成了"反动小集团"，我是魁首。一九六四年十月，在斗了我将近一年并完全定案以后，又立即把所谓"黑后台"田风从大连急电骗回，开始了对他无休止的残酷批斗，成了电影学院历史上最大的一起冤案，直到我前面所说的见到老师的最后一面。

每当想到田风老师，我就感到人间还有爱，还有真情，人间还是美好的！这激励我更勇敢地面对生活。

老师的学识、为人，如一团炽烈的火，从未熄灭过，几十年过去了，我依然清晰地记得这一切。我要把它写下来，纪念老师。

可这篇稿子竟断断续续写了半个月，我经常由于泪眼模糊而写不下去。

　　我已经是五十岁的人了，历尽了风风雨雨，是从死亡线上爬过来的人，可以说久经沧桑、很以为是坚强的人了。可每忆田风，我的感情就变得十分脆弱，想着他的音容笑貌便止不住老泪纵横。这一篇文章，远不足以寄托我对老师深深的思念，深深的敬仰，深深的内疚，毕竟他去了，一切已无可挽回了啊！假如他还活着……

　　假如他还活着啊……平反昭雪、追悼大会，又算得了什么？远不足以表达我心中永远的怀念！

　　他去了，那么悲壮……

　　我活着，那么沉重……

　　我哭……

一九九二年四月于北京
二〇二〇年九月重新修订

共产党人于华

共产党人于华,我的恩师田风教授的夫人,我的师娘。

恩师去世之前,我只见过师娘两三次,甚至没说过几句话,只是见面的时候礼貌地打个招呼。恩师遇难后的十六年里我由于一直是"反革命"的身份,更无颜也不可能去见师娘。直到一九七九年为田风恩师平反,我专门请假从广西赶来北京,才又见到师娘。

那天,冬天刚过,春天还没到,北京又干又冷。去师娘家的路上我特别紧张,不知如何面对。是我导致了当年的这场大灾难,这笔孽债我偿还不了,也无法偿还。在情感上,我多年来不只是内疚、自责、愧悔,而是一直处于绝望、无助、无所适从、无可皈依的惶惑之中。对于"平反"我真的高兴不起来,失去的永远失去了。当我走进师娘家的客厅,师娘已经站在客厅中间了,刚一见面招呼还没打,她突然转身进了卧室,我一路的紧张这时到了极点,脑瓜子"轰"的一下,人也木了。师娘女儿告诉我,师娘是去吃药。十六年前田老师遇难当天噩耗传来,师娘当场晕倒,至此得了癫痫病。此后只要有精神刺激,情绪激动,便要发病,常年准备了镇静药,以备不时之需。我真的形容不出来我当时的感受，一种深深的罪恶感涌上来，写到这儿我还是止不住……流泪……先放一放……

师娘脸色苍白地走了出来，很平静，没有斥责，没有怨恨，详细讲述了这两年来为恩师平反的经过，说同时也要为我们这一批被冤屈的学生平反。最后师娘说，你们要努力学习，为党好好工作，做出成绩，为田老师争气。一直到走我始终都低着头，不敢正视师娘。撕心裂肺的痛咬咬牙就过去了，像斩首；隐隐的痛你驱除不掉，像剐刑，伴你一生。

一九七九年四月二十四日，田风恩师的骨灰安放仪式在八宝山革命公墓举行。骨灰盒里是没有骨灰的，只象征性地在里面放了田老师的两件内衣。骨灰早已被当年的红卫兵扬尽，他们从八宝山公墓把骨灰盒拿回学院，在电影学院的操场上对骨灰盒开批斗会，旁边站着师娘陪斗。我见过砸了骨灰盒又扬了骨灰的混账小子。说起这件事，他绘声绘色，像说书一样，我就坐在他旁边，他不知道我和田风恩师的关系。在骨灰盒安放仪式上，我还看到了曾经迫害过田老师、制造了惨案的"师长们"，依然高官厚禄，活得红光满面。在仪式上，田风众多的学生跪在灵前，哭倒在地，灵堂里哭声一片。据公墓管理人员说，八宝山这两年从没有这么忙过，为屈死的人平反的活动排大队都安排不过来，但还没见过这么多人这么哭的。在仪式上，中央领导胡耀邦敬献了花圈。

为了这次平反安放仪式，也为了给我们一帮十几个学生平反，两年多来，师娘四处奔波，上下走访，历尽艰辛，终于还了田风恩师一个清白。田风——北京电影学院师长队列中最闪亮的一颗星。

我与妻盟誓，今生今世唯师娘之命是从，如亲生母亲一样孝顺终生，不得有丝毫违拗。我们规定每年凡师娘寿诞（十二月三十一日）、元旦、大年初一、元宵、端午、中秋、重阳必须与师娘一起过。自从我一九九〇年回京以后一直到二〇一五年师娘去世，除了出差在外，二十五年，始终如一，风雨无阻。即便如此，我的愧疚之心、之情也始终压得我无法解脱，叫我难以自拔。师娘在最艰难的十六年的日子里，我都不曾在您身边。我这个受到田老师恩惠最多的学生，十六年的"反革命"身份，只是给师娘带来了灾难和耻辱。

十六年中，师娘以一己之力撑起七口之家，将三个幼小的女儿培养成才，生活之艰难，可想而知。但她在不断的受迫害中，仍坚持一心一意为党工作。

于华，坚强的共产党人，伟大的母亲。

于华，一九二八年出生在一个贫农的家庭中，十六岁参加革命，十七岁入党，一九四七年底与田风结婚。婚后，由于田风是个工作狂，很少顾到家庭。田风调到北京工作以后，两个人更是聚少离多，一年有一个月在一起就不错了。更有甚者，当年师娘生大女儿的时候，田风忙于工作，竟三天没露面，于华自己一个人去的医院产房。您是真怒了，居然提出离婚。又爱又恨，爱得无奈，恨得也很无奈，他们没有私利可图，都是为了党的工作。

田风始终觉得对不起家人，他的三个女儿说："他们（指学生们）同父亲在一起的时间和父亲对他们的教诲远远超过了我们，父亲就是这样，把所有的心血和爱都倾撒给他热爱的事业和他的学生同事们……"在田风受迫害去世以后，于华和孩子们也被红卫兵揪斗，成了"反革命"的"黑帮家属"，那不是人过的日子。

其实让我真正佩服老师和师娘的，还不是他们忍受了多少苦难。

田风在一九四九年以后，为了筹建"旅大文工团"，捐出了家中遗留的全部金银首饰，为组建管弦乐队购置了全部乐器，组织起了东北地区第一支大型的西洋管弦乐队，而且向当地政府交出他家在北京、上海、天津、广州等地的全部洋行股份。田风出身地主，连他自己都说不清捐出了多少财产。当组织上让于华留个金戒指做纪念时，他都坚决不干，全部交给了政府。作为共产党人，他们心中从无自己。田风背叛了自己的家庭，放弃了日本留学的学业，毅然回国参加了八路军。一九四六年，十八岁的于华跟着党组织从安东转移到大连，也是出生入死，从未退缩。做梦也想不到的是田风于一九五〇年和一九六四年两次被整肃，第一次被批斗的罪名居然是"搞西洋乐队，追求大、洋、古的资产阶级文艺路线，背叛了毛泽东'延安文艺座谈会讲话'精神"。第二次则更荒唐，田风居然成了"反革命集团"（我们导演系五九班八个学生被定为"反革命集团"）的黑后台，这些完全无中生有捏造出的所谓罪行，最终导致了田风含恨离世。

我与田风作为师生相处的五年中，以及与于华师娘交往的二十多年中，没有听到过他们一声埋怨、一声牢骚、一句不满，他们始终保持着共产党人的坚强信念、对革命事业的无限忠诚。我做不到，我没有这样的心胸，也没有这样的气量，说穿了是没有他们如磐石般的信仰。当我的信仰破灭过一次以后，支离破碎得无论如何再也拿不起个儿来。几十年前的事有时候想起来依然耿耿于怀，对于迫害我的人依然不肯原谅。

八十年代改革开放，各种思潮洪水般地涌进国门，我经常会发一些奇谈怪论。有一次师娘十分严厉地，几乎是有些愤怒地和我说："宝昌，现在开放了，你们有机会接触到各种各样的言论，你们要认真思考，很多言论会给你们造成很坏的影响，这是很危险的。没有不犯错误的人，也没有不犯错误的政党，我们在改正，你们为什么不向前看？你受过迫害心里有委屈，这很可以理解，大家都是这么过来的，你人还在，还有大半生的路要走。可我的人不在了，你还委屈得过我吗？可我几十年还在为党工作，你们田老师被整成那个样，也没说过一句怨言，直到他走的那一天，他想的也是没有做过一件对不起党的事，他记挂的还是你们这些被冤枉了的学生，自己没尽到责任，对不起党。你整天活在抱抱怨怨的心态里，还能做什么大事？……"在与师娘几十年的交往中，只有这一次，唯一的一次，悠如此严厉地可以说是训斥了我。

师娘从十六岁参加革命到八十六岁去世，在这七十年的革命生涯中，无论处于何等艰难困苦的境地，始终坚持着自己心中最纯洁、最高尚的人生理想。我做不到。我至今八十岁了，我仍做不到。我坚信斯大林的那句话，"共产党人是特殊材料制成的"。那一代的共产党人啊……

在一次纪念田风去世的座谈会上，电影学院有位教授在发言中也说过："像田风老师那样全心全意毫无保留地把自己的全部心血都用在学生身上,我做不到。尽管我知道那是作为教师的最崇高的境界。"这话说得我十分感动,他说了真话。这种真话,这种真诚,就值得夸赞学习,太多的虚伪充斥着教育界。当你认识到你"做不到"的时候,正说明了你想去做。

二〇〇八年十二月三十一日,我们为师娘举行了八十大寿庆典,包了一个酒楼的整个二层。酒楼老板对师娘极其崇敬,他知道于华师娘喜吃海鲜,特聘了另一个酒楼的特级海鲜厨师来做菜,且坚决不收费。这当然不行。他得知师娘爱玩麻将,还专门辟了一个单间,做麻将室,只要师娘高兴随时可以来。师娘只来过一次,觉得不能这样搞特殊化,再也不来了。其实不过是晚辈的一些孝心。我也在我的公司里专辟了一间麻将室,专买了一个自动麻将桌,只要师娘高兴就来我这里玩。打完麻将,我随便做几个菜,师娘会吃得很高兴。

八十大寿那天来的人真多,您两个在美国工作的女儿也带着丈夫儿子赶了回来。除家属子女外,老学生老部下都来了。师娘神采奕奕,精神矍铄,脸上没有一点皱纹,看上去顶多也就六十岁。我那一年也六十八岁了,为了师娘高兴,我特意表演了两个滑稽节目,师娘乐得不行,夸奖我得田老师真传,会表演。后来我只要做出一点成绩,师娘见到了都要夸我,"你给田老师争了气"。那天吃完寿宴以后又跳舞,我和师娘跳了三个曲子,后面就轮不上我了,排队等候的人太多了。

转过年来师娘的身体越来越不好,好像突然就变老了,成了医院的常客。首先是心脏不好,决定安起搏器,师娘住进了北京医院,手术期正好赶上春节。我和妻年三十的下午就到了医院。晚上，我们去新侨饭店买了几个师娘喜欢吃的菜，带回病房一起过了个除夕。一起听了"春晚"的午夜钟声。第二天下午又来拜年，一起过大年初一。此后师娘的情况并未好转，有一天您在家里的卫生间突然晕倒，头撞到了暖气片上晕了过去，这太危险了。关键是家里没人，师娘多年来坚持不请保姆，您不习惯别人伺候，可万一出了事都没人知道怎么行？女儿劝您请个保姆，您坚决不干，只好求我去说服师娘，说老太太最听你的话。我说了，仍不行。一连三天晓以利害，师娘才勉强答应。小保姆非常尽责，不是主仆、上下级的关系，是像对待自己的亲祖母一样，保姆说她工作过很多家，最亲切、最善良、最尊重她的就是师娘了。就这样，您身体好好坏坏地过了几年。二〇一四年重阳节，我去看望师娘，您很不好，走路已经困难了。临走时师娘一定要送我们出门，怎么拦都不行，以前每次都要送到电梯口，这次刚送到屋门口就小便失禁了。我忍着眼泪不掉下来，与妻匆忙离开了，这太让人揪心了。

最难忘二〇一四年春节。大年初一，从下午开始，下起了小雪，是那种颗粒状的小雪，加上小西北风打在脸上"嗖嗖"的，那是整个冬天最冷的一天。我开车去师娘家拜年，师娘已经提前半个多月定了晋阳饭庄的一个单间，两个女儿和外孙都来了。从前年开始，师娘已经只能坐在轮椅上活动了，连麻将都搓不了。聊到五点多钟，师娘招呼启程去"晋阳"吃饭，这怎么行？外面还在下小雪，师娘的身体状况是绝对不允许外出的。我说不出去了，家里随便吃点就成了。但师娘坚持，特别固执地坚持。我们想了各种办法，穿什么戴什么，将棉被盖在轮椅上，仍觉得不行。单从楼门口到停车位，这段路都很艰难，太冷了，吃不消的。我终于比师娘还更坚决地提出反对，说我去"晋阳"把菜买回来在家里吃，不出门了。师娘急了，说绝对不行，一定要去。我忽然明白了，我说，师娘，我明白您的意思了，您今天就是想自己掏腰包，请我们吃一顿过大年，不想让我们抢着交钱。师娘一下子就笑了，说还是宝昌懂我，这些年你们总是抢着付钱，我又抢不过你们，今天绝对不行。我说这样好不好？我们去"晋阳"买一桌菜打包回来在家吃。我开个发票，咱们实报实销，您少给一分钱都不行，今天您这顿年饭我们是吃定了。师娘立即眉开眼笑，说好好，太好了！于是我和妻开车去"晋阳"点了一大桌菜，等了一个多钟头，回到家逐个热一下，欢天喜地吃了这顿年饭，而且师娘给我报销了发票，一分钱都没少。回来的路上我和妻都知道，这恐怕是我们和师娘吃的最后一顿年饭了。我想师娘心里也是明白的。

节后不久，师娘再住院，也从此再没走出医院。您在八月中旬写下了遗嘱，只开出了一个十几人的至亲好友参加追悼会的名单，丧事要一切从简。师娘是部级领导，可您拒绝最昂贵的名药，说不能给国家增加负担。

九月底再去看师娘时您已处于昏迷状态。我握住师娘的手，您女儿大声喊着，宝昌来看您了！师娘的手一下子握紧了，一直不松开。显然您还有意识，只是不能说话了。妻忙上忙下找医院领导、老熟人去筹备后事了。我冲上阳台，一个人坐了有一个小时，任由眼泪胡乱地流着，就这么着……走了吗？

一九九三年师娘要为田风出一本纪念册,纪念田风逝世三十周年。在师娘家我们讨论了一下午,到了晚上吃个便饭,随便做了几个菜摆好桌。六个人为什么摆了七个酒杯,谁也没注意,全部倒满了啤酒,就端起了酒杯,还没送到嘴边,桌上多余的一杯啤酒突然爆炸了,而且是粉碎性爆炸。酒洒了一桌,玻璃碴儿溅到满满的一桌菜上。大家都傻了,太奇异了。六个人惊愕地互相望着,说不出话来。一个女同学说:"田老师显灵了。"

经过两年多的努力,师娘四处奔波,费尽心血,一九九五年组织出版了一本纪念册《忆田风》,几十位知名的作家、艺术家和受过田风教导的学生,都写了回忆纪念文章。由于华本人和田风学生们集资出版,寄托了您对人生的伴侣、革命路上的战友深深的敬意和爱意。

您从来不提及个人的苦难,在最艰难的岁月,您没向组织伸过手,没向朋友们求过助,您说不能给单位添麻烦,硬是挣扎着扛过来了。二〇〇二年电影学院召开了"第四代电影导演研讨会",第四代几乎全是田风的学生,于是为田风的夫人于华颁发了"最佳情感爱心奖"。

二〇〇三年正是"非典"猖獗的时候,赶上师娘为田风老师在八宝山修墓立碑。电影学院副院长侯克明和我们三个学生戴着大口罩,陪师娘一起举行了立碑仪式。

二〇〇七年受南方老朋友和老部下的热情邀请,师娘要去浙江一游。师娘说了一句:"宝昌,你要一块去得多好。"于是我和妻放下了手头的一切工作,随师娘出发了。先到了上海。师娘退休前,

一九六〇年,恩师田风和他的妻子于华在大连

我和妻子柳格格与师娘在田风老师墓前

是中国盐业总公司副总经理，您的部下遍布江南，都已身居要职，从上海到周边的小镇，到绍兴、杭州一路之上，用"火热"二字形容毫不为过，他们诉说着老领导的人品、才能、魄力、对下属无微不至的关怀，如数家珍。更有上海电影演员剧团团长佟瑞欣从头至尾的陪同，没人不知道电影学院田风的大名。佟团长请我们去上海新天地吃饭，师娘一定要自己请客，否则不参加了。佟瑞欣只好答应，吃完一结账太吓人了。师娘不是个抠门、小气、舍不得花钱的人，可您历来反对大吃大喝的不正之风，于是佟团长悄悄地叫柜台开了两张发票，拿出一张叫师娘付账，两百多元。出了门以后，师娘觉得不对了，说这么讲究的餐厅，这么好的菜，怎么才二百多？骗我吧？佟团长忙说，这怎么骗？发票总不会假的吧。师娘半信半疑地没再说什么。回京时，妻为师娘买的机票是头等舱，师娘生气了，为什么头等舱？去换，换普通舱。妻坚持说换不了，没票了。等到了机场，送行的人很多，而且每个人都备了一份礼物。师娘又生气了，送什么礼？拿回去，什么作风？！无论大家怎么哀求、说服都没用，竟把所有礼物扔在安检口外上飞机了。一上飞机师娘就找空姐要求把座位换到普通舱，亏得妻先打了招呼，空姐说对不起，普通舱坐满了，师娘这才委委屈屈地坐进头等舱。

二〇一二年九月，北京电影学院召开了田风老师诞辰一百周年纪念会。我推着坐轮椅的师娘进了会场，并由几个人将师娘抬上了舞台。师娘讲了话，您对学院颁发给田风"新中国电影教育开拓者奖"表示衷心的感谢。您觉得这是党对田风所做出的功绩的肯定，是田风最大的荣耀。

在纪念会上，中国电影博物馆宣布在馆内专门为田风老师设了一块展台。一九六二年当田风恩师五十大寿时，我送了一方大端砚给老师，三天后田老师转送给了大画家王式廓。所以师娘在去世前要留给我一个纪念品，就把田老师用过的一块砚台送给了我留作纪念。我把这方砚台捐给了电影博物馆。

于华说：人间自有真情在。

二〇一五年十二月二十二日深夜两点，师娘走了。追悼会上我一直站在家属的行列中。

我最亲的人，最崇敬的人，最怀念的人——共产党人于华。

劳改生活

吃

　　劳改就是你犯了法了，用劳动来改造你。那就不是缝缝扣子、洗洗手绢那种劳动了。强劳，重劳，一百三十斤的一个水泥构件，一个人装车，一搬就是一天；二百一十八斤的麻袋，一扛一天，自己上肩自己扛，还要上"过山跳"；筛石头子儿，普通职工一天筛三方，我们是二十方；挖坑填土，普通职工一天挖半米，我们挖三米；打草，好打的草场只属于普通职工，每天三百斤，我们要满山遍野地乱跑，一天，一千斤！普通职工按国家标准工作，我们按劳改标准劳作。真有完不成的时候，你再卖力气找不到草也是白搭，于是过秤的时候就偷摸在草捆里加石头。加多了就露馅，那么一小捆草怎么会有一百多斤？拆开检查，草落石出，就要挨一顿臭批斗，少不了挨几巴掌。最多一天要干十六个小时的活儿，凌晨四点到晚上八点，收工回来，一个个都像霜打了的叫花子，拉着胯就进屋了。再学俩钟头《毛选》，再批斗俩钟头那"加了石头"的反改造分子，只剩了四五个钟头睡觉。脑袋一沾枕头，一秒钟便可进入梦乡，死猪一样。

后来好多人找窍门学会了边走路边睡觉。有时出工路上要走一个小时，可以美美地睡上一觉——但最不"美"的是偶尔队伍突然停住，你的头就会撞到前边的人肩上扛的铁锹或镐头上，不出血也得弄一个包。人的体能是有极限的，干这么重的活儿，这么劳累，靠什么顶着？一是战无不胜的毛泽东思想，二就是吃。您一定以为那肯定得吃好吃饱，大鱼大肉。那还叫劳改队吗？那是现在的大款，当然大款也不会去打草扛麻袋。

我们这七八十个犯人，都是从北京各大学里揪出的反动分子，稍微高级一点儿，因此不吃大锅饭。每人都有粮食定量，根据劳动表现之优劣，分别不同定量。我是最高的——我劳动向来不惜力——是每月四十五斤。最少的就只有三十五斤了，而且每月评定，劳动表现突出的奖励粮票，两三斤到七八斤不等。您一听一定又以为：好家伙，四十五斤？吃得了吗？撑死你！是啊，我现在一个月吃粮食不超过十斤，可在当时，跟您说实话，每顿只能吃半饱。就这半饱您还别以为是吃什么好东西，主要是窝头，占百分之七十。我这北方汉子，窝头还吃得挺来劲，南方犯人则不行了，拿起窝头如见牛屎马粪一般，难以下咽。少量大米，也不知从哪个仓库底扫出来的籼米，吃到嘴里刷啦刷啦的。白面就更稀罕了，而且也轮不到我们吃。

有一天中午，我买了八两米饭——那时吃饭从来不坐，买了以后站在食堂边儿上五分钟吃完、刷了碗就出工——我刚刚吃完要走，忽然专门给犯人卖饭的窗口又打开了，卖饭的大喊一声："嘿！你们那帮！有吃面条的吗？"那天职工吃面条，我们是没资格吃的，这一定是剩下了。一听面条，我两眼差点儿瞪出血来，豁出去了，机会难得呀！这是革命群众对我们这帮"反革命"的特大关怀，都不吃那不是给脸不要脸吗？就算到了月底粮食不够吃了，也不能见"面"不吃！我第一个冲上去又把兜里带的粮票全掏了出来买了一斤六两面条。面条已经泡糟了，可那也是面条啊！这一顿前后吃了二斤四两，刚刚吃饱。您说，一个月四十五斤够吃吗？

至于说到菜，职工那边鸡、鸭、鱼、肉什么都有，我们只能看着。我们的主菜是熬白菜或炖倭瓜，所谓"熬""炖"就是拿开水一煮撒把盐，当然是一点儿油腥没有的。"文革"之前还允许我们买个肉菜，可买不起。每人发生活费，最低十六元，最多二十八元，我是最高的，可光粮食就得七八元，抽最次的烟也得七八元，还有牙膏、肥皂（四年没见过香皂）、墨水和最次的纸（写认罪书用）、袜子、内裤（四年没穿过一件新衣服，穿给谁看呐！我的棉衣一共打了一百一十二块补丁），就这样也差不多二十元钱了。我每月攒五元钱，积攒了两年凑够一百元，寄给了我三姨。因为"文革"前她给我寄过一百斤粮票（我当时还不知道她当年卖我赚过一百二十元现大洋）。所以，就是有肉菜也买不起，也有憋得不行了买个肉菜吃，多买一次就要挨批斗，这就是"资产阶级享乐思想"，是抗拒改造。那白菜帮子和老倭瓜实在难吃，干脆不吃。花两毛钱买一大包掺满了辣椒把儿的辣椒面，是最便宜的，蘸窝头吃或拌在米饭里吃。那一碗鲜红的米饭，吃起来有刺激。我特能吃辣的，就是那会儿练出来的。

人呐，就是贱骨头。我从小有痔疮，医生严禁我吃辣椒，可从进劳改队那天起，不管吃多少辣椒面儿，痔疮从未犯过。这样吃，就可以节约不少菜钱，白菜、倭瓜一盘儿两分钱，十顿就是两毛，而这一大包辣椒面儿可以吃二十顿，这能节约四毛钱啊！

我们这些劳改犯，最盼望的就是"五一"和"十一"。这两天管理组要发给我们每人一张菜票（当然还是自己掏钱买），可以名正言顺地吃一个"熘肉片"或"炒鸡丁"。我们拿到菜票，那真是盛大节日啊！一个上午干活儿，脑子里全是油汪汪的"熘肉片"。中午排着队进了食堂，一个个都两眼发直地望着卖饭的小窗口，不知是过于激动，还是过于劳累，站在前面排队的钢铁学院的"反革命"×××，突然斜刺里摔倒下去，"砰"然倒地，职工们先是吓了一跳，继而都站在一旁冷冷地看着。只见他倒在地上，脸色铁青，牙关紧闭，看不出是死是活。

我们早把"熘肉片"抛到了九霄云外，不敢把他往监舍抬，几个人一拥而上直接抬到了管理组。管理人员一言不发地看着，脸色也是铁青。于是喷水、灌水、掐人中、捶胸，大约十分钟，他醒过来了，可能他自己也不知发生了什么事，愣了一下突然坐起大叫："我的菜票！"大家忙低头乱找，没有。又有人急忙奔向食堂，是否摔倒的时候扔在地上了？我们扶他站起，只见他左手始终攥着拳头，便叫他张开松弛一下，手一张开，菜票就在他手中。他始终死死地攥着啊！有人流泪了⋯⋯对不起，写到这里我的眼眶又湿了。我曾见过"革命群众"对"反革命"进行的种种残害和侮辱，我都不曾流泪，可这件小事，我流泪了……我不知道"人"字该怎么写！

"文革"前虽然有我三姨的粮票接济，毕竟有限，我要吃饱，一月至少九十斤粮票。寄一百斤来，也不过吃三个月，但比那些无外援的，就很叫人眼红了。我是个不大忍心吃独食的人，有时就三斤两斤给实在困难的人，结果被人汇报了，我被批斗。罪名是"搞不正当的反动关系，拉帮结派破坏改造"。

我们还有一个不是节日的盛大节日，那就是跟着职工去南口镇干活，一辆大车装着胡萝卜、白菜什么的，或者拉煤和水泥构件。只去一个人。车把式是不干活儿的，全靠你一个人装，这就特别需要有力气能干的。职工一般到劳改队点我的名去。早晨去，来回五十多里地，一辆马车回到农场要下午了，中午这顿饭就可以在南口镇吃了。关键是不管你怎么吃没人管你了，宁可超定量多花钱，哪怕晚饭不吃了呢，这顿也要大开斋。

有一天我又被点名，一出门就想好了，今天至少三斤炸酱面。车行半路，忽然惊得我一身冷汗，头发根儿都乍了，我说坏了！车把式忙问怎么了？我说我忘带粮票了，他说："什么大事啊！一惊一乍的，我带了！"我怯怯地问，您带了多少？他说："一斤！还不够咱俩吃的？"我只好长叹一声，蔫儿了。他立即说："我知道你能吃，一斤都给你，我有瓶啤酒就行了。"认倒霉吧，盛大的节日是过不成了。那个后悔呀！

等干完了活儿，进了饭馆，他果然只要了一瓶啤酒一个菜，我则要了一斤炸酱面，三两分钟就吃完了。他说这回行了吧？饱没饱？我苦笑着说："哼，才一斤面条儿……"站起身要走。他一把拉住我说："等等，别饿着你。"他四下张望，居然找到一个熟人借了一斤粮票给我，说吃多少你自己去买吧。我又买了一斤，三两分钟吃完了。他惊得连啤酒都忘喝了，一直呆呆地望着我，最后说："你他妈是人吗！"我心说我早他妈不是人了。车把式剩了一点儿啤酒没喝完就走了。把我给馋的，也不好意思要来喝，"臭老九"嘛，还顾点儿面子，两年不知酒味了。

可巧有一天电影学院调我回城核实"反革命集团"的材料，只我一个人。一到南口镇想大撮一顿，先要了一瓶啤酒，可没人管了！一口气就把一瓶全喝了。坏了，常年不喝酒，肚子常年空空，立即头晕目眩，也顾不上吃饭了，忙奔火车站。一进门就不行了，一头趴在长椅上昏睡过去，醒了以后还好，赶上了末班车。

我们还有一个真正的节日，那就是每年的春节。职工走光了，食堂不开伙，我们也放三天假，从食堂领回白面、肉馅儿，自己包饺子。三十晚上，按每人一百个的数量包好了饺子。那时为了吃，经常打赌。一种是扎肩膀，用大头针往肩上扎；因为长期劳动，肩膀上一层厚厚的老茧，比如四个人，依次扎来，谁最深谁就赢了，每人给他十个饺子。没人跟我比，他们输过，我的最深，近半寸厚。

还有一种是泡凉水，数九寒天，门口有个大水池，有个粗大的输水管"哗哗"向里灌水。再从池口排出流向田间，谁敢下去泡十分钟，输了的给他买个肉菜。矿业学院的一个小子脱光就跳下去了，五分钟以后，他开始嘴唇发紫，两眼发直真不行了。打赌者大喊："行了，出来吧，我给你买菜，我输了！"这小子还特别讲信用，死不上来。十分钟后大家把他拉上来，已是浑身发抖，两腿僵直，回到屋里盖上四层棉被还打哆嗦，一连高烧两天，什么好菜也吃不下了。

今儿是吃饺子，有个小子叫板，一百个全吃了，吃不了的掏钱。这小子比我矮半头，又瘦又小，怕他？我说我和你赌。俩人面对而坐，来吧！吃到第九十个的时候真不行了，俩人都不行了，互相瞪着。反正你吃一个我就吃一个，围观的人气氛紧张。吃到第九十九个，都停下来了，那小子运了运气终于吃了最后一个。也怪了，就剩那一个，我是无论如何不行了，我知道只要再吃一个我吃的全部饺子都会吐出来，我恶心！我输了！我掏钱！我太冤了！连撑带气我一宿没睡。第二天再包，却吃不下了。我剩了一大盘，用碗一扣放在桌下，准备第二天再吃。

谁知第二天早上起来一看，饺子一个不见了。谁偷吃了？我是怒从心头起，恶向胆边生，凶狠地望着屋里的人，谁都知道我要拼命了。

五十个饺子是什么概念？能不拼命吗？所有的人都惊恐地否认，绝对没偷吃。我想也没人有这个胆量，论劳动干活，我是全队的前五名，凶得咧！可饺子哪儿去了？经过大家缜密地查看和分析，是被老鼠盗走了。不信晚上做实验，盘子里放了一个饺子，用碗虚盖上，将灯拉灭，全体床上静坐，一有响动立即开灯。哈！果然，一个耗子四脚朝天抱着那个饺子，另一个耗子咬住它的尾巴向洞里拖，真开了眼了！它不是先吃，而是贮存，太可恨了！

第二天，去食堂捡了一个废油瓶，借了四个老鼠夹，瓶口和夹子上都弄上肉馅，天一黑，关灯！大家连气儿都不敢大出，只听"叭"的一声，开灯！嗬，一个耗子还抱着瓶子舔瓶子口呢，还有一个被夹住了，正"吱吱"地叫。把老鼠拿下摔死，再将夹子支上，关灯！"叭！"开灯，又一个，一直抓了十几只，方解了我心头之恨。耗子太多了，常常招摇过市如入无人之境。

春节我们一人分得一个苹果。我们是果树农场，苹果成山，可落果没人要，自然便宜了我们。譬如葡萄，我们只能吃处理的，两分钱一斤，烂的一分钱一斤，每人都能吃一大脸盆至少十斤。发的那一个苹果我没舍得吃，放在了枕头边。以前在家里过春节，三十晚上妈妈必要拿一个硕大的红苹果放我枕边，取个"四季平安"之意，这次也算是旧梦重温吧。没想到我睡得如死猪一般，第二天一醒见这苹果居然叫耗子啃了一半儿。罢了，您都劳改了，四季还平什么安！

还有各色的，师范大学一小子，不会做饭，也不愿麻烦别人，把白面和馅儿卖给别人拿钱买了十斤挂面。早起便找人下棋，将一斤挂面顺在暖水瓶里，灌上刚开的水，一盘棋下完，将面倒出，已经泡熟了，倒点酱油，几口就吃完了。下了一天棋，竟吃了五斤挂面。

您想，这个吃法，粮食定量能够吗？反正我每到月底至少两三天就没粮食了，这两三天只好"瓜菜代"。所谓"瓜菜代"就是光吃菜不吃粮食。这是一九六〇年困难时期发明的新名词儿，以瓜菜代替粮食，于是二分钱一盘的盐水白菜，来十盘儿，然后就去扛二百一十八斤的麻袋。两分钱一盘的盐水煮倭瓜，来十盘儿（多了也买不起，不但没粮也没钱），吃完了再去搬那一百三十斤的水泥构件，能不饿吗？两脚发软，眼冒金星，下了工浑身打晃儿。总得想法子，各村都有很多的高招儿。

一天收工回来，看见路边职工在买大葱，一分钱一斤，我也跟着买了十斤；一顿吃一根，那得吃多少顿？一个月至少可省八九毛钱，那是多少盘盐水煮倭瓜？刚拿到屋里，管理组派人来叫我去，有人汇报了。管理人员拍桌子瞪眼地怒吼着："你知道不知道你是什么人？你还要买大葱？那是职工的福利葱！你也配吃大葱？你个腐朽的资产阶级享乐思想！你还要吃大葱！你还想吃什么？写检查！"我不但把大葱全交到了管理组，还写了一份深刻的检查，从"小时候就追求腐朽的资产阶级生活方式"检查起，深挖"买大葱"的犯罪根源，我实在是太"反动"了。

南口农场是一眼望不到边的荒滩地，经常有野兔出没，何不打兔子！开始不行，一来二去有了经验，有了准头，我成了射兔神手。兔子胆小，一出现立即钻入草丛，你左手拿块小石子儿，右手拿块大石头，轻轻从坑底爬上来扬手准备好：先将小石子儿扔向草丛，这叫打草惊兔，它会立即蹿出，右手的石块奋力打去，我几乎是百发百中。死兔扔到坑里，收工以后以上厕所为由，到防护林中把兔子剥皮，放在大茶缸里一煮，撒把盐，一个人吃一只。那可比盐水煮倭瓜好吃多了，那是肉。

后来发展到抓刺猬、黄鼠狼、野猫。最好吃的是刺猬，剥开硬壳以后，壳上有一层厚厚的板油，先放在茶缸里炼油，把油渣吃掉，然后将刺猬切割放在油里炸，哎呀！"酥炸八块儿"。谁享受过？

最美味的是蛇，但不多见。一次搬水泥构件，搬到最下一层，好家伙，十几条大大小小的蛇。正在冬眠的蛇，一见阳光立即窜动起来。我把构件一扔。真是艺高人胆大，我用手奋力拍去，将十几条蛇"劈劈啪啪"打死，塞到了我的棉衣中，整整炖了两大茶缸子，连汤带水全吃了，这是高级餐馆的"蛇羹"啊！

还有一次打草，突然从草丛中窜出一条蛇，太可怕了，蛇只有一米长，竟有铁锹把儿那么粗，而且不跑，冲着我伸舌头。审视片刻，我突然抓住蛇尾抡圆了往石头上摔，一下、两下，那蛇竟然大大地张开了嘴吐出了一只没了毛的麻雀，再摔又一只，一连吐出四只，那蛇一下子变得只有大拇指那么粗了。原来肚子里有货。这下好了，连蛇带麻雀，炖了一大缸子的"龙凤呈祥"。从没吃过这般美味，要是有点儿葱姜蒜就好了。

实在没什么好打的了，若想果腹，那就是麻雀了。麻雀之所以不受青睐主要是太麻烦，小，还得拔毛儿，开了膛后又没多少肉。不是没有可吃的吗，总比没有强。麻雀最好打，进了牛场堆草的大棚，麻雀多得成了灾，只要用大扫帚用力一拍就七八只，拍个百十来只，拿脸盆一煮，撒上盐和辣椒面儿，味道也不错。一盆吃下去，省了一顿晚饭，也值！又有人打小报告了，管理组把我叫了去，习惯了，不就是换顿臭骂要份检查吗？这种错误因为不太反动还不至于挨打。奇怪，管理人员没拍桌子，却问我兔子怎么打，我说用石头，他不信，我详细介绍了经验，他说哪天打一个给他看看，我说那你得蹲到我坑边儿等待兔子出来。当然他没有等，我反正免去了检查，这事儿就算过去了。

"文革"开始以后,"反革命分子"买饭又有了一条新规定,所有的黑帮、四类分子全归到一个窗口,在最边儿上,那就有差不多两百人;别的窗口都没了人,也不许我们过去,这还无所谓。最要命的是,买饭前要背一条《毛主席语录》,其实这也没什么难的,可架不住卖饭的存心治你。你得先背"凡是错误的思想凡是毒草……绝不能让它们自由泛滥",然后问你买什么?一个白菜四个窝头,第一个走了。第二个上来也背"凡是错误的思想……"里边立即怒斥,人家刚背完你又背,靠边儿站!得,买不成了,这一靠边儿就得等两百人都买完了才轮到你。第三个上来了,背条新的,"马克思主义的道理千头万绪,归根结底就是一句话:造反有理!"里面的人更怒了,这也是你能背的吗?你要造谁的反?靠边儿站,又一个。第四个上来了,背了"千万不要忘记阶级斗争",更砸了,你不忘?你要跟谁斗?靠边儿!第五个上来了,里边又出幺蛾子了,背《语录》第十一页,这谁记得住啊?没的说,靠边儿。第六个上来要他背十五页第二条,这小子是电力学院的,极聪明,他知道里边那人不过是瞎说一页,他也未必知道,便乱背了一条,"凡是反动的东西,你不打,他就不倒。这正如地上的灰尘。扫帚不到,灰尘照例不会自己跑掉",真灵!买什么?八两米饭一倭瓜,他过关了。第七个上来了,第九页第五条,有了前车之鉴,他也顺口就来,"要斗私批修",其实根本不是这条儿,里边那人却说,五个字儿,你倒省事!这不算,靠边儿!嗨!智者千虑,必有一失。就这么扯皮,直到出工哨儿响了,还有好些人没买上饭。甭吃啦,赶紧去集合,出工是哪个也不敢迟到的,只能饿着肚子干半天活儿。

人人自危。后来买饭前都得想好了《语录》，问问前后的人不能重复，还要适合批判自己的反动本质，还不能太长，长了他说你故意捣乱；也不能太短，还得记住是哪一页，万一他正好知道那一页那一条，你瞎说，不成了欺骗革命群众，诋毁毛泽东思想吗？真累！您说，这还叫吃饭吗？不就酱油汤子拌倭瓜、盐水煮白菜帮子嘛！至于吗？

自杀

"文化大革命"开始的时候，我们已经进农场劳改快两年了。我们是被明令禁止不许议论、当然更无权参与"文化大革命"的。可是，整个农场铺天盖地地贴满大字报，每天排队去买饭，总要偷看几眼，我们终于明白了，这次运动主要是整那些"党内走资本主义道路的当权派"，不是整群众了。大家心里不那么紧张了。可这么想太幼稚了。

没几天，首先看到的是四类分子劳改队的人全都被剃了"阴阳头"，实在过于怪异，不是剃光，而是东留一绺，西留一撮，坑坑洼洼、长长短短，这叫"牛鬼蛇神头"。我们很庆幸，大概对我们的政策与四类分子不同，没把我们剃成那副德性。那种侮辱，作为一个人，是无法忍受的啊！当时我们对红卫兵造反的情况一无所知。

八月中旬，我们正要出工，忽见门口贴出一张大告示，勒令我们四点前立即将"狗头"剃光，否则"格杀勿论"。这下可全蒙了。但依然抱有幻想，组长跑到管理人员那里问是否要听红卫兵的命令剃头？管理人员竟反问："你们说呢？"这还用说吗？剃！"臭老九"总是能找到解脱自尊心受辱的理由，有人便说，这是红卫兵对我们的宽大，剃光总比四类分子的"阴阳头"体面多了。可是一百多人，只有三个推子，一个小时如何剃得完？于是，剪子、刮刀、剃须刀、推子，凡能将头发彻底消灭的工具全都用上了。都是狗头，也没那么讲究，"格杀"都"勿论"了，"格剃"还论什么！神速，不到四点，全光！只有邮电学院的一个小子，牛×！坚决不剃。他认为这是侮辱，人身侮辱！士可杀而不可辱！好像我们都不知道这是"侮辱"似的。对红卫兵的"宽大"毫不感恩的结果，就是被红卫兵打得鲜血淋漓脑袋开花，并按四类分子标准剃了"阴阳头"。

这本来是件很悲惨的事，可最不可思议、最让人奇怪的是，剃了头的诸君坐在屋里等红卫兵揪斗，瞪着眼睛，你看看我，我看看你，不约而同地突然都大笑起来。我也笑得肚子疼，这种笑是非常反动的，若被红卫兵看见那是定要"格杀"的，都知道这"笑"的危险性，可谁都忍不住，有捂住嘴的、有低着脸的、有扭着头的，只是笑。我居然想到很多文艺作品描写的悲惨场面：哭、悲痛、撕心裂肺，都不对了，应该笑！你不笑因为你未身临其境，"不到园林，怎知春色如许"。

一声断喝，我们被红卫兵押到大礼堂前的小广场。都不笑了，因为我们身上立即溅满同伴的鲜血，于是罚跪、挂牌子、游街。这游街只在书中看过，那是毛主席的《湖南农民运动考察报告》，却不知游街竟如此难过，没点儿功夫还真不行。九十度弯腰前行，最要命的是还要双臂举起前伸，这很难过，不信您现在就试试，看能坚持几分钟？也许看到这里您出于好奇真就试上了，体验一下，怎么样？……您坚持了多久？街两旁全是手持棍棒皮鞭的红卫兵，而且有荷枪实弹的民兵，后来才知道，总部有令，如有反抗立即枪杀。

我们像牲口一样被驱赶，而且专门往水洼、泥地里赶。只听见混乱的谩骂声和吆喝声，以及此起彼伏的"劈劈啪啪"的抽打声，听到最多的喊声则是："妈了个×！把胳膊伸直！"没错儿，两臂伸直太难了，我已经坚持不住了，可我深知把两臂放下来的后果。我突然灵机一动，何不把两手放在前面那人撅着的屁股上？这么混乱的场面，总不会被发现吧？我快走两步，把疲劳到极限的双臂搭在前面的屁股上，那叫舒坦，那叫痛快，假如当时有人问我："人生的最大幸福是什么？"我一定回答："把双手放在前面的屁股上。"大约也就十几秒钟，我的不轨行为被发现了，随着一声："×你妈的俩手往哪儿搁？！"一棍抡下，疼得我忙把手缩回，可那迅雷不及掩耳的第二棍狠狠抡在了前面的屁股上，我很内疚，真不是故意的，叫他挨了一棍，后来很想向他道歉，但始终没弄清那是谁的屁股。

当时的游街队伍已没有队形，混乱不堪。可就那十几秒钟救了我，使我一直坚持到游斗完。我们被赶回监舍，刚一进屋，砖头、石块儿立即从门、从窗户雨点般地飞进来，伴随着男男女女红卫兵的不堪入耳的愤怒的脏话。谁也不敢抬头，只听见被打的"哎哟"声，我站在双层床的一侧，一块砖头狠狠地打在床柱上，距离我的鼻子一寸，床柱上立即有了一个坑，若打在我头上，也就"格杀勿论"了。我们无一人反抗,哪怕是稍稍的反抗,没有。

第二天斗四类分子,我们全体被拉去陪斗。我们被放走时,我第一次领略了"吓得腿肚子朝前"的滋味儿。有了这一连串的惊吓和受辱,才有了我后面的自杀,咱们还是另起一段吧。

对于劳改犯来说,劳动只是手段,其唯一的目的是"认罪服罪",我没认真统计过,五年中我写的"认罪服罪书"少说也有上百万字吧,我完好地保留至今。"平反"时发还给我,没舍得烧。"忘记了过去就意味着背叛"嘛,这好像是列宁同志说的。

"文革"之风刚刚吹来,监舍之中立即人心浮动,因为把我们定成"反革命"的直接下令者,是当时市委某负责人,他被揪出来了,他是"反革命",那我们就不应该是,总不会敌人把敌人揪出来吧?毛主席教导我们说"凡是敌人反对的,我们就要拥护;凡是敌人拥护的,我们就要反对",于是翻案思想泛滥。结果一个个翻案者被揪了出来,那种惨不忍睹的批斗,令人胆寒。我不止一次地警告自己,千万别走这一步,那将是灭顶之灾。可事实上,有些事并不以人的意志为转移。您读过雨果"同志"的《悲惨世界》吗?冉阿让明知再隐忍一下便可被释放,但他像被关在笼子里的狼,只要看见一点儿亮光就要越狱,就想逃出去,狼性。我也不例外,我看到了一线亮光。

其实,当时我翻案之心已死。当那一轮对翻案者的残酷批斗后,大概是为了消灭犯人的翻案幻想,管理人员宣布说,当时市委有些人把我们揪出来是一个"反革命"的大阴谋,是在大学生中选出一批"反革命"的精兵强将,放在了劳改农场监护起来,作为

"反革命"的别动队，随时准备利用这批力量进行"反革命"的复辟活动。这才知道不是敌人揪敌人，而是敌人在保护敌人。没想到我们还如此受领导人的重视，这么有用，能不受宠若惊？既然如此，你还翻他妈什么案？可事出有因，身不由己啊。

"文革"开始以后，我们每个犯人所在的原学校又都揪出无数的"反革命"，凡曾与我们有关联的人都难幸免，于是每天都有人来我们劳改队找犯人外调。

一九六七年夏天，我所在的电影学院造反派"井冈山"的革命领导前来找我外调了，令我瞠目的是，同行的三人竟是原来和我一起打成"反动集团"的成员，他们都是工农子弟，只受了"警告"或"记过"处分，只有我是反动资本家而一人入狱。

我本以为他们也难逃此劫，早被揪斗了，哪知他们都成了响当当的造反派，他们原来所定的"错误"，却变成了向"黑党委"斗争的英雄事迹！

这是怎么回事？那我呢？咱们曾是一个战壕的战友啊！他们说了，我不一样，我是残酷迫害工农子弟的资产阶级孝子贤孙，是罪不容诛的"反革命分子"。班上根本不存在什么"反动集团"，只有我一人是反动的，当然也还有反动同伙，那就是我和两位班主任田风和汪岁寒，我们三人勾结在一起，残酷排挤、迫害工农子弟，施行了资产阶级专政，在班上复辟了资本主义！必须交代我们如何陷害的工农子弟，把那些诬蔑工农子弟的不实之词全部翻案，重新交代我们三人反党罪行的巨大阴谋。而且给我规定了一二三四等具体罪行。

他们声色俱厉，我低头不语，没这个道理吧？太不合情理了嘛！要翻案大家一起翻，玩儿这种舍车保帅的把戏，太不仗义，太不光明正大了吧！他们又说你必须重新交代，深刻认识自己的罪行，否则你也知道红卫兵不是好惹的。我当然知道不是好惹的，我早见识过了。

我很讨厌威胁，可我是个软蛋，当然不想惹红卫兵。我不知电影学院发生了什么情况，他们肯定造反了，但对立面的红卫兵肯定揪住他们曾是"反动集团"成员不放，他们必须先正名，便不得不来找我把他们身上的一身烂屎先擦干净。好好儿说嘛！把你们的难处告诉我，我肯定帮忙，反正我已入狱了，不过是只"死老虎"，牺牲就牺牲吧！何必装成正人君子来威胁恫吓、拍桌子瞪眼？不都哥们儿嘛！他们走了，说过几天来拿材料。

想了好久，我不能不写。红卫兵的棍棒我是领教过的，于是我按照他们的口径，只写了我与田风、汪岁寒三人"反革命集团"迫害工农子弟的"罪行"，至于给他们个人翻案的材料我一字未写；田风不仅是我的恩师，也是他们的恩师，而且早在一九六五年已被学院迫害致死，其冤弥天。我写了这份材料，留至现在，每当看见，便觉愧对田老师在天之灵，我还是人吗？这种愧疚始终煎熬着我，一九六七年的八月学院对我进行再调查，那时已是工宣队、军宣队进驻学院并掌权，又是"田汪郭反革命集团"的事，我无比愤怒地写了翻供材料，我原来交代的问题全都是专案组强迫我按他们预先写好的黑材料一二三四抄录下来的，不存在"田汪郭反革命集团"，质问那些所谓受过迫害的工农子弟，没有田老师培养，你们怎么会有今天，良心何在？！这份材料我也保存至今。

果然过了几天他们来取材料了。而且三人之中换了两人（当时我们全班二十三人中，有八个被打成"反动集团"成员），其中一人正是当年把我们打成"反动集团"的人。当年，我也没饶了他，揭发捏造了他很多罪行，其中一条最狠的是"打倒×××"，他也成了八分之一。

显然，他们看了材料以后十分不满，问我为什么不给他们写翻案材料？我说没想好怎么写。那位"八分之一"问："我什么时候喊过打倒×××？"我说你喊过。他又问："我什么时候学着哑嗓子喊过打倒×××？"我说你喊过。他再问："我什么时候从桌后面探出脑袋喊过打倒×××？"我说你喊过！

对于他，我是仇人见面，分外眼红，谈不上客气。就这样僵持了大约一个小时，一直坐在旁边的管理组人员不知为何突然起身走了，剩下的五个人忽然有四人一起上了厕所，只剩了一个人，是当年"反动集团"的主要成员。他看看四下无人，突然对我说："该翻的全要翻！彻底地翻！包括你自己在内！"说完又眼露凶光，满脸诚恳地向我飞快点了几下头。这一线"亮光"对我来说无疑是个惊天动地的信号！立即把无产阶级专政的"铁锤"，全部忘诸脑后。正是毛主席说的阶级敌人"人还在，心不死"！

他们又走了，说过几天来拿材料。我的思想里展开了激烈的斗争，我面临着十分艰难的抉择。假如按那人所说，包括我在内的此案全翻，那我就不再是"反革命"，我就可以结束劳改生活，我就是革命群众了，而且还是受到迫害的革命造反派，这太诱惑了，我甚至想到我回到学院那趾高气扬的样子。

可这案翻得成吗？我并不担心那些已定案的罪行，可以矢口否认，可以辩成是革命行为，人嘴两张皮，由着你随便说。我担心的是这帮人是否可靠？两次来人分明是逼我给他们翻案，没我什么事，我还翻什么案？而那人说包括我在内，很可能是诱饵，骗我给他们翻了，至于我翻成翻不成他们根本无所谓，到时候我就会被弃之如敝屣，也可能连破鞋都不如地被扔掉。我再因翻案而挨批挨斗，关他们屁事？

也有另一种可能，他们故意做局，弄得声色俱厉，实际上制造了一个我与那人单独对面之势，这才图穷而匕首见，告诉我"包括你在内"，此行目的就是要救我于水火之中。仔细想来又不对了，他们若真想给我翻案，完全可以把我揪回学院批斗，那时再翻案，我的人身安全便有了极大的保险系数，我可以不再回劳改队。当时红卫兵组织是有权从劳改队把犯人提走的，管理组也不敢拦。可他们没这样做，我的第一种分析是准确的：诱饵！我怒了，分明是要我！那咱们就要耍玩儿吧。

他们深知为我平反冤狱之难和巨大的风险：我若翻不成，给我翻案的人岂不也真成了"反革命"？所以最妥善的办法就是叫我给他们翻案，我的不能翻。这样既把他们全择了出来，又表明了他们坚定的无产阶级革命立场，一箭而双雕。至于说的那句"也包括你在内"，完全可以不承认，有旁证吗？谁能证明？顶多是再给我增加一条"诬蔑革命群众"而已。

不给他们翻案，风险极大，红卫兵的棍棒不是吃素的。给他们翻案，风险同样大，那就意味着给自己翻案，岂有一个反动集团其他人都不反动，就我一个人儿反动？那红卫兵的棍棒也是天天要开荤的。我历经磨难，何等的老谋深算、老奸巨猾，我给所有人的百分之九十九的案全翻了，但每人留了最致命的一条咬死不翻，譬如"打倒×××"。你说我没给你们翻？明明翻了百分之九十九，你们说我犯了"翻案罪行"？我每人留一条，只这一条，在当时就可以乱棍打死。同时，我还留了后路，叫他们知道，不给我翻，你们就休想彻底地翻，就休想把我扔下不管，你们就还得来找我，直到你们彻底醒悟，否则就两败俱伤，至少我先保护了自己，而你们的人身安全并无任何危险。

材料交上去了，没想到形势急转直下，来取材料的不是那些人了，竟是"井冈山"对立面组织的人，当然也是革命群众造反派。他怒不可遏地指着我已翻了供的那百分之九十九，说我胆大包天，居然敢为反革命分子翻案！不管怎样解释，他根本不理会那未翻的百分之一。坐在旁边的管理组人员冷冷地望着我，我被勒令重新交代。我想这应该是两派之间的斗争，见过，农场的职工也分成两派，打得头破血流。这份交代材料我不能写，万一"井冈山"这派带着那帮人再来呢？那就瞎了。不写又不成，我采取了拖延战术，总能拖到那帮人再来，然后见机行事。

可一个月过去了，两派的人都没再来，管理组的人也没催我交材料。我忐忑了一个月，终于松下来，心想大概没事了，知道找我也没用。却不料，风云突变。

下午出工的时候，有两个人留下没去，这是常事，肯定是干别的活儿了。等晚上我收工回来，进屋一看，着实吃了一惊：上下铺睡十个人的小屋子里，竟然铺天盖地地挂满了大、小字报，我的床头几乎被封死。

醒目的大字标题全是讨伐我的。

"郭宝昌翻案，铁证如山，罪责难逃！"

"请看郭宝昌的翻案罪行！"

"郭宝昌不投降就叫他灭亡！"

"砸烂郭宝昌的翻案狗头！"

当然，郭宝昌三个字都是倒着写的，都打上了红"×"，我一看便知，这是管理组布置的。我急忙跑到管理组，可管理人员根本不听我说，他说他全知道，叫我写好交代材料，准备在组内接受批斗。显然这又是杀鸡给猴儿看。

这一段时间翻案之风猖獗，一个个被揪斗。一是管理组在"文革"开始后曾悍然宣布，我们已改判，全都是"无期徒刑"！既无司法程序，又无任何判无期的罪证，就这么定了，人心大乱，哪个不想翻案？也好找一条出路。

另一个原因是，我们这里曾有两个犯人，一个是北大的，一个是师专的，由于继续坚持反动立场和企图叛逃被升级送进了正式监狱，正经是宣判戴上手铐子走的。没想到"文革"一开始，北大那小子突然跑回来了，超出一般夸张地故意惊讶地问："你们怎么还在这儿？我们监狱的人全都造反了，管理人员都被揪斗了，你们还在这儿受罪？监狱都比你们这儿强，不用劳动，也没有红卫兵捣乱，你们还不造反？"我们都吓得毛骨悚然，谁敢搭茬儿？他示威一样地说他回来只是为了拿他被捕时没来得及拿的洗脸盆。

  管理组的人明知他来了，却无一人敢露面。他走以后直到晚上才把我们集合训话，说北大那小子是越狱逃跑，是永远也翻不了案的反革命，公安局正在通缉他。奇怪，正在通缉，你们为什么不抓住他？没有人信，又不能不让你想，监狱的都没事了，为什么还关着我们？翻案思想自然是死灰复燃。正要抓几个人试刀呢，我这个活靶子，管理组焉肯轻易放过！我回到监舍，已没有一个人再理我，都在低着头写揭发材料，准备进行对我的批斗。其实我在组内人缘儿还不错，我从未主动揭发过谁或背后打小报告整谁，我十分厌恶和痛恨这种行径，但我依然遭恨。

  最主要原因是，所有劳改犯除极个别的，几乎每人都挨过批斗，有的是因为不好好劳动，有的是因为继续散布反动言论。您别以为是真散布了什么反动言论，譬如我有一次上房修屋顶，随便说了一句"三天不打上房揭瓦"，这便是恶毒攻击红卫兵天天打人，我借此发泄反动情绪。这挨得上边儿吗？可就这种言论凑上个十条儿八条儿也要挨一次批斗。我很有控制力，尽量少说话，我始终没挨过批斗，这就遭恨！有个小子在总结会上狠狠地说："其实郭宝昌思想最反动，但老奸巨猾，他就是不说，不要以为不说就不反动！"这叫什么逻辑？反正你抓不住我什么把柄。可这次不行了，我知道我逃不过了，脑子里不时闪过一个个因翻案而被斗的人的惨状。

  我心寒了，我不能忍受这种惨无人道的蹂躏，我知道我承认翻案必要往死里打，不承认翻案依然要往死里打，没有第二种可能性。

  第二天我把写好的材料交到管理组，他们不看，叫我批斗会时念给大家听。我走回监舍,只听里面有人喊:"不老老实实交代就打!""什么老实不老实?先打!打完了再交代!"我一推门,全都不说话了,直瞪瞪地望着我。我说假如我在这儿不方便,那我先出去,你们说完了再叫我进来。我关上门走了,站在不远的厕所旁的防护林边儿上等候。眼前一片黑暗,我的末日到了,我突然想到了死!叫犯人自相残杀,没有比这更残忍、更缺德的了。都怎么了?我们之间有什么仇啊!同是天涯沦落人!对,与其受这样的残害、侮辱,倒不如死!士可杀而不可辱!这种思想本来就有,但集体被辱的时候,尚可忍耐,真把一个人提出单练,则感受完全不同了。可一想到死,我的心立即紧缩,手也在抖,我想从脑中驱逐这个"死"字,但已经做不到了,突然袭击已把我陷入绝境,无他路可寻,宁可死!我懵懵懂懂地被叫了回去,糊里糊涂地躺下睡觉,也不知道自己睡着没有。

第二天一早迷迷瞪瞪地起床,神情恍惚地出工,也不知道哪天批斗我,我也不想再写什么交代材料,脑子里只剩下那一个字。莫名其妙地又想我死后会怎么样呢?谁先发现我?把我烧了还是就地掩埋,总不至于抛到荒郊喂野狗吧?同室操戈的犯人会怎么想?管理人员会后悔吗?死了犯人他不负责任吗?有人会往我家里送信儿吗?我妈妈知道了会怎么样?我曾经那样无礼地对待过她。不会,他们怎么可能去向一个反动资本家送信儿呢!想啊想得真他妈累!太累了,比干多重的活儿都累!而且我做贼心虚,觉得所有的人都在监视我,盯着我,窥透了我企图自杀的阴谋。我更紧张了,尽量装得很平静,其实没人看我,干活儿都躲得我远远的。他们不能和我接近聊天儿，那样便有通敌之嫌，至少划不清界线。

我开始考虑怎么个死法儿，这是神经最紧张的时刻。喝农药？果园里到处是农药，但向职工要或偷都容易被怀疑和发现。碰头而亡？我怕我不忍心用那么大的力。切腕？那死得太痛苦了吧？上吊？对，上吊好，前不久刚有个四类分子在林里上吊了，既不毁容还留个全尸。定了，上吊！那得有一根结实的绳子，出工收工的路上，我贼眉鼠眼地踅摸绳子。终于在大水池旁觅到一根长短粗细和结实程度都适合的绳子，拾起系在腰间。最重要的是选择一棵树，要有能负重的树杈，高矮还要合适，还不能离宿舍太远，远了是走不出去的。厕所旁的防护林里有棵杨树好像是专门为我预备的，要不要写几句遗言呢？不必，我不欠谁的债也不欠谁的情，无言可遗。

只有一件事叫我惴惴不安，那就是在我千补百衲的棉衣上，一块补丁下面缝着我入狱前女朋友的一张照片，我死以后，他们是一定要抄检我的东西的，万一这张照片落入他们手中，那将是对我神圣情感的一种亵渎，追根寻源也会给我这女友带来无穷的后患。对！必须把这张照片处理掉。当一切想定的时候，我突然如释重负，立即轻松起来，轻松得简直有点儿愉快，你说怪不怪？我曾读过托尔斯泰写的《塞瓦斯托波尔故事》，他写过一个士兵在战场上临死前的思维状况，我在读书笔记中曾大大赞赏过老托的惊人的笔触，太精彩了，我始终怀疑是老托本人经历过的场面。现在我也体验了一把，我明白了，人要自杀，最恐怖最紧张的是决定死的过程，一旦定下来，整个儿的身心便全都解放了，有一种不必与凡人再打交道的彻底的轻松。让一群"凡鸟"来"观葬"吧！

过了两天，管理组终于向我宣布，第二天开我的批斗会，问我准备好了没有？我说准备好了，其实我什么也没准备，这无异于向我宣布，可以死了。

入夜。熄灯以后，很快不到一分钟，我看到同舍的人都已呼呼大睡，那都是累瘫了的人。我依然精神百倍。几天来我睡得极少，也不困，也不累。我将棉衣抱在胸前，又慢慢将被子拉起，将头蒙上，然后把周边四角全掖好，以免漏光。我打开手电筒，轻轻将棉衣上的那块补丁拆开，取出了我女朋友的照片，我凝视良久，深情地亲吻了两下，终于下决心将照片撕碎，放在了嘴里。照片纸很硬，无论如何嚼不烂，不信您可以试一试，只能嚼成一个硬纸团，我只好十分艰难地咽了下去。

做完这最后一件事，踏实了。我关了手电筒，掀开被子，从床下拿起绳子，悄悄地下地走出监舍。我觉得挺悲壮的，比后来与母亲较量、与养母诀别、垃圾堆里捡书、单刀赴黑社会的饭局都要悲壮。

外面，月光如水，我心里也静如止水。好像不大像一些文艺作品中描写的那样，自杀前要哭天抹泪，怨天尤人，或说什么"祖国啊永别了""爹娘啊，我不能再尽孝了"之类，好像都不太对，我不但不紧张，也不悲痛，而且还有些得意。我终于没让你们侮辱我的阴谋得逞！

我来到防护林里找早已看好了的那棵树，还没走到，忽听一声呐喊："干什么的？"随即有七八个电筒光亮了，全都向我射来。这是巡夜的红卫兵，怕阶级敌人搞破坏。其实这些人白天打扑克、喝酒、睡大觉，晚上没事儿出来了，最大的乐趣就是找一个黑帮分子审着玩儿。玩儿累了，也天亮了，他们又去睡。

我着实吓了一大跳，以为他们发现了我要干什么，连忙大叫："上厕所！"我迅即转身向厕所跑去。我站在尿池子上透过小纱窗口向外张望，想他们过去以后我再行事。谁知这帮人来到我们监舍对面便席地而坐，那里有个小土坡，嘻嘻哈哈聊起天来。等了一会儿，看那意思暂时走不了，我只好走出厕所。几个人的手电筒又向我射来，直把我送进监舍，我又躺下了，只好等。

等"死"的滋味儿就不好受了，大有度秒如年之感。慢慢听到外面没有声音了，我又悄悄起来向外走。刚一推门出来，没想到七八个电筒光立即射来，大吼着："干什么的！"这帮小子根本没走，还坐在那儿。我只好又大喊："上厕所！"我没别的可说，只听一红卫兵骂道："你他妈一晚上上几回厕所！"我他妈也不想上厕所啊！但没辙，只好再进了厕所，依然透过小纱窗向外望，这几个"孙子"（后来有人说这几个人是你的福星，受天意来保护你的）看来是不想走了，跟我耗上了。我只好走出厕所，他们照例又用手电筒光把我送回监舍，我再次躺下，不知为什么忽然不想死了。去他的，爱怎么着怎么着吧，睡觉！这时才觉得真的太累太累了，从未有过的一种疲惫，一秒不到，我进入了梦乡。

您大概觉得真没劲，闹了半天你没死，连吊都没上成。哪怕吊上去了，再让人救下来又活了，也比这有劲，这叫什么"自杀"？——我真要死了，您还看得到这篇文章吗？

人有这样一次经验挺宝贵的！

他杀

都说犯人是最难管理的，因为他们残忍狡猾，卑鄙无耻，恶念丛生，诡计多端，都是些满脑子祸国殃民的歹徒。其实不尽然，只要得法，那是不难管理的，最好的法子就是叫犯人管犯人。叫他们互相揭发，互相告密，互相争斗，互相暴打。犯人打犯人，那可是下得去狠手的。怎么叫他们"互相"呢？太容易了，一句话就够了，那就是"谁表现好，谁可以先出去"。所谓"先出去"，那就是"自由"啊！什么叫"表现好"呢？那就是揭发得狠，告密得勤，争斗得凶，暴打得毫不留情，方证明你立场坚定，划清了界线，有重新做人的决心。只有在牢狱中度过的人，才知道自由的可贵，那太有吸引力、太诱惑了。

我至今不能也不愿原谅那个告密者。他并非坏人，而且也一样是犯人、是受害者（我这里所指的犯人仅仅是我们这个劳改队的大学生，与现在狱中的任何犯人都无关），只是"自由"对他的诱惑太不可抵御了，他告密了，密告"有人怀疑毛泽东思想"。一个"问号"，险些酿成十条人命。那是一九六八年的深秋了。

下午出工，我们排队走出没多远，忽然我们同监舍的W君说他忘了什么东西要回去拿，好像是少带了一把镰刀，他跑回去了。这是很正常的事，谁也没在意。收工的时候，刚走到监舍门口放下工具，管理组立即把我和S君叫了去（当时S君是这个监舍的组长，我是副组长）。管理人员告诉我们，有人恶毒地攻击毛泽东思想，今晚开批斗会。谁攻击？怎么攻击？我们一概不知。

晚饭以后，批斗会开始，管理组人员亲临坐镇。这时管理组的人员三个中已换了两个，一个是由于诱奸女犯而被揪斗调走；一个是本来犯了错误被处理到我们这儿——那可是真真正正被监护起来——这次又被原单位揪回。新来的两个人是公安系统的，一到这里先把手枪拍到桌上，说，有不服从管教者，枪毙！

按照惯例，批斗会前先读几条有关阶级斗争的《毛主席语录》，七八条之后，管理人员突然打断说翻开某页念某条。念完以后，管理人员一下子转向C君，问道，你学这一条有什么感想？C君毫无思想准备，稍稍一愣，但说些学习心得和感想还是不难的，他说了。管理人员问："你说的是心里话？"他说是，管理人员立即叫他把语录本交出来叫大家传着看，这一传大家都惊呆了，C君的语录本上，在这条语录上面赫然画着一个"？"。

这分明是对"句句是真理""一句顶一万句"的战无不胜的毛泽东思想的怀疑。那好像是一条"关于正确处理人民内部矛盾"中有关知识分子思想改造的语录。这还了得？所有的人都怒吼着："站起来！低头！"不吼是不行的，那就是同情罪犯，叫他交代这"？"是什么意思？他狡辩说是还没有完全理解，准备要再好好学。这分明是"反革命"的两面派手法，妄图掩盖自己的滔天罪行，进行诡辩。

大家指出他这就是极其恶毒地攻击毛主席的知识分子改造政策。可谁都知道，我们进劳改队初期，管理人员分明宣布过我们属于人民内部矛盾。所以C君的"问号"在我们每个人的脑子里其实都存在。批斗了两个小时以后，管理人员宣布暂停：从今晚开始所有人睡觉以后，C 君必须再写一个小时的"认罪书"才可睡觉，并每晚留一人监守 C 君。

散会以后大家才知道，原来是白天出工时，W 君回监舍取东西，顺便翻检了 C 君的东西，发现了语录本上的问号，立即向管理组做了告密。这太遭恨了！W 君给我的印象一直不错，怎么会做这种事？大概是太想"早一点儿出去"了。

当时正处于"文革"的高潮时期，公、检、法已被全部砸烂，整个社会毫无秩序可言，你貌似正义向所谓"邪恶"斗争，你本人已先陷入了邪恶之中，不但害了别人，也害了自己。

C 君是北京大学化学系的学生，仪表堂堂，一米八的个头儿，身材匀称健壮，是北大"校运会"上的五项全能冠军。脑袋方方正正，大家给他起个外号叫"色子"，就是打麻雀牌掷的那个"色子"。他性格较孤僻，不大合群，干活儿也不错，因他身体太强壮了，没人敢惹他，真打起架来，百分之九十的人不是他的个儿。

犯人打架是常有的事，而且从来无人劝架，都是闪在一旁看两个人打，直打到两人都觉得没劲儿了为止，带着青紫伤痕继续干活。这种事管理组也从不过问，一般来说弱者不敢上前，那不上赶着挨揍吗？

有一次挖沟，活儿很急，职工部门特意调我去，管理组特意要搭配一个干活儿不大灵的。一个上午要挖十米，我知道他不灵，我说我挖七米，剩下三米归你，到了中午我的七米挖完了，他那三米才挖了一半儿，我火儿了，一拳把他从坡儿上打得滚到了坡儿下，我又追下去，他吓得东逃西窜。结果那天午饭也没吃成，还是我把剩下的挖完了。这件事一直叫我后悔了好几十年，现在如能遇到他，我还是要向他赔礼道歉，欺负弱者，不光彩。

这天是垛草，不知为什么，C君的情绪一直很坏，多次把草甩到垛外，全散了，我说了他几次，他像没听见一样。又一捆草散了，气得我突然从脑后给了他一巴掌，他的棉帽子都被打飞了出去。他怒了！两眼凶光毕露，指着我的鼻子问："你想干什么？"这就是打架的信号，所有的犯人立即散开后退，围成了一个大圈儿，那是给我们腾出打架的场地。

我们两人对峙着，都虎视眈眈一触即发，看谁先动手。两强相遇，大家都知道今儿有好戏看了，气氛骤然紧张。互相瞪了有十几秒钟吧，他突然说了一声："×！"便捡起帽子去干活儿了。我想我们俩当时的想法大概完全一样，真打起来，两败俱伤，不想叫别人开心看热闹。大家都失望地又去干活儿了。

一天，工间休息，只有C君一人远远地坐在草垛边在看一个小本子，那显然不是《毛主席语录》。我到草垛后解手，转过来坐到他身边，问他看什么？他两眼望着远方没有回答，我又问他，看什么呢，两眼发直？他低下头仍不说话，忽然拿出刚才已经藏起来的小本子伸给我。我打开本子一看，里面夹着一张黑白照片，一个书生气十足的长者身边站着他和一个长得十分标致的女孩子。照片上的他真是翩翩少年，英姿勃勃；少女亭亭玉立，落落大方。再看看我身边的这位，简直判若两人，剃光了的头更像"色子"。就说他这件棉袄吧，我的棉袄才补了一百多块补丁，他的棉袄已经全是补丁，根本看不到原来棉袄的面儿了，活脱儿的一个叫花子。

说起补丁来，那真是劳改队的一大景观，您找不到一件没补丁的衣服。三年与世隔绝，每天打交道的就是这么些人，就是伸手不见五指的黑夜，两人蹲在茅坑拉屎，只要一个人一使劲出点儿声，另一人就知道你是谁，不用说话。可那么多的补丁从哪儿来呢？

犯人中我算是比较勤快的，有破即补。每天上工、收工一路上我都要东张西望，见块破布就捡起来，回去以后洗净压平，按它的原始形状剪去毛边儿，压在床褥下。我总有几十块破布的积蓄，当居补丁首富，要补衣服的都来找我，一般情况我也不那么吝啬，有的专拣大一点的、新一点的、颜色好一点的，我就不太舍得了，有时也会忍痛割爱。

C君身上的补丁至少有一半儿是从我这儿要的。看到他那张照片，我就猜到了，那个女孩子是他的女朋友。他点点头。又问那长者是谁，他说那是他们系的教授，是那个女孩的父亲。还能说什么呢？可以想见，C君不但是五项全能冠军，而且必是他们系的高才生，否则这位教授怎会把宝贝女儿给他呢？他独领风骚，正平步青云，有着可以说是远大的锦绣前程，却突然从金字塔尖顶上落入了十八层地狱。

看着这张照片，他在想什么？那一定是卿卿我我甜蜜的爱抚，亲亲热热忘情的拥抱。看看他现在这副样子吧，连叫花子都不如，叫花子还有讨饭的自由呢！三年被断绝音信，还有什么希望吗？

我黯然神伤地把本子还给了他，物伤其类，同病相怜啊！所以不管他怎样掩饰，我经常从他的眼神中看到愤懑和仇恨，尽管他后脑平平，我却始终感到他脑后的反骨要顶了出来。

C君每天夜里写检查，隔两天被批斗一次。每夜负责监视他的人越来越不耐烦，开始怨声载道。这一个小时的觉，对每个人来说那都太宝贵了。十天过去了，管理组找我们去汇报，问起C的情况，我们都说C最近表现不错，夜里是否可以不用值班看守，叫他自己写就行了。管理组同意了，大家都松了口气，可以多睡一个小时了。

　　夜里大家上床睡觉以后，C君便很自觉地把灯线放长，将电灯尽量放矮，然后用报纸蒙住。一个小时以后，他再将灯熄灭，自己上床睡下。实行了几天，相安无事，我们已经准备向管理组请示，解除对C君的处罚，不必再写了。他也确实承认了攻击毛泽东思想，认识得也差不多了，当然在他的改造记录上已多了一条反改造罪行。还没来得及请示，出事了。

　　这天夜里我们都忙着准备上床睡觉，C君一反常态，并未坐下写交代材料，而是站在那儿仰头望着电灯发愣。组长S君说了一句："你发什么愣？还不快写！"只见他匆忙解开系着扣的电线，把灯放低，蒙上报纸。疲惫的犯人们不用四五秒钟便都鼾声如雷了。我几乎睡死过去，突然一声呐喊："打雷啦！"把我惊醒。听听，并没有声音，我以为自己在做梦，一合眼又睡着了。又是一声呐喊："打雷啦！"又把我惊醒，我听出是我上床的W君喊的，我以为他在做梦，便也喊了一声："你叫喊什么？睡觉！"我困得连眼都睁不开又睡过去。

　　喊声再次把我惊醒的时候，我知道既不是我做梦，也不是W君做梦，好像有点儿什么事了。W君天生的说话结巴，北京人叫

"结巴磕子"。他喊叫的声音已经变形了，惊恐而凄厉。

"这你……你……你用冰……冰凉的手摸我干什么？"

我完全想不到出了什么事，他又喊：

"这……这你……要干什么……郭宝昌……郭宝昌！"

他突然大叫我的名字，我依然一无所知，也大叫着：

"怎么了？怎么了？我在这儿！"

我想侧头向上看他，忽然觉得眼前有个什么东西，您经历过真正的黑得伸手不见五指吗？那就是说把手伸到眼前一寸距离仍看不见，这天夜里就是这么黑。我忙伸手向前，立即触到了什么东西，真把我吓坏了。我床头旁总放着一张小方凳，用来放衣服杂物什么的，怎么会立着什么东西呢？再摸，分明是两条腿。

我惊得大叫："谁？"

只听上面瓮声瓮气地说："我！"这分明是 C 君的声音。

我忙问："你干什么呢？怎么站在这儿？"

他说："没干什么。"

这时 W 君又狂叫："起来！起来！你……要干什么？"

出事了，我忙伸手向枕头下拿手电筒，居然不见了。

我边摸边说："哎？电棒儿哪儿去了？电棒儿呢？"

我想照个亮看个究竟。只听"咚"的一声，C 君从方凳上下来了，说了一声："在这儿。"顺手把手电筒扔给了我。天呐，我睡得有多死，他什么时候从我枕下拿走的手电筒，我全然不知。我立即开了电筒照去，实在过于恐怖了，只见 C 君两手握着两圈电线，每只手中都有一根裸露着头儿的电线，直伸向前方。他向我伸来，吓

得我三魂出窍,闪电般地向后缩到床角,将右腿直直地伸出大叫:

"你再往前走我就踹你!"

C君止步了,上床的W君狂喊:

"起来,起来!开灯!"

不知是其他人都睡死了,还是已经醒了不愿管闲事,毕竟不知道发生了什么,大家听到连续的喊声这才翻身坐起,几只手电筒的光同时射向C君。只见他非常镇定地走到屋子中间,突然两手分别捏住两个裸露的电线头,砰的一声倒在了地上。

邻床邮电学院一个小子大叫:

"不好!自杀!"

一下子从上床跳下来,抄起一条板凳把电线一挑,电线头儿从C君手中脱出。组长已去开灯,拉了几下都不亮。大家忙把手电筒光射向灯头,老天爷!灯泡已被拧下,两根电线接在灯头上。组长忙将电线拉下,接上了灯泡儿打开灯,大家一看,全傻了、蒙了、惊呆了,每个人的床头都立着两根狰狞的裸露的电线头。

C君醒了,慢慢地从地上爬起,用力地搓着两只被电打得乌黑的手,低着头缓缓走到床前一坐。这是要把我们所有的人全杀死,V君怒不可遏地冲到C君面前狠狠地说:

"蛇蝎心肠!你想把我们全杀死?"

说着抡圆了胳膊左右开弓足足打了十几个嘴巴。C君不躲,也不反抗,低着头一声不吭。

我和组长立即跑去管理组报告,敲了半天才从屋里传出一个极不耐烦的声音。

"干什么呀？半夜三更的！"

"大C杀人！"

"谁死了？"

"没有人死。"

"没死叫我干什么？睡觉去！"

我与组长面面相觑，难道死了人他才出来吗？可再也不敢叫了，只好无奈地走了回去。屋里的人都紧张万分地眼巴巴地望着我，问我怎么着？我说："睡觉！"您琢磨琢磨，还有人敢睡吗？就是敢也睡不着啊！看着C君庞大的身躯，就像个大定时炸弹，还睡觉？大家都坐着没动，满地满床头拉的电线，叫人看着就瘆得慌。为了保持现场谁也都没动，干坐着也不是事儿，越坐越发瘆，可谁也没话，说什么呀？于是，组长带着大家读《语录》，屋里一有了声儿，气氛就显得稍微松弛了一点儿，很快一本《语录》念完了，再念一遍，又完了，再念，三遍已过，离天亮还早着呢，也就两点来钟吧。

我起身说上个厕所，没想到呼啦一下子全起来了，都要去厕所，这才看出大家的紧张情绪一点儿没松，谁也不敢一个人出去上厕所，太黑很恐怖，谁也不愿意留下来守个定时炸弹，什么事都会发生。我说你们先去吧，几个人赶羊一样地出去了。我单独面对C君，心中说不出的伤感，便问他有什么深仇大恨啊？为什么要这样做？他嘟嘟囔囔地说了句什么，我没听清。他们回来了，我又出去，尽管有电筒光，仍很可怕，总觉得黑暗中会窜出个人或什么东西。

回到屋里整个儿一大眼儿瞪小眼儿，W君更是神不守舍、惊魂难定。原来他说打雷是C君把两个电线头捅在他的两个太阳穴，他被电激醒，以为打雷，他晃来晃去便有了"用冰凉的手"按他的头。不知是出于什么原因，是一种什么心理，后来过了几十年我也没想通。邮电学院那小子忽然撇着嘴十分不屑地说："这样子是杀不了人的，杀不了。人一动线头就会离开，假如先把地线拴在脚趾上，再用另一头……"说到这里突然他不说了，他看见我正惊讶万状地瞪着他，别人也都扭过头来瞪大了眼睛看他，他忽然摆摆手说"不说了不说了"，大家都拿出《毛选》假模假式心不在焉地看起来，我仍万分不解地瞪着那小子。他又忽然抬头向我说："郭宝昌，你不要老看我，你是不是以为我要杀你？不不，我不会，我不会杀你，不用害怕，我真的不会杀你。"可他说不杀我比说杀我还要可怕。这都叫什么事儿啊？都怎么了？人已经完全变异了，人性已经完全迷失了，人与人之间怎么可以说出这种话来?!

　　看《毛选》一直看到了天亮，C君坐在床上始终一动未动，只做着一个动作，不停地搓着自己乌黑的手。

　　管理组的人终于懒洋洋、摇摇晃晃地走了进来，笑眯眯地问出了什么事？我们指着满屋的乱电线向他讲述了夜里发生的事，他说上午不用出工了，每人把详细经过写一份材料。他把C君带走了。叫我们继续保持现场。

　　一个小时后，材料都已写完，别的监舍的人都跑来看稀罕，又闹哄哄地出工去了。管理组的人带了两个公安局的人来，挨个询问我们并做了笔录，而且画了现场图，说不必保留了。这才把乱线收起。管理组的人仍笑眯眯地说C已说了，从W杀起，先W后郭，那就说的是我，我是第二个，然后按次序一个不落地全杀死，再自杀。果然如此。小个子V君忽然问："这我们要死了怎么算？"管理人员似乎没听明白："什么怎么算？"V君说："我们是为了捍卫毛泽东思想和阶级敌人做斗争才被杀死的，我们还是反革命吗？"管理人员又是反问了："那你们是什么？"V君说："我们死了，至少给我们摘了反革命的帽子吧？"

管理人员冷笑一声说："你们死了，不过是臭块地！"

C君出去以后我们奉命搜查他的东西，在那个小本子里夹着一张C君写的绝命书，没有那张照片，是否和我一样也吃下肚去了？原来他父母早亡，是姐姐把他带大的。姐姐在福建。

绝命书上写着：

"姐姐，我活在世上，除了给你增加耻辱以外，再没有别的了。"

只有这么一句话。

平反

我自一九六五年一月三日入劳改队，到一九六八年底整整四年。中间赶上了"文化大革命"，一切都乱了套，这批"反革命"大学生成了无头公案，刑满释放也是遥遥无期。命运肯定是不掌握在自己手里，糟糕的是，究竟掌握在谁的手里，居然不得而知。你表现好不好，跟你能否放出去，毫无关系。

所谓"管理组"，也仅仅是个管理机构，早已不能决定我们的命运。他们唯一能决定的是随时可以揪出一个人来批斗，那当然权力也不小，专政机构嘛！所有犯人的思想都陷入了极度的灰暗之中，忍受着残酷的精神折磨。大家都特别关注"文革"的进展情况，希望混乱早日结束，至少有一个可以决定我们命运的人或机构，告诉我们：我们目前的真实处境、我们刑期还有多久、我们的未来由谁负责。没人相信已宣布的"无期徒刑"，镇压犯人的手段而已。随着各派的"大联合"，"革委会"的相继成立，似乎乱得好了些。下边会怎么样呢？难道没有一个部门还能想得起我们来吗？

又是一个严冬，南口的气温要比北京低四五度，土地硬得像水泥地，一镐下去只是一个白点儿，不到半小时，我们便大汗淋漓。有几个人，当然有我，居然在数九寒天脱光了膀子干活儿了。干活已经是我们排遣忧愁的唯一的好办法了，一天干下来，浑身松快。收工了，当我们排着队走回监舍的时候，奇怪的事情发生了。

一辆大卡车扬着尘土停在了我们监舍前，雄赳赳地从车上跳下了十几位男男女女的革命小将，红臂箍上分明标着是北京大学的红卫兵。一下车便大吼："北大的学生，收拾行李，上车！""北大"是揪出反动学生最多的学校（北京高校中只有清华大学没有。据说是蒋南翔校长抵制了，这在"文革"中成了他的一条罪行），这里一共有六个。

这六个人诚惶诚恐地进屋收拾行李，根本不知出了什么事。收工回来的人没一个人进屋，都远远地站着看，眼神中充满了惊奇和困惑。这天管理组正好没人，好像是进京开会去了。这更奇怪了，不跟管理人员打招呼就把人带走？红卫兵，没人敢惹啊。六个人拿着行李磕磕撞撞地出来了，看得出都是满头雾水。他们被赶上车，卡车呼啸一声扬尘而去。

人们乱了，开始进行各种猜测：有的说这是揪回学校批斗，有的说这是转回学校劳改，也有人说咱这劳改队大概要散了。

这时只见一位管理组的人，气喘吁吁，满头大汗地飞奔而来。见我们都站在门口便吆喝着叫我们进屋去，并说吃完晚饭全体集合。很明显，他从外面跑进农场的时候神情十分慌张。

晚上开会时，管理人员声色俱厉地说，他在公路口遇见了那辆卡车，拦住一问才知道是把六个人揪回去批斗——斗完了还要送回来。可现在有人在搅浑水、煽阴风、造谣传谣，说什么劳改队要解散，这是破坏改造。你们必须认真改造，好好劳动，否则的话决不姑息！大家听了以后不能不信，可又不相信！这么大的事管理组会不知道？既然是斗完了还送回来，干吗叫他们把行李全带上？终是满腹狐疑，但不敢再议论了。

第二天出工，正在干活儿，忽然管理组来人叫航空学院的马上回去，大家又是一愣。难道又是来揪回去斗吗？第三天矿业学院的又被接走。说出大天来也没用了，哪儿那么巧？几个学院同时揪回去斗？肯定有事！但谁也不敢（倒不是不愿）想得太好。扑朔迷离，如在云里雾中。早上出工便有人丢着眼色唱起了样板戏："这几天，多情况，勤瞭望，费猜详，不由我心潮起伏似长江……"大家无不会意，真是费猜详啊！

第五天出工，工间休息时，一北师大的天津籍学生走到我身旁捅了我一下，然后大声说："撒泡尿去！"我知道他有话要说，忙随他下到一个沟底。看看四下无人，他立即塞给我一封信，是"北大"来的。打开一看里面的内容，我简直不敢相信，是那个用电线杀人未遂的C君。信中写道：我已回到学校，受到工宣队和红卫兵的热情欢迎，亲热地称我"同志"，昨天在天安门还参加了反美大示威……天呐，天！这不变天了吗？他怎么从反革命杀人犯一下子成了革命同志了？这还有谱没谱？天津哥们儿兴奋地说："到头啦！回家啦——"这次已经不是谣言了，消息传开，人人振奋，个个翘首以待，盼亲人"红卫兵"来解救我们。管理组的人不那么神气了，也客气了许多。

几乎每天都有人被接走，每天都有信来。矿业学院一小子来信说："我自由了。你们怎么样？南口风大小心闪了舌头！"也不知是什么意思，狗屁不通。

过了元旦，劳改队没剩下几个人了，我慌了，怎么不见电影学院的人来接我？真是望穿秋水不见伊人之倩影。我沉不住气了，跑去管理组问。一个人居然说："你们学院的人说了，不管你了。"这犹如晴天霹雳。我惊恐地问那我怎么办？他阴阳怪气地说那我们也不能老陪着你，凡是没人接的，一律送到"四类分子劳改队"。这就意味着我将万劫不复，那不只是十八层、那是十九层地狱啊！我陷入绝望之中。

同舍只剩下电力学院的一个和"师专"的两个，我们都将面临进"四类队"的命运。几个人如热锅上的蚂蚁，绞尽脑汁，一筹莫展。谁知第二天去食堂的路上，我忽然看见管理组门前停着一辆"罗马"吉普，正在擦车的竟是我们学院原来给院长开车的司机。眼睛顿时一亮，狂喜使我的心"怦怦"乱跳，我忙冲上前招呼。他抬头一见是我，竟吓得不敢搭话，忙又低下头擦车。我很尴尬，向和我一起去食堂吃饭的电力学院的Y君说，这是我们学院的司机，肯定是来接我的。他叹口气说："又走一个，我完了！"我们俩站在食堂里吃饭，管理组的人匆匆走来，我激动地望着他，这是叫我来了。谁知他竟向Y君说"电力学院的接你来了"，我大惊忙问："错了吧？是电影学院吧？"他把眼一瞪说："电力学院！"

我如掉进了万丈深渊，眼前直发黑。Y君走了，兴奋不已。这不可能！我不死心，这太离奇了，我又奔向"罗马"吉普，不管司机理不理我，焦急地问："师傅，你调到'电力学院'啦？"他惊慌地头都没抬地"嗯嗯"了两声。完了，彻底玩儿完！认命吧，天杀我也！我失魂落魄地回到监舍。刚刚坐下，只见Y君气急败坏地走进来说："×他妈的！电影学院！叫你呐！"我已经顾不得高兴了，如离弦之箭冲了出去。一进管理组的门，一个胖胖的中年人立即站起向我伸出手。

"郭宝昌同志，我是学院工宣队队长老张，我来接你回去。"

"同志"！这个称呼实在是久违了，这不是习惯性地随便叫一下吧？而且这工宣队队长的手是可以随便握的吗？在我常年受到非人待遇的时候，这善意的表示我已经完全不能适应。我惊诧地、胆怯地握了一下他的手。

"回去收拾一下东西，咱们马上走。"

这温馨的声音像在云外，像从天上飘来。我跑回监舍，没什么可收拾的，用凉席把烂被子烂褥子一卷完事。

当我把行李扔上吉普车的时候，一件令人揪心的事发生了。一个女孩子端着饭碗匆匆跑来，停在了管理组门口，神色惶惑地望着我。这是果树四大队的一位革命女职工，两年多来她特别照顾我，每次到劳改队要劳力的时候，她准点我。她没有把我不当人，她是我在劳改期间唯一使我感到人间温暖的人，使我感到人间还有同情，这曾极大地鼓舞了我生的欲望。有时她过分的关心，经常使我慌乱，使我心颤，使我恐惧。我是什么？我是"不齿于人类的狗屎堆"！我感激她，喜欢她，但从未有过任何非分之想。她呆呆地望着我，我感到所有的眼睛都在望着我们俩，我慌忙上车，深深地低下了头。

车子启动了，我一抬眼，她仍呆呆地站着。车到农场门口要拐上公路了，我再看，她仍呆呆地站着。再见了，好姑娘，我谢谢你、会记住你，但我的心已不在农场，已经飞向了北京，飞向了学院。

一路无话，我想象着回到学院老同学们的笑脸，热情的问候；想着我该说些什么……车行至北太平庄，终于看见了街道，看见了马路，再往前走就是电影学院了，我的泪水突然夺眶而出。工宣队队长望了我一眼，我忙扭头擦去眼泪。进了学院，车停在中楼门口，工宣队队长下车仰头大叫："王师傅！郭宝昌回来了！"二楼窗口立即探出一个花白头发的人，这就是王师傅了。他下了楼还带着两个人，我一看竟是原来字幕车间的张老师和实习处的刘老师。我忙叫老师，两人却惊慌地低下头去拿我的行李，我忙上去抢，我怎能享受这种待遇？但王师傅却厉声说：叫他们拿！我惴惴不安地跟着两人走进北楼，竟然一个人也没见到，更不用说老同学了。

整个儿学院冷冷清清、死气沉沉。我被带进了一间由厕所和洗澡间改造的"牛棚",这里关的是"全托"的现行和历史"反革命",加上我共六人。那两个拿行李的老师也在其内。

所谓"全托",是借用了托儿所的名称。每晚家长把孩子接回家的叫"半托",不接而住宿过夜的叫"全托",我们这六个人是不准回家外出的。

我还没缓过神儿来,王师傅又把我带走交给了工宣队的副队长,并把我带到了"黑帮"班。

这是一个我们原来上课的教室,一进门,我就傻了:两长排桌子,坐在那里的上自院长、书记,下至导演系、表演系的老师,满满一屋子。所有的人都用异样的眼光望着我。副队长宣布,我今后就在这"黑帮"班里参加学习。我按指定座位坐下了,我旁边坐的竟是我原来的班主任汪岁寒。他很惊慌,不时偷看我,忽然他低声向我说:"我没整你,我没整你!"谁问他了?

晚上吃晚饭的时候,一走进食堂,忽然一声怒吼吓了我一跳。

"站住!"

一个我不认识的学生(应该是在我劳改后才入学的)凶巴巴地指着我。我站住了,他走过来,立即围上了很多学生。

"低头!"

这我很内行,很习惯,立即便找到了在劳改队的感觉。

"告诉你郭宝昌,从现在起,你不许和任何同学说话,不许外出,不许写信,不许打电话,必须老老实实交代你的问题,听见没有?"

我说听见了,我的所有美好的想象,当即灰飞烟灭。回到"黑帮"班我已是万念俱灰。突然走进三个军人,后面两个一看就是跟班儿的,前面的人是军宣队队长。他背着手边走边依次问了几个人的认罪情况,又走到一位导演系老师前,这是中外知名的大导演啊。队长问:"你是××吧?"××立即毕恭毕敬起立站得笔直答曰:"是。"又问拍过什么片子?答曰××片、××××片。再问你对自己的罪行有什么认识?啊!××真是条老汉子!他竟然说:"我拍的××片、××××片子,我不认为是毒草!"

这不找死吗?奇怪的是队长什么也没说,又走到我面前看了看问你是新来的?我也忙站得笔直回答是。又问你是郭宝昌?我说是。他盯着我看了一会儿扭身走了出去。工宣队的副队长又大声宣布:"郭宝昌和你们不一样,他只在班里参加学习,不参加发言,你们管不着他!"

不一样?这是什么意思?是"性质"不一样,还是具体问题不一样?那时凡能管我的人的每一句话、每一个字都会十分敏感地引起我的猜测和分析。想来想去这"不一样"当然是"性质","黑帮"班里的人都是"半托",每天可以回家的,而我是"全托",不折不扣的"反革命"!

同"牛棚"的六人中除那两位老师外,有一位大名鼎鼎的孙教授,曾任国民党高官,还有一位是老右派,在"文革"中跳楼自杀未死摔断了腿,抗拒专政,也关在这里。还有一个总务处的,太恶心了,是"鸡奸集团"的首犯,且多次猥亵少女。怎么什么人都往这里关?太不讲究了。当然,无论什么人,关在这里头的都是"狗屎堆",这是错不了的!还讲究什么?

躺在床上我睡不着，我不明白，为什么那些早已回学校的"反革命"全都没事了，杀人犯都参加反美大游行了，而我还关在这儿？为什么工宣队队长已经和我握了手还口称"同志"，我还是"反革命"？只想得我头痛欲裂才昏昏睡去。突然一声炸雷把我惊醒，我惨叫着猛然坐起，满身大汗。灯亮了，张老师忙冲过来紧紧地抱住我说："别怕别怕，没事儿，是工宣队的敲门，每天夜里要查房。"

门开了，几个工宣队队员走进来，见我惊恐的样子问出什么事了？张老师说没事，大概是做噩梦呢！工宣队的走了，我才把一个月前劳改队发生的杀人事件说给张老师听。那天夜里的惊吓，不光是我，W君在离开劳改队以前几乎每夜都从梦中惊醒惨叫着坐起。我直到十几年以后才渐渐去除掉这个"恶习"，在下干校时，多次把同学惊醒，大家都不愿和我住一屋。结婚以后，我老婆经常被我吓醒。几十年过去了，直到现在，每年我也至少做两到三次噩梦，只是不惨叫了。现在打官司，有一种叫"精神赔偿"，很多人不理解，精神有什么赔偿的？但我深有体会。

第二天是星期日，"半托"的都回家了，"黑帮"班只剩了我一个人，我把自己的疑问告诉了工宣队副队长，他叫我别着急，有些问题还没闹清楚，会有人找我谈话的。我想不出还有什么不清楚。最滑稽的是，忽然被劳改队释放回校的航空学院的P君来找我了，说要请我吃烤鸭。我觉得近似胡闹，还烤鸭？我这儿还是"黑帮"班呢！他不客气地质问副队长，所有人都没事了，为什么还把他关起来？P君走后，我说这回你看见了吧，都没事了。副队长说几年都过来了,你还急这几天?

接着,有人找我谈话了。我被叫到工宣队办公室。里面竟坐着原来我们班的一位老同学,毕业留校的,正满脸杀气地望着我。三问两问我才清楚,问题依然纠缠在我为"反动集团"翻案的那百分之九十九,这差点儿要了我性命的百分之九十九啊!我老老实实说明了我当时的想法,为什么那样做。他恶狠狠地说:"你不老实!"我说当时的形势险恶我没有办法。他咄咄逼人地问:"你是不是不老实?!"我说我是为了保护自己,不得不如此。他厉声厉色地问:"说,是不是不老实?"我无奈地低下头说是。

那真是屈辱啊!怎么一点儿同窗之谊都没有了呢?逼人忒甚了啊!他勒令我回去重新写交代材料。至少我算知道了继续把我关起来的原因。我写好材料交上去,此后隔三岔五便有人把我叫去提出一些新问题。我便一份一份地写。余下的时间则要劳动。我和张老师负责打扫校园和厕所,这些活儿对我来说简直就不叫活儿。只是遇见老同学,脸上十分难堪,特别是表演系的女同学,便觉得还不如在劳改队脱光膀子抡大镐。只有在打扫厕所的时候,张老师无论如何不叫我干,他刷,只叫我站在旁边看。我怎么抢着干也不行,他说:"你是少爷,哪儿能干这种活儿!"都什么年月了?还"少爷"呢!张老师,真是菩萨心肠啊!

同"牛棚"的孙老师更叫我难忘。他每天天不亮就起床,冒着严寒去户外跑步、锻炼。我由于羞见同学,则始终龟缩在"牛棚"内。一天他忽然问我为什么不出去锻炼?我说太冷,他十分严肃地说什么太冷?你原来在学院是运动场上最活跃的人之一,现在怎了？是不是不好意思见同学？孙老师真厉害，一眼就看穿了我的小心眼儿。他说："挺起腰板儿来做人，问题总会弄清楚嘛！走，跑步去！"我跟着他去跑步。

操场上人很多，有很多学生也在锻炼，我昂着头，任人去看，居然还有两三个人和我打招呼。顶着西北风跑得满身大汗，孙老师又带我去洗澡间冲澡。好家伙全是凉水，早上哪有热水，孙老师"哗哗"地冲上了，北京的水夏天都冰得扎手，甭说冬天了。冲了一下我就逃了出来，我说："孙老师，跑步可以，这洗澡就免了吧！"

就这样，提审、写交代、劳动、跑步，过了一个多月，王师傅把我叫去了，脸色很难看地说，你交代得差不多了。我们审查了你在劳改队的表现，你怎么搞的？在劳改队还散布反动言论？我先是一愣，不知从何说起，坚决地说不可能。他愤愤地拿起一张纸拍在桌上，说这是什么？六条呢！我看了一眼便明白了，是劳改队的"战友"们揭发的，而且由于我很少说话，是他们挖空心思揭发出来的。我笑着说您看看都是什么反动言论。他这才注意看，并念出了一条儿："郭宝昌极其恶毒地说'打到了媳妇揉到了面'，猖狂地提倡封建社会的'打老婆'。"

王师傅也笑了，说这叫什么反动言论？我忙说，一百多个人里我是最少的，才六条，您去外调一下、查查别人，最少的三四十条，多的一百多条。他恍然大悟说："我说呢，这上边儿连公章都没盖，是你们狗咬狗吧。这不算数！"我忙不迭地说："对对！狗咬狗，狗咬狗！"我这是把自己骂成狗啦，狗好啊，不管咬人和被咬，都是狗，是不算数的！王师傅的脸色立即缓和了，把那张纸扔到了字纸篓里说这不能进档案。他权力真大！我才知道，我的档案不是纸袋卷宗，而是麻袋！大概是全国之最了，能装二百一十八斤大米的麻袋，满满一麻袋。除了拿出了这一张以外，这"麻袋"整整跟了我十五年。王师傅叫我下午再来有重要事跟我说。我心里又打鼓了。

下午走进去一看，除了王师傅，还有一位二十四五岁的小姑娘，表情都很庄重，很严肃。王师傅说："经过审查，现在由'反革命专案'组组长×××，向你宣布处理意见。"我的心一下子提到了嗓子眼儿。前几天我刚和"黑帮"班的一起参加了一次全院大会，一个老师被宣布解放，一个老师被升级逮捕，一个女老师被当场揪出，立即押上台坐了"喷气式"。我会怎么样呢？决定命运的时刻到了。

王师傅叫那个女组长宣布，不知为什么那姑娘扭扭捏捏地非叫王师傅说。王师傅很不满，说这是你们组的事，当然你宣布。姑娘好像很不好意思，抬头看了我一眼，突然"咯咯"地笑了起来，低下头笑得不行。我没觉得有什么可笑的事，确实没有，这位显然是从工厂来的小姑娘怎么了？我十分困惑地望着王师傅，王师傅十分严厉地说："笑什么？！挺严肃的事儿你笑什么？快说！"此时我已紧张到了极点，快说呀！姑娘终于忍住了笑，又坚持了一下，这才抬起头，可刚一看我突然又忍不住"咯咯"地笑起来，比刚才笑得还厉害，并说："王师傅，还是您说吧！"笑得直不起腰。

王师傅一脸的苦相直龇牙花子，更为严厉地说："不许笑！你们组的事当然是你说，快点！"我快急死了，姑奶奶，姑祖宗！我这儿等着呐！姑娘强忍住笑，酝酿了一下情绪，似乎有了可以不再笑的把握，才板着紧绷的不笑的脸半抬起头，她一直没敢看我。我一直纳闷，我的模样很可笑吗？还是她觉得自己扮演的角色很可笑。她突然迸出一句话："你没事儿了！"话音一落，竟然捂着肚子"哈哈"大笑起来。王师傅看着实在不是个事儿。便忙把话接过来："好了，郭宝昌，宣布完了，你没事儿了。"

我半天没醒过味儿来，"没事儿了"是什么意思？这是结论吗？这叫结论吗？也不在公开场合宣布？也没个盖章的文件结案？什么"没事儿了"？王师傅说你是个学生，学生问题用不着公开宣布，也不用文件，反正没事儿了。

我依然迷惑，难道我可以和别人说话、写信、打电话、一个人外出了吗？王师傅不耐烦了，这么简单的问题怎么会闹不明白？"没事儿了"就是"什么事儿都没了"！难道我外出可以不请示、不打招呼，回来以后可以不汇报？这些年我外出回来都要详细汇报，几点到几点几分都干了些什么、见过谁、说了些什么，以供管理人员去查对。这都不用了吗？王师傅摇摇头说你快成傻子了，你没事儿了，你自由了，你爱上哪儿上哪儿！我终于弄明白了。

不过这也太儿戏了吧？且不说宣布的过程很儿戏，就事情本身也太儿戏了，狂风暴雨、疾雷闪电、刀枪剑戟、劈杀抢砍，整得我六佛出世、九死一生，嘻嘻哈哈一句"没事儿了"就完啦？这能算数吗？

王师傅又亲切地问我多少日子没回家了？我说三年。又问家里还有什么人？我说妈妈。他说回家看看吧，看看你妈。我竟突然泪如泉涌、泣不成声。我竟然看见那小姑娘也在擦泪，她不笑了，从桌上拿起一张"毕业生登记表"给我，叫我填写好交上来，然后与同学们一起下干校，顶多劳动两三个月就和同学们一起分配工作了。

我知道，我已经彻底"平反"了。

我最急于想做的，就是上街，享受一下没人管的滋味，享受一下"人"的滋味，享受一下——自由。

我带上我的全部财产二十二块钱上街了。走到电影学院门口，我犹豫了，可以出去吗？就这么走出去？太嚣张了吧？真没人管？我看看传达室，里面有俩人聊天，看都不看我，我壮着胆子走出校门。我突然感到一声怒吼："站住！"我急忙站住了，忙回头看，一个人也没有。我自己把自己吓了一跳。可越走心里越嘀咕，后边肯定有人跟踪，有人监视，我不敢回头。当走到新街口豁口时，我沉不住气了，猛然冲进一条横胡同，像个地下工作者；十几秒钟后，我又突然探出身向后看，想叫跟踪我的人措手不及、猝不及防、无法躲避，可后面没人。只远远的有几个行路之人。我心里踏实了，大步向新街口走去，我不坐车，我也坐不起车，我要回家，我要一路走回家。我要看北京，看北京的街道，看街道的每一尺每一寸，太好看了。

我自由了。

三月中旬我和同学们一起下干校，来到张家口地区腰占堡四六一九部队干校，谁也没想到这一去又是四年，其间经历抓"五一六"运动，我因整天下棋，讲故事，继续散布反动言论而再次被揪斗。每天八小时九十度弯腰撅屁股挨斗。这时我才知道，我根本就没"平反"。有个人曾很凶地指着我说："你知道你是什么东西？你以为你是革命群众了？你还是反革命！你的材料全在你档案里，你的行为就是破坏抓'五一六'运动！你要觉着在这儿不舒服，我给你换个地方？把你再送回去！"

我重新失去自由，重新受到监视，又是写不完的"认罪服罪书"。

一九七三年干校解散，我被分到广西，我的性质属于"'帽子'拿在群众手中"的"反革命"，只要不老实，可以随时再把"帽子"给你戴上。我在广西电影制片厂终于熬到了打倒"四人帮"。

一九七八年，全国"右派"平反，我蠢蠢欲动，借上京出差的机会，我申冤告状。身边所有的朋友，包括在劳改队的战友，都好心地劝我别闹了，你现在可以了，都当了副导演了，还要怎么样？这已经是万万人之上了，再闹，弄不好还要倒霉！我不服，与其这样窝窝囊囊地活着，还不如再进劳改队，还能怎么倒霉？绝不苟活！于是我给市委、给文化部、给学院、给中央，全写了告状信。

一九七九年初，电影学院终于派人来到广西找我。这人是人事科新来的，我不认识，他说经审查，我们班"反动集团"一案纯属"冤假错"案，决定要平反，叫我重新写澄清材料。经过半年的周折，冤案终得平反，重新发给我"毕业证书"。

我成了全国上学之最：一九四六年入小学计六年；再入中学，计七年；入大学，从一九五九年到一九七九年计二十年，共计学历三十三年。

我的"平反"日期永远定格在了"毕业证书"上：

一九七九年七月！

与"第五代"相识

我与"第五代"导演,一九八二年以前并不相识。一九八〇年有过一次接触——假如那也叫接触的话。

那一年我拍出了我有生以来的第一部——也就是处女作——电影《神女峰的迷雾》,我决定审查通过以后先拿到学院去放映(所有的新片,电影学院的学生都是先看的)。两个目的:一是毕业十六年了,我才"处女"了一下,回去向老师汇报;二是示威,被整多年,回娘家扬眉吐气一下。但这一想法却遭到了在片中扮演吴新竹的演员侯克明(后来任电影学院副院长)的坚决反对。他说现在电影学院里有一帮小子,专门以起哄为能事。

有一次,八一厂的一位老导演拿他的新作来放,这帮小子大呼小叫丑话迭出,鼓倒掌叫倒好,愣把这位老导演气跑了,说再也不进学院的门。还有一位西影厂的导演拿新片来放,愣叫他们给哄哭了,什么面子、礼貌,一概没有!现在一般的导演都不敢在学院放片子了。

学院领导严厉批评过几次均无效。我说我这片子还不至于吧!

他说肯定哄,并仔细分析了一下说有三处可能挨哄,劝我罢手。我还就不信这个邪,我还没次到这种地步吧?我偏去!克明又说他拿片子去放,叫我别露面,放完了再告诉我现场情况。说得这么恐怖,反而惹起我的火性,一定要去,看看这帮混账小子怎么哄我,我也长长见识。

我有个习惯,看电影不愿旁边有人,总坐在右前方没人坐的地方。克明坐在我旁边,隔五六排的后面,坐着一帮学生,当时并不知道这是些什么人。

开演了,场子里很静。字幕过后,第一场山洞戏刚完,女主角出场有一个大近景, 忽听背后有个人大喊:"好大的脸!"立即引起一小部分人的哄笑,克明悄声告诉我:"这就开始了。"等片中的袁苑往下一跳, 后面那又大喊:"起音乐!"但此处无音乐,后面那人大声说:"我×,没起!"当女主角全景出现时,那人又大喊:"推!"但是这个镜头没有推, 那人带有自嘲地喊道:"我×,丫挺的不推?"满嘴的脏话!三次没哄起来。您想想那镜头真要是起了音乐,真要是"推"了,下面会怎样地起哄!从此场内安静了,而且随着剧情,偶尔发出一些赞赏的笑声和轻轻的议论声。待演到"审瘦狗"一场,当瘦狗说"向毛主席保证,说瞎话我不是人"时,场内竟爆发热烈的掌声。直到换了本儿,下一场开始了,掌声依然不断。

片子放完了, 场内掌声雷动。克明松了口气说郭导, 您成功了!这他妈叫什么事!他们没哄起来我就成功啦?后来才知道,坐在我后面那帮小子,就是导演系七八班的学生,也就是后来威名赫赫、声震中外的"五代"精英:张艺谋、陈凯歌、田壮壮、何群之流,高声呐喊的正是何群。

我真正知道他们的名字,是一九八二年在厂里看他们拍的毕业作《红象》。几个画面一出来我就傻了,中国怎么出这东西了,这是一帮什么人拍的?凭我当导演的直觉和敏感,我知道一批新人起来了。片后的字幕中就是这批精英的名字,而且这批精英恰恰分到了广西电影制片厂!这帮狂放不羁、年少气盛、不知天高地厚的家伙,在事业上开始了真正意义上的艰难的起步。他们对我还算客气,大师兄嘛,大概觉得我还不属"老朽无能"那一类。何群说:"看完了《神女峰迷雾》,别的公安片没法儿看了,您都拍到头儿了。"直到何群当了导演,拍完第一部片子见到我才万般感慨地说:"我×,以后不管什么导演拍出什么烂片子我也不哄了,谁要再哄,我×他妈!现在当导演也太难了!"这是他的肺腑之言。我倒不以为然,初生牛犊不怕虎,这是一种精神,哄一哄有何不可?有何不好?要叫那些故步自封、自鸣得意、观念陈旧、不思进取的导演感受一下羞耻——知耻近乎勇啊!

入厂以后他们按规矩每人都要跟两部影片做副手,然后才可独立工作。他们都跟了片。其实他们早就有了独立拍片的能力,但在中国不行,多年的媳妇才能熬成婆。这帮小子一能独立,立即要求成立青年摄制组,选定的第一个剧本便是根据郭小川长诗改编的《一个和八个》。这叫我吃惊。这个本子厂里最早交给我,希望我拍。我看了本子,当然好!可那是什么时候,刚打倒"四人帮"五六年,政治环境并不宽松,"伤痕"一类的文艺作品正在受到非议，我摘了反革命的帽子也刚三年。

历次政治运动的整肃锻炼了我灵敏的政治嗅觉，拍一个土匪抗日的片子能行吗？我劝厂领导放弃，这个本子就搁下了。这帮不怕死的牛犊子要拍，正中厂领导之下怀，他不顾我的一再告诫决定上马，更要命的是他对这帮年轻人不放心，要我做"艺术指导"。我拒绝。

这帮小子登门找我来了，说我不挂名青年组就不成立。还有什么可说的，那就挂吧，但我声明"我指导不了你们，挂名只为了你们上马，一旦拍完我立即撤退，字幕上也绝不挂名"。艺谋说："这都是后话，到时候再说吧。"我知道我真指导不了他们，有《红象》在先，已经够我学习一阵子了。我挂了名便去忙我自己的新片去了，开机我也没工夫去，只写了一封贺信。他们的第一批样片出来的时候，我正好在京，艺谋约我去看，并叫我一起去易县外景地看看。

在洗印厂先看样片，只有我和艺谋两人还有我的一位司机。样片一放我震惊了，空间的处理那么独特，光打得那么有个性，演员的表演那么朴实，不完整构图所展现的画外空间那么具有想象力，银幕造型那么强劲有力，是一种全新的电影语言，形式上的突破真是"胆大包天"。太另类了！是我看中国片以来，看到的最具个性、最为叛逆、最优秀的片子。假如说《红象》给我的还只是一些浮泛的感受，那这批样片是"五代"给我上的第一课，我折服了。我向身旁的司机小徐说："中国要出大师了！"尽管它的形式并不完全合理，可它本没想合理，它只想突出两个字：叛逆！这便是一代人成长的最重要最基本的素质。

样片一看完，艺谋哭丧着脸对我说对不起郭爷，这批样片拍得不好，您那么支持我们，我们拍成这样太惭愧了。看得出他绝非假谦虚，绝不是假客气。他说"砖窑"一场本想把背景刷黑，这是错用了墨汁来刷，反映在胶片上变蓝了，墨汁有胶凝固以后有反光，整个儿砖窑的气氛全破坏了。我又震惊了，这么点儿小事至于这么哭丧着脸吗？我说千万别来什么对得起对不起什么的，这批样片很棒。他说不行，回去以后要补拍，我说现在绝对不行。

在去易县外景地的路上我向他陈说利害。当年新手上片，只要第一批样片拍砸了，只要第一批样片补拍，只要这消息传到厂里，就立即有被停拍的危险，因为人事关系不是一般的复杂。一些别有用心的人，而且是握有实权极有影响力的人正摩拳擦掌拭目以待，小刀儿磨得贼快，随时准备捅你一下子。

艺谋满脑子艺术，对周边环境形势之险恶毫无戒备心理（这在后来《黄土地》中更凸现出来）。我说对于这批样片要大造舆论，要说"好得不得了"，更不能提补镜头的事。车到外景地已是夜里十一点多钟，摄制组全体人员几十口子全都站在村口迎接，急等着要看样片，实在令人感动。

全体驱车奔了县电影院，刚好影院散场，观众退尽看了样片。样片放完场内鸦雀无声，何群突然站起大叫："我 × 的咧，这拍得叫什么这叫，这他妈能看吗？我 ×，怎么成了……"真是智者千虑必有一失，怎么就把何群这浑小子给忘了。我脑子里"嗡"的一声忙冲上去把何群拉到一边说："你他妈活腻味啦？喊什么你？"

我把对艺谋的话又对他说了一遍，何群恍然大悟，满脸尴尬。回到外景驻地开了一个会，大家统一了认识：一，这批样片好得不得了，立即送回厂里审查。二，用不着补镜头了。三，"砖窑"一场重拍，但要在这个外景点儿全部拍完以后，临撤退前补拍，而且不是"补"，是增加戏，增加几个镜头。可新鲜事物的起步绝非那么简单，传统观念的惯性束缚着几乎所有人的思维，看完样片后首先是演员不答应了。

他们对样片的风格极不理解。八一厂的一位老演员气呼呼地说："拍的这叫什么？黑乎乎的什么也看不清，我都没看见我那脸在哪儿，好容易看见一个，还在画面边儿上，还一半儿在外面，里边儿只剩半拉了！"这种情绪很普遍，我找这位老前辈谈了话。第二天又开了会，祝贺第一批样片的成功，并希望大家理解新的观念，支持年轻人的创新精神，中国电影需要突破。

下午我去了拍摄现场，再次被震惊，这是"五代"给我上的第二课。现场围观的老乡甚多，我也帮着维持秩序，有一个人竟站到场子中央，我把他向外推说老乡往后往后，这人说郭导，我是演员，着实叫我一愣，我又推第二个，又是演员，过一会儿我又去推那第一个，还是把他当作了老乡。这人就是辛明。他说您怎么老推我呀！我还从来没这么眼拙过，任何戏我都可以从千百个老乡中，准确地抓出扮演老乡的演员，扒层皮都认得出是个"城市老乡"，可这个戏我居然一再上当。他们把演员剃光了头，淋上水，在太阳下曝晒，使头皮和脸色一致。他们不满足于服装做得旧，叫演员穿上衣服在土地上乱滚，在土墙上乱蹭，每个镜头前都往演员的头上身上撒极细的土沫，那真名副其实，一丝不苟。他们严谨的作风、严肃的态度、严格的要求，使我深受触动。

晚上回来又开了总结会，我表示了深深的敬佩之意。第二天我返回北京，要把样片发回厂，由厂里审查，我又担心了。其实那位老演员的看法，很具代表性，一旦这批样片不被审查人理解，再加上别有用心的人一起哄，整个摄制组就有夭折的危险，所以审查时我必须在场。往南宁发片的同时，我给生产办主任写了一封信：我回去之前任何人不得看样片，片箱不得开封。我那时还有点儿"破"权力，领导也信任我。

十天后我才回南宁，片箱果然原封未动。当晚，厂里放两部片子，散场后将所有的人驱逐出场，只留下厂长和书记二人，我陪他们看样片，边看边解说；其实我说的都是我的学习心得。样片放完，二位领导称赞不已。

此后，我筹备自己的新片，再也顾不得《一个和八个》。影片完成后立即轰动厂内，领导也喜不自禁，立即去京送审。最终我没挂名，要挂上了那简直是骂人！

此片开拍前，电影局审过剧本，并特请陈荒煤同志把关，他认为本子很好，只是结尾太过悲惨，希望改得光明一些。这帮牛犊子们不改，争到最后决定拍两个方案，按原作方案拍一条，按荒煤同志意见也拍一条，两不耽误。

那时送审，由于多次发生审查现场局领导和创作人员发生冲突，后来规定凡审查现场，创作人员一律不得进入，只可"龟缩"在招待所，听候宣判；而且审查意见并不署名，只盖公章，整个感觉有点儿"虎"怕"牛犊子"了。思来想去不妥，我必须进审片现场。我便去请荒煤同志，想请他一人审查。他若通过放行，便可省去许多麻烦。我知道审查这关，人一多七嘴八舌是肯定通不过的。荒煤同志一直待我不薄，欣然允诺。

审查当晚，我带着片子和剪接师驱车前往局里，艺谋等人只能在北影招待所等候。车行半道，我问剪接师片子结尾接的哪个方案，他说是原作方案。我一下子就急了，太不懂事了，荒煤同志审查怎可接原作方案。他说哥儿几个都说第二方案太影响全片质量了，我说这第二方案能通过就不错了，只要通过就是伟大胜利，拿到通过令以后，再去耍赖要求换原方案也不迟。我叫司机立即打道回府去换方案，剪接师说第二方案带着呢，我叫他一进放映室立即换方案，有九十分钟的时间足够了。等到了局门口，剪接师进去了，我被拦在门外，不得进入，怎么求也没用，谁也不能破坏局里的规定，急得我直转磨。这时荒煤同志的车开到了门口，我属于老奸巨猾一类，立即冲上前替他开车门，扶着他下车走进了大门直奔放映厅，我扶着荒煤同志边走边说着话，一路上无人敢拦。看片子时我坐到荒煤身后，第二本还没放完，剪接师从放映间跑下来悄悄告诉我第二方案已接好了，我松了口气。

片子放完了，我紧张地望着荒煤，看得出荒煤同志很高兴，他说这些年轻人很了不起嘛！我忙问有什么意见？荒煤说没有，我忙问那就通过了，荒煤点点头说通过。没想到如此顺利。我由衷地佩服这群年轻人，有魄力！当年这个本子我是没敢接的呀，可这一关他们闯过来了，不服这帮年轻人行吗？我从局里出来立即跑到东四邮电局打长途向厂长和书记报喜,那份喜悦自不必说。我又赶到北影招待所,哥儿几个闻讯欢欣鼓舞,我叫他们立即回南宁做拷贝发行,而且不管三七二十一把原作的结尾换上,只要发行了谁说也没用了,反正有荒煤同志兜着底。我以为万事大吉了。

第二天我到北影办事,居然看见这帮哥们儿一个没走!我问他们为什么不走,何群说我们等某部长题字。太奇怪了,题什么字?题《一个和八个》的片名,我一听真如五雷轰顶,这不是作死吗?拿到了"通过令"还不赶快"夹着尾巴逃跑了"?万一上边有这样那样的人事关系,万一有什么恩恩怨怨,万一某部长要看片子,万一……什么情况都可能发生。他们不听,说与某部长的儿子是铁哥们儿,万无一失。我无奈地走了。

我一向对请首长题字怀有看法。有的连片子都没看就请首长题词,片子好也还罢了,片子不好,不是有损首长的形象吗?这样的做法于中国影视有百害而无一利。这些人也永远变不成"真老虎"。

毋庸讳言,《一个和八个》寻求题字之举实属这帮年轻人急于求成的侥幸心理,我十分反感。后来,艺谋、何群等人成了"真老虎"那是靠自己的天分、才能、刻苦、勤奋所得。所以,正经的从影人员,还是在艺术上多努力吧!

第二天,果然传来消息,某部长要看看片子才能题字。对如此危险的信号这帮年轻人竟置若罔闻,说荒煤同志已经通过了,还会有什么问题?我说找个借口,字不必题了,赶快回去做拷贝。不听。片子送上去了,还等着吃热屁呢!

两天后噩耗传来,不但字没有题而且指示该片先不要发行,有些问题需要研究，请文化部领导看一看。这下全他妈傻了，"牛犊子"就是"牛犊子"！我去局里游说。局里确实已经说了不算。我想无论如何要让影界的朋友知道这件事，形成压力，便提出既然有问题就要修改，能否请一些专家来会诊，看看片子，集中意见好一次修改完成。局里斟酌再三同意了。但规定范围要小，以七八个人为宜。开了口子就好办，索性把结尾换上了第一方案，将拷贝拿到北影，在小放映间组织了几个人看。

这消息早已在影界传开了，闻讯前来的人很多，索性来个开门迎客，谁爱进谁进。顿时小放映间里人满为患，连站的地方都没有了，而且第一排座位前面的地上也坐满了人，直坐到银幕下面需九十度仰脖儿才能看见。

我从小看电影几十年，从未见过一部影片放映中会有如此热烈的反应，都是内行啊！场内不时响起雷鸣般的掌声，影片一放完，全体起立鼓掌，掌声经久不息。他们愤怒地问这片子有什么问题？为什么不能通过？此消息传开，无数没看到片子的人强烈要求再放一场。反正也这样了，一不做二不休。第二天，干脆租了新影大礼堂，影界的朋友们蜂拥而至，有头有脸儿的名人全来了。整个礼堂人挤人、人挨人，几无立锥之地，入口门外都站满了人。这才真叫盛况空前。

影片放完后，全体起立鼓掌达十分钟之久，一浪接着一浪。我就纳闷儿，他们怎么就看不出片中的问题呢？觉悟太低了吗？嗅觉太迟钝了吗？消息立即传到了电影局，我被叫去，受到局领导严厉的斥责和警告，并封存拷贝，严禁任何人再看。

我急了。不是应该相信群众吗？干吗这么害怕群众？终于吵得地覆天翻，我已经控制不住地满嘴脏话，被秘书大人用力推出了办公室，说怎么可以这样和领导说话？一走进大办公室我又和他吵了起来。旁边的几位干部也都跟着帮腔说我不对，他们一再说有人说有什么问题。我说你们少说别人，你们说有什么问题？都不说了，还是那位秘书更坦诚些，他说："我认为没问题，可我说了没用，你最好去找×领导，在局里闹，一点儿用都没有！"那就找吧！此时《一个和八个》的主创人员全都没有了发言权，我去找×领导，他们只能无奈地在楼下坐在车里等消息。我是软硬钉子碰了一轮，走投无路只好又来求陈荒煤。

荒煤同志身体很不好，住在北京医院，我十分惭愧地向他描述了事情经过，他显得很疲惫，阴沉着脸听完了我的汇报，两眼始终低垂着看着盖在他腿上的夹被。我知道我们使他陷入了非常被动、非常尴尬、非常为难的境地。沉吟半晌，他才喃喃地说："宝昌，我告诉你，现在这部片子不修改是绝对通不过的。"还能说什么呢？真是对不起荒煤同志啊！我只好说请局里给个意见吧，一二三四五……全写清楚，只要这样改了就可以通过，我们回去改。

一个星期以后文件下来了，那些意见真是惨不忍睹啊，艺谋等人拿着意见灰溜溜地回了南宁。改吧！改好以后再次送审，顺利通过，应影协之约又放了一场，场内寥寥无几的也就坐了二三十人，都看得垂头丧气。一放完罗艺军便指着我大叫："改的这叫什么？简直是化神奇为腐朽！"骂谁呢？又不是我们要改，"宁可封杀也不改！"说得轻巧，厂里投了几十万元，不收回成本厂里职工还不把艺谋等人吃喽？那也是一群老虎啊！一个电影人，其实就是坐在虎山上。

五年以后广西厂新来的厂长决心再搏一下，恢复了《一个和八个》的原貌，得到电影局首肯，并送加拿大蒙特利尔电影节参赛，终于获奖。

我自己筹备已久的影片《雾界》要开拍了。分完镜头以后，我把张艺谋、何群、肖风请上了我的外景地"大明山"，并叫我的摄影师与艺谋同住，以便早晚请教。我把我分的一百六十八个镜头画了一百六十八张图，每天与三位一起切磋、研究，受益匪浅。这是"五代"给我上的第三课。他们又和我一起采外景，满山乱跑。我要选个入山口，看了多处都不满意，后来终于选定了一个，张艺谋说这地方不错。

从阳光明媚的山外跟着人慢慢摇进阴暗潮湿的原始森林……可惜前边儿这棵树挡了来路，而且避不开，除非把这棵树砍喽，那就豁亮了。是啊，那倒是豁亮了，砍树？犯法！抓住了得进班房。艺谋说不能砍那这个景就放弃吧。

最后也没选到比这儿更合适的，那就砍吧！深夜，我带了组里一帮"土匪"摸到山口，这个时间看林子的人员绝上不来的。好家伙，那棵树要两个人才抱得过来，砍！乱斧齐下，足足弄了俩钟头，树倒了，我们合力将它推下悬崖。为了毁灭罪证，又挖土铲草皮将地上裸露的树桩埋好，我边埋边说："对不起！对不起！为了艺术您就牺牲一把吧，这都是张艺谋的主意！"

《雾界》刚一开拍，广西厂又来了一位"牛犊子"——陈凯歌，他自己带了一个本子，那就是后来轰动中外的《黄土地》。可他与厂签约要拍的是另一个本子，他要毁约换本子，而且指名要张艺谋合作摄影，但厂里已经决定叫艺谋上另一部片子了。厂里如何能够答应？凯歌拿着一封陈怀恺老师的信来找我了。这给了我多大面子！

为了达到目的使《黄土地》上马，可以这样说吧，我与凯歌耍了无数"狡猾的阴谋""卑鄙的伎俩""无耻的手段"，终于如愿以偿。凯歌说我是"教父"，其实我就是个"教唆犯"。无数的记者（包括港台记者）都向我追问过这段经历，但由于牵涉很多好人和小人、受骗者和得益者，所以只能是无可奉告——现在依然无可奉告，给人留点儿面子。只是受益者至今不知如何受的益。

《黄土地》上马了，"牛犊子"们去了陕北外景地，我则又上了"大明山"。本又以为万事大吉了，真是天有不测风云。《黄土地》下马，摄制组被连夜从陕北召回。我闻讯大惊，忙停了《雾界》的拍摄匆匆下山赶回厂里。各种人都在表演，这是一场没有硝烟的"战争"——又是由于"面子"问题，此事依然无可奉告。最后《黄土地》重新上马，凯歌胜利了！他们重回陕北，我又返回"大明山"。

越是"无可奉告"吧，媒体就越是关注，越是好奇，越是刨根问底，想弄个爆炸性新闻抢个头版头条或红字标题。每次采访都弄得我很狼狈。不管我们使用了什么手段、何等伎俩，我们不是坏人，没做坏事，堂堂正正地想干成一件事——干一件自己想干又于己有利、于中国电影有利、于国有利的好事。电影界太复杂，你想规规矩矩按部就班地去干，根本就不可能做成！你必须眼观四路，耳听八方，上蹿下跳，拳打脚踢。累不累？真累！可别无选择。不做铁砧就做铁锤，凯歌、艺谋都选择了铁锤，所以成功！这种选择都使他们付出过沉重的代价。

我的《雾界》完成以后来京送审，未被通过。我太知道个中原因了。自《一个和八个》吵翻以后，我决心不再进电影局的门。去干什么？早已没有了"回娘家"的亲切感。

应影界同仁之要求，《雾界》在西山开了一个研讨会，朋友们给了很多鼓励。会上我特别向与会者宣布，广西厂又将有一部惊世骇俗之作问世，那就是《黄土地》。朋友们起哄说我又在吹牛，在给广西厂做广告。我不是瞎吹牛，早在《黄土地》的剧本阶段我就嗅出了它不同凡响的独特气质，我向厂领导说此本若拍，必在世界上拿奖，国内更不用说。

厂领导也认为本子不错，但没那么邪乎，说我是为了把它推上马的夸大之词，说我吹牛。那是我从影以来看到过的最好的本子，没必要吹牛。我当时只提了一条意见，就是男主人公回部队述职一场太实，与整个的风格不统一。后来凯歌改了，而且改得十分精彩。我回厂以后，《黄土地》后期制作已快完成，凯歌请我去录音棚看片。这是"五代"给我上的第四课。

我的感受不再赘述，无数有关《黄土地》的评论都已说尽，尽人皆知。说一点儿外人不知的。看完片子以后凯歌叫我稍候，他提来了一个大收录机。我不知他要干什么，他叫放映员把"安塞腰鼓"一场再重放一遍。画面刚一出现，他立即按动收录机的按键，传出了震耳欲聋的迪斯科音乐声。我惊呆了。

放完以后，凯歌问我的感受，我无言以对，却引起了我深深的思考：那强烈的反差，完全对立的、风马牛不相及的声画对位……我想，无论是土得掉渣儿的乡下腰鼓，还是洋得不行的城市迪斯科，他们在人性的勃发、个性的张扬、肉体的解放、心灵的碰撞上都是相通的。

影片渗透了凯歌超前的意识和对现实的关照，具有非同一般的美学内涵。《黄土地》获得了巨大的成功。我没有瞎吹牛。

《雾界》被封杀，我心灰意冷，决定离开电影厂。一次偶然的机会，我要去深圳电视台了，电视比电影要宽松些吧！临行前艺谋、凯歌希望我把他们要拍的《大阅兵》定下来。由于有了《黄土地》的成功，《大阅兵》很快上马了。我则不辞而别，潜入了深圳，不管厂里怎样劝说，我誓死不回头了。一年以后，艺谋去了西安，凯歌回了北影，何群则流窜到广州，完成了一次胜利大逃亡。广西厂从此落寞。

到深圳以后我才感到这里几乎是文化沙漠，过日子、做生意还行，搞艺术实在是难于施展，只能在夹缝中生存。我精心制作的电视剧《椭圆形轨迹》被封杀，而且说不但现在不能播，永远不能播！我感到势单力孤，没有一帮高水准的志同道合的伙伴成不了好作品。于是我千方百计地将摄影大师侯咏调来了深圳。第一部片，去山西合作拍摄电视剧《雪泥鸿爪》，并请了现在已是著名导演的霍建启任美工师，开始了我与"五代"真正意义上的合作。这个剧的拍摄是"五代"给我上的第五课。许多模糊的电影观念，或者是

左起：张艺谋、田壮壮、我、陈凯歌、何群。我们交谊甚厚，曾一起共事，一起患难，一起搏击，一起创作

理论上弄明白了实践上依然模糊的观念，通过这次合作清晰了。

八十年代中期影视界重点研究的是"空间"问题。周传基教授看过《雾界》后曾大为赞赏，我请教他还有什么问题，他沉吟一下说："空间、空间，还是空间。"通过这次与侯咏的合作，我才真正明白了导演该怎样去组织自己的影视空间。此片拍得很艰苦，完成以后侯咏十分满意。又未获通过。

我与侯咏又合作了第二部电视剧《特区移民》，我多年追求的画面终于在侯师手下出现了。当时深圳电影制片厂刚刚成立不久，需要积累资金，我只好又转回电影，与侯咏合作拍了《她选择谋杀》和《联手警探》两部娱乐片，着实赚了一笔钱，且给厂里拿了奖，总算对得起领导和深圳。我不想在深圳混下去了，一九九〇年始周游四海，闯荡江湖，成了"独立大队"。

一九九二年侯咏与田壮壮合作拍影片《蓝风筝》，由于我与侯咏合作过多部作品，他知道我会演戏，便突发奇想，约我去该片中演一个"文革"时期受迫害的老干部，女主角由吕丽萍扮演，我演她的第三任丈夫，前两任是濮存昕和李雪健。两个特大腕儿横在我的前面，这不要我的核儿钱吗！我问壮壮不担心吗？他十分坚定地说不担心。其实壮壮那时候对我了解并不多，我们长期以来只是"搓麻"的交往，他与艺谋、何群等人还不一样。

艺谋、何群他们在广西经常到我家蹭饭，我做得一手好菜，因此才有后来艺谋说的"一流厨师，二流导演"，这本是赞颂我的厨艺之话。壮壮来我家，因以"搓麻"为主，吃饭则以简单为好，每次都是炸酱面，不做菜。当然我的炸酱面堪称一绝，为影视同仁交口称赞。壮壮每吃必两大碗，他吃面必就大蒜。有一次大蒜没了，他不干，叫制片主任下去买。我说菜市场都关门了，大概买不到。他说制片主任没那么傻，连头蒜都弄不来还当什么主任！偏偏主任一脸无奈地空手而回，被壮壮臭挖苦了一顿，说你没那么傻吧，楼下那么多饭馆儿，你不会去要两头！主任只好又下楼去要了几头蒜上来，壮壮这顿炸酱面才算是吃舒坦了。

这次我以演员的身份与壮壮合作，自然受益的角度又有所不同，这是"五代"给我上的第六课。他的感觉，他准确的阐释，对表演的理解，细腻的处理，精准的判断，展现了他深厚的艺术功底。戏演完了，壮壮和侯咏满意之极，给了我不菲的酬金，吕丽萍也夸赞我说比专业演员还专业。此片未获公映，我的光辉形象终未能与观众见面，但同行中对我的表演颇多赞誉。

一天夜里快十二点了，张艺谋忽来电话说看了我的片子后非常激动。我很奇怪说我最近没拍什么片子，他说是《蓝风筝》，并要立即见我和我聊聊，我说太晚了，他说，十二点还晚？二十分钟后他到了我家，对我的表演评价甚高，并说我是一流演员。这就有点儿乱，是一流厨师呢，还是一流演员？《大宅门》出笼以后，朱德承又说我其实真正一流的是编剧，这更乱了！于是有了"一流厨师，二流编剧，三流演员，四流导演"之传说，最终演变成了报纸上所说的："张艺谋说郭宝昌不过是个四流导演，不知郭宝昌做何感想？"我没感想，倒不知这位记者是何居心！

一九九六年我第一次上马《大宅门》，再次请侯咏合作，侯咏欣然答应，拍了三集多，由于十分"肮脏"的原因（可惜这件事又是无可奉告),《大宅门》中途夭折。四年后再次上马,侯咏由于已重任在身,不能全程兼顾,出任了《大宅门》的摄影艺术指导。他兢兢业业,有时一天工作十二个小时,和摄制组的人同甘共苦,冒着严寒吃着盒饭不曾有过一句怨言。

不管外界如何传闻,我与"五代"精英交谊甚厚,是交情,是友谊。我们曾一起共事,一起患难,一起搏击,一起创作。谁对谁也没什么恩,谁对谁也无恩可报。有人说是我成就了"第五代",这十分荒唐,君子之交淡如水,朋友之间帮点儿忙,也是做师兄的责任,"五代"也帮我不少的忙,难道我也要报什么恩吗?至于张艺谋、陈凯歌也说过一些话,不过是溢美之词,不能当真的,我知道我自己有多少料,我已是老牛,遇见虎知道躲着了。

"五代"的崛起自有其成因,我帮过很多人,大多业绩平平,为什么?"五代"有自身的优势:才华横溢、意志坚强、勤奋刻苦、敬业有加,他们有着顽强的创新意识和叛逆精神,具备精英的素质。不是什么人帮一下子就可以起来的,具备这样素质的人不多,帮与不帮金子总要闪光。我向他们学习的更多。

我倒是以为,从艺者,特别是年长几岁的从艺者,要经常注意知识的更新,注入新鲜的血液,吸取青年人的活力,才不至于落伍,才不至于过早地被淘汰。我是过来人,说的都是真心话。有一些话也并非表白之意,发一发十几年来心中的愤懑而已。

与"第五代"相识,挺好的!

宅门英雄谱

四十集电视连续剧《大宅门》的演员阵容，汇集了中国影视界一大批精英，轰动一时。特别是张艺谋等人的加盟客串，更引起了媒体的特别关注，一时大报小报、杂志、电视铺天盖地"爆炒"。

我们在筹备拍摄阶段已定下规矩，宣传工作一律低调处理，除新闻发布会一篇通稿外，不接受任何记者采访，只由中央电视台有关宣传部门发布消息。记者诸君自然是不高兴了，既不叫进拍摄现场，甚至连电话采访也不接受。

有些记者开始胡来了，先是捕风捉影地编造些新闻，继而长篇累牍地编造故事，为了表示是一手材料，竟然登出某月某日某时电话采访了我。内容则全是从各报纸抄来的，只是集中了一下。再往后就不好了，开始进行人身攻击了，说我为了抬高身价故意炒作，说我在用这些大腕"作秀"。这是何苦？我未向媒体说过任何话，我作什么秀！这不是无知就是别有用心，至少是不负责任。三年了，直到现在媒体采访还有些人纠缠这个问题，刨根问底想知道真相，不同的记者总提出一个相同的问题："你和'五代'导演怎么了？"一是说来话太长，三言两语说不清，二是早已说明白了的事还要问，登了八百六十遍了，难道办报的人都不看别人的报吗？说句真心话，我根本不想炒作。

我是导演，我只对剧的艺术质量负责。大腕儿客串，每人一场戏不过一两分钟，与艺术质量并无多大影响，我更无心作秀，"秀"不是那么好作的，没点儿本钱，还真不行。不信你来试试看，你敢作吗？一旦炒作起来，对我不但无益，简直就是灾难。本来大腕儿客串上个角色，挺好玩儿的，老百姓也想看个新鲜，这对投资方有利，也会提高收视率，随便报道一下不就完了吗？现在不行了，完全走了味儿。有位领导郑重地警告我，这些大腕儿必须来，一个不能落，否则便成了欺骗行为！谁欺骗了？本来是这些大腕儿可来可不来，一下子变成了非来不可，这就使我焦头烂额，十分被动。

这不是个简单的事，每隔一段时间就来一次，我的正常生产计划就要全部打乱。既然是大腕儿，哪个不是忙得三孙子似的，不定哪天有空。头一天告诉你，第二天来了就得拍，剧本要连夜修改，总得给人家一点儿戏，虽然是一场戏的大龙套，化、服、道要停下正常的工作突击准备，场景加工就要挑灯夜战通宵不眠，一系列的复杂运作，真是吃尽苦头。我干吗要作秀？媒体炒作给我带来的是巨大的压力！已经停不下来了。

那么，这些大腕儿是怎样进的"宅门儿"呢？说来话长。

我与"五代"一帮小哥们儿曾在广西共同战斗过，共患过难，一九八四年以后便各奔东西，很少再见面。

我在《大宅门》拍摄现场

九十年代以后一次偶然的机会发现大家全都在京，这是十分难得的。于是我组织了一次大聚会。这些当年的师兄弟曾一起创业，一块儿起步，分手后都成了中外驰名的导演。由于各奔前程，近十年几乎没有相聚之机，只是偶尔见面又匆匆离去，所以能有相聚的机会都很高兴。

我当时正在筹备电视剧《大宅门》的拍摄，我带了剧本请张艺谋看看，帮我参谋一下以后如何拍电影。大家都知道这部戏是我几十年的心血，也都无数次地听我讲过《大宅门》的故事。席间谈起筹备情况，都帮我出了不少主意。田壮壮忽然说："郭爷对咱们这么好，咱们也帮不上忙，我建议咱们一人在《大宅门》里串个角色给郭爷助威。"这个建议立即得到在座诸君的响应，我心中当然高兴。这些个角儿，不要说义务客串，就是重金聘请，您也花不起那么多的钱，就算您花得起，这些角儿也绝不会来，根本就没价儿。这个面子可是不小，而且是由田壮壮倡议。我对壮壮从未有过任何帮助，只是以演员的身份与他合作过。这说明我人缘儿不错，哥儿几个想捧捧我。众人拾柴火焰高，这么单纯的事后来被媒体炒得乱七八糟。

本来这种客串出演，在中国素有传统，特别是梨园界，每逢大义务戏、重要庆典纪念活动的演出，从顶级的梅兰芳等四大名旦，到凡是行中有头有脸儿的名角，全体出动不分门派同演一台戏，连只有几句话的小配角也是大演员，为了火爆还要反串。远的不说，从二十世纪五十年代，"京剧联谊会"成立大汇演的《虮蜡庙》，到前两年戏曲研究院研究生班的毕业演出《虮蜡庙》，半个世纪延续不衰，每演必轰动一时。

其实现在影视界也都在做这样的宣传，诸如大腕儿云集，群星灿烂之类，怎么到了《大宅门》就成了炒作、作秀呢？也许是腕儿太多太大了吧？高兴归高兴，可仔细想来并不可行，这些人哪个不是忙得两脚朝天，他们的时间都是按分、秒计算的，一个角色的完成就算集中拍摄也要三五天的时间，场景若多，那就要疲于奔命，而且按摄制组的正常安排，排到谁谁来就更不可能。

讨论到最后决定拍摄期间的半年之内，每人来一天，提前三天打招呼。这样每人只能来个小配角儿，才有可能一天之内拍完。张艺谋说："咱们说的一天的概念不是正常工作时间，而是二十四小时，二十四小时之内，您随便用。"这令我十分感动。

更令我感动的是，几个人都是光头，拍清朝戏自然没问题，可陈凯歌是长发。我说凯歌就安排民国的戏，不用剃头了，凯歌却说不行，哥儿几个都是光头，我也剃光。凯歌为人，在人们印象中一向不苟言笑，说他来串戏几乎没人相信，更不用说还要剃头。当时要给一个群众演员剃头人家都还别别扭扭，还要五十元的剃头费。凯歌又说一人一个角色还不过瘾，除此以外，最好把我们哥儿几个弄到一场戏里集体演一把。我说这不行，其他场次你们都出现过了，忽然凑到一起再出场岂不穿帮？凯歌说化装啊，每个人都改变个形象，我说无论怎么改，你们哥儿几个的面孔观众一眼就能认出来，再说，你们几个根本不可能在同一天凑齐，只好作罢。凯歌又出主意说，干脆，戏里所有的小角色全找大腕儿来串，来一个中国明星大荟萃。我说这个难度太大了，我试试看吧。

要说我的人缘儿是真不错，于是便有姜文、李雪健、宁静、于荣光、赵奎娥、韩影、申军谊、韩月乔、侯咏、贺小书等一系列的大腕儿加盟客串。后来许多纷纷表示助阵的大腕儿已经安排不下了，再加上主演的近二十个大腕儿，形成了名副其实的大腕儿云集，星光璀璨！多大的腕儿进了宅门儿也显不出来了。

这本来是一件赏心的乐事，可投资方知道以后并不相信，以为吹牛，一定要把客串演员写进合同。我坚决反对，本来是友情，这一来不成了卖身契了？况且这些都是一诺千金的人物，怎会反悔？即便来不了，也是由于极特殊的原因，亦无伤大雅。可是不行，他们不相信友情，只相信合约。

万般无奈，我只好又把哥儿几个凑在一起签了一个具有纪念意义的合约——"走到一起来"。由凯歌牵头，于是合约上出现了艺谋、壮壮、何群、姜文、侯咏、顾长卫、吕乐等一连串的名字，并且都参加了在北京电视台举办的新闻发布会。

在会上，艺谋、凯歌都做了充满兄弟之情的热情洋溢的讲话，以致与会的好多朋友、记者潸然泪下。

令人尴尬的是，开拍一个多月刚拍了三集，哥儿几个还没来得及进宅门儿，与投资方的合同便被撕毁，《大宅门》中途夭折。直到四年以后，由中央电视台投资，重新启动。这些哥们儿并未反悔，仍依约进了《大宅门》。其实，那个合约早已无效，只留下了一份深深的情谊。这份合约，弥足珍贵，我多次向第一个投资方索要，均无结果，这是可以放入影视博物馆的啊！谁说而今的社会没有真情！

张艺谋来了，他来的真不是时候。给他的角色是大太监李莲英。这是清朝戏，我当时正在拍民国的戏，与他同场的演员不可能剃头，剃了头，民国的戏就没法儿拍了，只好剃了鬓角儿戴上帽子掩饰过去了。还有八个太监也要剃头，只好求助部队。首长十分支持，精选了八名个头儿一样、相貌堂堂的战士一律剃光，成为全片中最靓丽的一道群众演员风景线。还有八个宫女服装、头饰成了问题，服装、化装部门开足马力突击准备，忙坏了也难坏了这帮创作人员。置景部门也毫无准备，我又停下拍戏，带美工师等人去选景，一天一夜不许休息，要彻夜完成。

演员呢？扮演慈禧太后的也是来客串的大腕儿赵奎娥，能否前来？经联系，也排除万难答应前来。又急电调演沈树仁的演员速从南京进组报到，那真是全组总动员。等艺谋来时，已万事齐备。尽管时间仓促，但各部门准备十分到位，拍摄十分顺利。只是艺谋始终不入戏，有点儿别扭，我想将来剪出来问题也不大，就算过了。为了保证当时现场的正常拍摄，那天我们把大批的电视台和报社的记者拦在了门外，不让进入现场。这令记者们很恼火，第二天有一家报社便发了一篇报道，把我和艺谋着实臭了一顿，可以理解，总要让人家宣泄一下怨气嘛！

戏拍完之后，请艺谋在酒店撮了一顿，席间艺谋忽然说拍得不好。他意识到了自己没入戏。我说行啦挺好！因为已经不可能重拍了，便一再安慰艺谋。可他说不行，主要原因是对手演员太生，对手很紧张，搞得他也紧张，很难入戏，创作氛围不对。我说："本来好多人撺掇我演，我都下决心了，可没与副导演沟通，结果外请演员急似星火地赶来了，又不好意思叫人家回去，只能这样了。"艺谋奇怪地说换演员是常事，有什么不好意思？假如是你演，我肯定发挥得好。我说已经拍完了，又不能重拍，说也没用了。艺谋问为什么不能重拍？我说重拍你还得来一天，你来得了吗？他说只要是你演我就再来一天，保证演好。

这下反而将了我一军，大家都起着哄地叫我上，我说你若真来我可就剃头了。他斩钉截铁地说你剃吧！我说现在补不成了，只能等撤回北京以后再补。艺谋同意，吃完饭以后送艺谋出门，我顺便问了制片主任一句，艺谋两人的机票报销没有？主任大惊，居然忙忘了。急忙凑钱装了个信封。艺谋的车已经起动了，主任忙敲开车窗把钱送进去，艺谋死活不要，又把信封扔了出来。车一加速风驰电掣地走了，不但白尽义务，还赔上机票钱。

撤回北京后，已是隆冬，天冷得邪乎。张艺谋二次进组，我和他演对手戏，最不巧的是，姜文也是这天有空，两个大腕儿"撞车"了。两个人的戏要想一天拍完几乎是不可能的，牵涉三个场景，还有外景。冬天，外景工作时间很短，一转场得耽误多少时间。筹划再三，决定一景两搭，选了一个五开间的大北房，左面搭艺谋和我的景，右面搭姜文和宝国的景。拍完艺谋把灯调转方向拍姜文，完全省去转场的时间。为了让二位有表演发挥的余地，头天晚上我把剧本重新做了修改。拍摄当天，了不得了，除了这二位以外，壮壮、侯咏、何群、张会军纷纷赶来助阵。于是现场执行导演成了田壮壮，执行摄影为侯咏，何群成了现场美工，更有甚者，电影学院院长张会军竟然做了现场剧务。这下子轰动了怀柔外景基地，许多摄制组

"第五代"导演集体客串《大宅门》,签下了一个具有纪念意义的合约

艺谋和姜文的客串在同一天,了不得了,现场执行导演成了田壮壮,执行摄影为侯咏,何群成了现场美工,电影学院院长张会军竟然做了现场剧务。这下子轰动了怀柔外景基地。拍摄完成大家合影留念

停止了拍摄，纷纷跑来看热闹，可谓盛况空前。

艺谋和我对戏，果然来去自如、游刃有余，他自己满意，大家也都满意。拍完我们两人的戏来不及吃晚饭，调过灯来拍姜文。这回可没那么容易，这位爷实在太认真了。姜文和宝国坐在化装间里一字一句地抠台词，足足耗了两个小时。摄制组全体坐在现场傻等。八点钟，两个人才志得意满地来到现场。这我就要说说姜文了。

当《大宅门》第一次拍摄夭折以后，又有一家投资单位想接手拍摄，条件是由姜文主演白七爷。

《大宅门》的剧本到了姜文的手中。这个剧本叫姜文动了心，他说他以前看剧本基本都是坐在厕所里看，这次不行了，他每日起床后漱洗完毕，一杯清茶，坐到书桌前恭读。

以前读剧本，基本上看了前面就知道后头了，这次不行了，他看到妙处经常把本子一合，猜测下面可能发生的情节，设想几个方案，然后开本验证，结果总猜不中，还是剧本中的情节最佳。他本来早已发誓不再拍电视剧，觉得忒糙！无好剧本可言。可《大宅门》激起了他的创作欲望，他想演七爷。可这小子的眼忒高，胃口忒大，关于二奶奶白文氏这个角色，全国的知名女演员整个顺了一遍，他说一个都不行，必须出榜招贤登报，对报名者一一进行试戏筛选。

总投资额每集不低于八十万元（当时的最大投资也不过每集四十万元），景要按"大宅门"的原样搭建。至于其他角色，他说就是一两场戏几句话的演员，也不是摸摸脑袋就能演的——个个儿写得活灵活现，全部都用一流演员。姜文说的全对，可做得到吗？想都不敢想！三次谈判都无结果，投资方最后放弃了（当然主要原因不是姜文）。中央台投资以后，只有搭建"大宅门"一项如姜文所说，其他均未做到。既然没演成七爷，便答应来串个角色。化装时他向我说本来是他演七爷，也不知为什么把他换了，叫陈宝国饯了他的角色。还为什么？哪个投资方也不敢贸然一集投八十万，万一有个闪失连成本都收不回。

姜文、宝国来到现场，大概说了一下戏，先走了一遍，两个人的台词已背得烂熟。这一场戏要五分半钟，我说先整个顺着拍一条完整的，词儿太多，忘了也没关系，哪儿忘从哪儿接，反正还要补中近景。谁知一条拍下来，无一错处，流畅而精彩，"停"字一出，全场鼓掌。姜文不满意，接着又拍了两条，条条精彩。而且每条下来都是一气呵成，是最佳状态。无需再补中近景了。

九点钟工作结束，摄制组才回营吃饭。戏拍完了，姜文只有一个要求，把他穿的那件长袍送他留作纪念，我当即答应了。由于此袍还有戏要用，过两天才能给他送去。

两天后，主任亲自把袍子给他送到了马克西姆餐厅，他正在那里过生日。接到袍子后他马上给我来了个电话，表示谢意，说这件袍子给他的生日宴会掀起了一个小高潮，所有的朋友都穿这件袍子照了一张相。

这样我一天就完成了两个大腕儿的戏，我演的沈树仁也就此完成。后来又有媒体在一篇文章中说不知道郭宝昌非要演个角色干什么？不过是"博"个集编、导、演于一身的虚名。太无聊了，我

"博"这个虚名干什么？看来活儿干得越多越挨骂。

陈凯歌来了。关于他能否来串戏的事，一个时期媒体炒得极凶。无数电话打来，问："陈凯歌来吗？""陈凯歌没答应过吧？""陈凯歌来不了吧？"——烦不烦呐！以致中央台领导告诉我"凯歌必须来，否则就是欺骗舆论"，这有多荒唐！来不了肯定是有原因的嘛！凯歌正在英国拍戏，一是联系困难，二是即便联系上我能叫他停下不拍飞回半天来拍这个只有十几句台词的客串角色吗？他不来又怎么样？欺骗谁了？我索性告诉他们来不了！事情就这么巧，凯歌自英国飞回北京办事，只待三天然后去上海两天再返回英国。真不好意思，三天，还能抽一天时间来拍戏吗？我与凯歌通了话，他欣然应诺连个"锛儿"都没打。我连夜修改剧本，给他临时增加了和陈宝国的对手戏。

第二天我太太把他接到怀柔外景地。也是清朝戏，要剃头。他留长发，这么十几个镜头的一场戏叫他剃头，太不忍心了，尽管他一再表示无所谓，还是决定只去鬓角戴帽子加辫子。可长发去了鬓角也很不是个样儿，化装师两手哆嗦着不敢下推子，我只好亲自指挥，鬓角光了，凯歌照着镜子说太难看了吧？还不如光了呢！我只好安慰说还行还行，有个把礼拜就长出来了。凯歌很会演戏，戏虽不多却演得有声有色。戏拍完已是夕阳西下，又被记者拦住采访。天快黑了，他连准备好的饭都来不及吃便匆匆乘车而去。

要说戏最多的客串者，当属田壮壮了。他串演一个随八国联军入侵的日军军官。一天根本拍不完，他说没关系，什么时候拍完什么时候算。他是和摄影大师侯咏一起来的。时值数九寒天，我穿着棉裤棉大衣守着电暖气还觉得冷，可给田壮壮的服装做得很瘦，不用说毛裤，连棉毛裤都套不进去。现做也来不及。壮壮毫无怨言，愣是穿着一条单裤拍了整整一天十四个小时的戏，叫人不能不心疼。

有一场戏是田木（壮壮扮演的日本军官）酒醉后和七爷交心。壮壮是从来不饮酒的，为了能找到酒醉的真实感受，他竟弄来了一瓶"二锅头"，每拍一个镜头就喝上两口。我真怕他喝醉，问他行吗？他说他就是要找这个微醉的感觉。壮壮演的这个角色实在是为本片增加了光彩。现在，如此认真的演员已经不多了。第二天又拍了一天，壮壮的戏才算拍完，只请他吃了一顿大闸蟹。

壮壮为人豪爽慷慨、谦和而又忠厚。我喜欢壮壮，是个真正的男子汉，讲义气、负责任且乐于助人。他又是一位大"爷"，每到一处先摆摊儿：茶壶、茶杯、茶盘、茶叶、电开水壶。边沏边喝，烟斗烟丝不停地抽，谱儿那叫个大！离开这两样儿，一般来说，活得就没多大劲了。可也没心没肺，有时让人家卖了还替人家数钱呢。

在北海仿膳吃停机饭那天，全组的人要他讲几句话，不料说至中途他竟泣不成声。原来有位哥们儿在某领导处告了他的黑状。他不怨恨，只为貌似哥们儿的人的不义之举而痛心。能不痛心吗？此后他的境遇一直不好，长期不能拍戏。现在，他挺过来了，以一部惊世骇俗之作《小城之春》于影坛之上再领风骚。

侯咏的戏一天就拍完了。他是大摄影师，曾长期与我合作。他是中国唯一连续三次获金鸡奖的摄影师，他的作品也多次在国际上获奖，与张艺谋等大导演有过无数次的合作，誉满中外。八十年代后他改行做了导演。拍摄了电影《茉莉花开》《血色黄昏》《一个人的奥林匹克》。

对于演戏，他无疑是个外行，可他想为《大宅门》尽些力。戏拍完后我送他上车，他非常真诚地说对不起，帮不上什么忙，还添不少麻烦，请谅解。这是说哪里话来？这忙帮得还小吗？谁能请来这样的人物客串一个没名没姓的大龙套？他的话真的感动了我。只有真哥们儿才说得出这样的话来。

当我拍《大宅门》后三十二集时，他又不辞辛苦，担任摄影指导。他不是空挂虚名，而是认真做了指导。他说的"主要是拍肖像，电视剧肖像拍好了，便基本成功了""画面要干净，主要是突出人物""不要无目的地移动，动不是目的""多用平衡画面，表示出宅门的凝重氛围"的这些话，和他对照明独特的思考，一直成为整部片子摄影的指导原则，审片中受到专家的一致好评。

背时的何群来了，不顺心的事全叫他赶上了，下了飞机居然找不到接他的人，傻等了好久才与我联系上。我忙通知制片部门，原来接他的车停在停车场里，司机睡上大觉了，等把他接到驻地已快十二点了。他还没吃晚饭，又不好意思打扰我，只好在一个演员的陪同下出去吃了碗云吞面。第二天一见面我忙道歉，他×爹×娘地骂了两句也就完事了。

一到拍摄现场他来劲了，他是美工师出身的导演，不忘老本行，忽然觉得柜台上缺点儿什么，自己乱转一通找了几件摆上，又觉得道具不对，又跑进里屋自己选了两样儿。试了一遍戏，忽然发现景的颜色不对，居然自己动手把景片刷了一遍。等他折腾够了，我才开拍，搞得我们美工置景无地自容。

他演一个当铺的伙计，戏不多，但非常好玩儿，其中有句台词是"写，虫吃鼠咬，光板儿没毛儿……"每拍一次，他的活灵活现的表演都引得摄制组的人一阵大笑。此片播出后，他走在街上经常被人认出，喊他"光板儿没毛儿"。他说："我×，我导演了那么多片子，没人认识我，演一小伙计我成了'光板儿没毛儿'了！"

宁静来组串戏则纯属偶然，也可以说是她和《大宅门》的缘分。

宁静的出道是在我拍的电影《联手警探》中扮演一个黑社会头子的情妇。当时她还在珠影的动画车间，是画动画的小画家，由于她青春靓丽，气质不凡，便被我借了出来，完成了她的处女作。

有一场戏是她胸部中枪而死，给她胸前安了六个"炸点"。这真不是闹着玩的，一个十八岁的大姑娘，万一"炸点"出了事，那可是在胸前啊！烟火师说保证安全。

我问宁静怕不怕？她说不怕。可"炸点"失误的事不是没发生过呀，我的心提到了嗓子眼儿。开拍了，炸了，停了，我忙上前很不礼貌地盯着宁静高高的乳房部位问，没事儿吧宝贝儿？她说没事儿，我这才松了一口气。

戏拍完后侯咏说，宁静若演戏将来一定会大红大紫。我送宁静回厂，到了珠影门口下车时我问宁静，以后还想演戏吗？她说演戏挺好玩儿的，可她更喜欢画画儿。我只说了句"可惜"，便告别而去，没想到三五年后，她不但又演戏了，而且果然大红大紫。

《大宅门》上马，我想起宁静，希望她出演杨九红一角儿，寄去了剧本。她看后十分激动，给姜文写了一封长信谈她的感想，并托人转告我想演二奶奶白文氏。一是她太年轻、老年装没法化，二是当时已定了斯琴高娃，不可更换。此事便不了了之，也再无联系，只叹无缘吧。

谁知拍摄前夕在一次朋友的聚会上竟偶遇宁静。论她的形象和演技很多角色她都能胜任，但重要角色都已选定，便问她愿不愿来串个角色，只半天，一场戏，她不干，要戏多的，有戏可演的，想来想去只剩了一个妓院老鸨。我以为她不会同意，谁知她当即答应了。好多人怀疑，她演惯了青春的现代女性，演得了老鸨吗？一到拍摄现场，她立即和我谈了对角色的想法和表演路数，我完全同意，结果表演非常成功。她最大的优点是把握表演节奏特别精准。抢救三老太爷一场，那真是惟妙惟肖，令人叫绝。转景以后，她还有一场戏，可惜她已经去了美国，只好改本换了另一个演员。

我与李雪健的合作，由来已久。一九八九年他在我导演的电视剧《特区移民》中担任主角。这个戏拍得实在精彩，雪健的表演达到了炉火纯青的地步，可惜拍成后未能与观众见面，但李雪健在接受采访中仍把这个角色列为他所拍过的最得意的角色之一。此后，我们一直寻求再次合作的机会，于一九九八年再次合作了电视剧《剑客春秋》，他的表演使我震撼。

《大宅门》上马后，我最初是请他来演三老太爷白颖宇，但他正紧锣密鼓地筹备自己的一个本子，无法前来，但表示愿来串个角色。片子开拍不久他便来了电话说现在有空，再晚恐怕要去西安很难回来了。可第二天的戏早已排定，且有好几百群众演员，无法更改。但雪健这一番美意我怎肯轻易放过，便连夜改写剧本，专门为雪健增加了一个角色：俞八爷，戏虽不多，但起承转合，人物个性之发展很可挖掘。雪健来了，就这点儿戏，整个儿叫他演活了，只一句呐喊：三老太爷！你流芳千古啊！声震寰宇，竟使无数人落泪。

此镜头后来在无数宣传片中使用，他的表演令人信服地说明：角色不论大小，看你怎么演；只有小演员，没有小角色。后来他身染重病，我托好多人向他问候过，但始终无暇探望。好兄弟，你还得演，你还能创造无数的好角色啊！

最后说说于荣光，我与他初次合作在一九九〇年拍摄的电影《联手警探》中，他演男主角。小伙子的敬业精神使我终生难忘。他当时刚刚出道不久，一部《海市蜃楼》引起了大陆与港台导演的深深关注，他以动作著称于世。《联手警探》从头打到尾，惊险场面迭出，那玩儿的都是真功夫。有一场戏他跑出木屋来到桥上，木屋爆炸，他必须在爆炸前瞬间跃入水中，稍一迟疑就有被炸飞的危险。木屋里埋了大吨量的炸药，人人捏了一把汗，现场气氛紧张。开始了，只见于荣光跑出来了，刚一上桥，烟火引爆了，只见于荣光腾身而起不失时机地来了个燕式入水，画面美极了，也惊险极了。他成功了。

还有一次他在桥面上与对手开打，被一腿扫中，他要从桥上翻下落在地上。中间有块木板，他应该先落到木板上缓冲一下再落地面，他失手了，由于翻得太高太远超过了木板直接落在了地上。他自己毫无思想准备，摄影师也毫无思想准备，他不但摔伤，摄影机也未能跟上，这下摔得不轻。我以为拍不成了，叫他回去休息，谁知他爬起来活动了一下说没关系，再拍一条。他咬着牙又上了桥，再拍，再次失手，又直接摔到了地上，这下他可真的起不来了。好在摄影师十分机警，准确地跟拍下来，留下了真摔的宝贵瞬间，可于荣光是被抬回去的。回到驻地他不住地呕吐，什么也吃不下去，喝水都吐，只好休息。

由于拍摄周期紧张，不能停机，第二天我决定用替身演员，只拍全景和小全景的背身。试两遍戏后刚要拍，忽听背后一声"等一等"，回头一看，竟是于荣光弓着腰捂着肚子艰难地走来。他说这样拍不行，有损艺术质量，还是他自己来，不能用替身。我惊讶地说你这副样子怎么能拍戏，还是打戏？他说能坚持，不顾众人的拦阻，他换上了服装，满脸痛苦地走上了桥面。我问他行吗？他点点头说"来吧"，那真是奇迹。我刚喊"预备"，只见于荣光立即两眼放光，炯炯有神，做好了预备开打的姿势。一声"开始"，他动作灵活，身手敏捷，圆满地完成了全部动作，刚一喊"停"，他立即倒在地上动不了了，又把他抬了回去，就这样他一直带伤拍戏，直到停机！

好样儿的，于荣光！

这是什么精神，我想现在有很多玩儿闹的演员和导演，假如有百分之一的这种精神，也就够人尊敬的了。

《大宅门》拍摄前，我是在北影的院子里偶然遇见了于荣光。我请他主演《剑客春秋》中的男一号，可他已在昆明接戏无法前来，便答应在《大宅门》中串个角色，他说很想为宅门儿出把力。可等他在昆明空闲下来有了时间的时候，给他留的角色早因场景问题已经请别的演员拍完了。本以为他来不了了，可他还是践约而来。我只好在"门房"一场中又给他写了一个角色。一场戏：神侃！为了引出大管家王喜光已经落魄。就那点儿戏他演来得心应手、京味儿十足，活脱儿一个清客类型的混混儿，给人留下了深刻的印象。他背词儿的功夫了得！那么长的大段台词，他只看了两遍，便倒背如流，一字不错，可见其功力之深厚。

还有众多英雄，不再一一赘述了。又要有人说既然这么难，这么乱，这么苦，你何必呢？你可以不找他们嘛！不是自讨苦吃吗？活该，还有脸吹呢！前面我已经说过原因了，随你怎么褒贬，反正我是停不下来了。

众英雄拥进宅门儿，实乃空前绝后之举，成就了一项盛事，为宅门儿增加了夺目的光辉。我向诸位走进宅门儿的英雄们表示深深的感谢。

宅门儿里的朵朵奇葩，争辉斗艳的局面，将永远留在观众的记忆中。

书结·书劫·书节

书结

我自幼嗜书如命,有浓浓的"恋书情结",谓之"书结"。

说来也怪,我从小不喜欢看小人儿书。

二十世纪四十年代,在北平街头到处充斥着小人儿书摊,可交钱坐在书摊旁边看,也可以多交点钱,租回家去看。一个孩子租回书来,便会有一群孩子拥来,大家传阅,看得慢的孩子便经常被看得快的孩子催促、谩骂等。我只看过一次便不再看了。那些小人儿书,基本上是些武侠、怪诞、低俗和粗制滥造之作。自从我小学的老师侯远帆第一次把我带进新华书店,买了第一本书《钢铁是怎样炼成的》以后,我的视线立即转向了大部头的文学作品。

我有了一个小小的书架,书架上逐渐出现了《暴风雨里诞生的》《卓娅和舒拉的故事》《古丽娅的道路》《普通一兵》《远方》《青年近卫军》等一系列苏联的当代优秀作品,以及《白毛女》《李有才板话》《小二黑结婚》《子夜》《骆驼祥子》《雷雨》《日出》等一系列中国当代的优秀作品。

这些作品引导、教育了一代人，让他们有远大的理想、牺牲的精神和坚忍的意志。现在这种引导好像不多了，特别是独特的、属于个性的引导。现在是"哈利·波特"的时代。历史在前进，"哈利·波特"当然好，但对于孩子们精神上的引领是否更为重要？书所能给予孩子们的引导，是任何其他的东西（包括金钱、吃喝、物质奖励、名牌衣裤）所无法替代的。

一入初中，我的目光转向了郭沫若、沈从文、巴金……和中国古典文学作品《三国演义》《水浒传》《红楼梦》《儒林外史》《镜花缘》《三言二拍》等等。书架开始延伸。上了高中，我一头扎进十八、十九世纪的欧洲文学和俄国文学，如醉如痴、如癫如狂。看书可以忘记吃饭，可以彻夜不眠，可以逃学旷课，甚至在上课的时候也把书放在课桌下，一只眼瞟着讲台上的老师，一只眼向下看书，一旦被老师发现便难免被驱到教室后面罚站，也从不感到羞愧。

我有个毛病，坐在图书馆里看不进书，借回家去的书也看不下去，我要在书上画来画去，要做读书笔记，只有把书买回来才能塌下心来，认真地读。这当然也跟经济条件有关——我买得起。更糟糕的是我读书过于投入，读到妙处必要捶胸顿足、狂喊乱叫、泪流满面，接着满床打滚儿，这在图书馆显然不合适。

有一次，我看陀思妥耶夫斯基的《白痴》，激动得连哭带骂，脏话迭出。吓得我妈妈以为我要和谁拼命，百般劝慰之后才知道我在看书，气得我妈妈足足五分钟瞪着我说不出话来。

直到上大学，我的存书已有两万一千八百多册，真是书香满室，看着就长精神。那都是我一本一本买回来的啊！读书固然是种莫名的享受，买书的过程又何尝不是一种巨大的享受？在书店每当觅到一本渴望已久的书我便会激动得双手发抖，心急火燎地买了书立即驱车回家，进门就迫不及待地展卷细赏。这一天的时间就算交代了，不吃不喝可以看到凌晨。激动得过了头难免出错儿。

一次去三联书店买书，边看边挑，就顺手把背包放到了地上。浑然不觉已经过了三个多小时，挑了一大堆书，交了款，兴奋不已地提着书袋就走。出了门发现天已黑了，且饥肠辘辘，忙去隆福寺小吃店吃了俩馅饼，外加一碗豆汁俩焦圈儿。起身要走时，顺手习惯地一摸肩上竟不见了背包，这一惊非同小可，顿时一身冷汗，背包里有我所有的证件和通讯录。我在店里四下寻找，心存侥幸地希望小偷拿走了东西把背包扔在了某个角落，惹得店里一些人莫名其妙地看着我。我毫不掩饰地回视店里人的目光，重演着"丢斧子"的故事，看所有的人都像拿了我背包的人。

最后，终于一无所获，垂头丧气地走出小吃店。忽然想起是否把背包扔在书店了，仔细回忆了一番，没错！看书时将背包扔在了地上。可这都过了一个小时了，还能在吗？我狂奔回书店，冲上二楼，拐过书架一眼便看见了仍放在地上的背包，旁边一小伙子靠着书架看书，一女孩子坐在一边看书，一个多小时，那个背包无人理睬。我庆幸这是在书店，若在市场恐怕早不翼而飞了，进书店的人都是有文化素养的啊！书真是好东西！

还有一次进了书店，流连忘返，选了一大堆书，提着三大袋书走出书店，每当提着一堆书走出书店时那是很得意的，至少今天晚上不睡觉了。得意则忘形。

不知何时外面已下起了雨，满地湿滑，一下台阶便仰面朝天摔了下去，直摔得两眼乱冒金星。书店里跑出几个人来扶我。好在书都没有沾湿。一个人说早认出您了，看您聚精会神地看书，没好打搅。又问我摔着没有？肉大身沉，一百七十斤的我能没摔着吗？我感到很丢人，咬着牙装出笑容说"没事，没事"，扮作很潇洒的样子上了汽车。一上车就龇牙咧嘴地感到从腿肚子到尾巴骨疼痛难当。回家一看半边身子青一块紫一块，一个多月才好。可就这副德行也躺在床上看了一宿刚买来的书。当然免不了我太太的一顿埋怨。

买书的过程的确是一种巨大的享受，我逛商场顶多二十分钟，就累得不行。逛书店五六个小时也不觉疲劳。年轻的时候我最经常去的是中国书店、新华书店和东安市场的旧书摊——现在已经找不到这样的旧书摊了。倒不是因为它书价便宜，而是它经常会给你一些惊喜，并叫你增长知识，开阔眼界。

有一个书摊的摊主姓李，矮矮的个子，一张白白净净十分文气的脸，小平头，总是穿着一身褪了色的蓝中山装。天长日久我们成了好朋友。我每星期光顾一次，临走总要留下一张书单，他都会认真负责地帮我去找。久而久之，他根据我的兴趣爱好还主动留下一些书推荐给我。他很博学，和我谈起文学滔滔不绝且很有见地，不像现在有些书店的服务员一问三不知，只是叫你去查电脑。查电脑也没什么错，但既然整天和书打交道，总该和读者有共同语言吧。老李边照顾书摊边和我聊天，能谈一个多小时。我买书只为了看，并非收藏，因此从不注意什么版本，我上高中时才从他那里懂得了什么叫"善本"，什么叫"孤本"，什么译本是好的，什么译本是不精彩的。

有一次他推荐给我一本书，我一看是毛边，以为书页没有裁齐，他告诉我这是一种特殊的形式，以示珍贵。这本书是厨川白村所著《苦闷的象征》（鲁迅译）；还有一本张文成所著《游仙窟》，也是毛边。历经劫难，现在我只剩下了这两本毛边书了，且都是初版，弥足珍贵。我请他吃过一次和平餐厅的西餐，后又请他看过我主演的话剧《骆驼祥子》。过了没多久，他送给了我一本《骆驼祥子》，上有老舍先生的签名，这是他自己珍藏多年的一本书。我才知道他这个书摊经常有大作家光顾。老舍先生、赵树理先生都与他相熟。这本《骆驼祥子》，是他专门请老舍先生签的名，送给我的，令我十分感动，此后他再见我不再叫郭先生而是叫"祥子"了。

有这样的朋友岂不快哉？他若健在，也该八十高龄了。可惜东安市场改建以后，再也无联系了。这样的书摊也从此绝迹。那散发着书香的摊位，只能是昔日的记忆了。

我把书视作人生最宝贵的财富，如生命一样重要！

书劫

你喜欢什么"文化遗产"，觉得是最宝贵的，"文革"就越要把它砸得粉碎，这就是"文革"的"功绩"。

"文革"开始时，我已在劳改农场服刑近两年了。北京家里出了什么事我一概不知，更不知我家里人的下落。两年半以后我才知道，我家早在"文革"之初就被扫地出门，那两万多册书，当然也被全部查抄。失去了书我如丧考妣，整个世界都黑暗了。还不止于此，更残酷的是精神上的销毁，古今中外绝无仅有。一次，我和劳改队的一位难友悄悄谈起文学，从狄更斯谈到泰戈尔，从雨果谈到普希金，我必然得意忘形了，竟毫无掩饰地说，抄家抄去了金银珠宝、万贯家财没有什么可心疼的，可把书抄光了才令人痛不欲生。坏喽！这小子是"深入敌穴""刺探军情"的，他向管理人员做了汇报，这毫无疑问是阶级斗争新动向。我被批斗，我被勒令深挖犯罪根源。书，就是根源。

"文革"中，知识分子多为"软蛋"，我则是"软蛋"中之"软蛋"。我说我是"软蛋"，绝非自贬之词。那时，可怕的还不是外界的压力，而是自身的消磨。当"八一八"红卫兵起来以后，我们一百多个反动学生被揪斗游街，剃了光头，挂了胸牌，低头站在小广场上，被手持各种武器的造反者们包围着。突然一声断喝："跪下！跪下！"男儿膝下有黄金！开初的几秒，无人下跪，站在队前的还有六个反"改造"分子，也没有跪。

事后大家谈活思想时，几乎百分之八十的人想法一样：别人跪我才跪，别人不跪我也不跪。红卫兵们愤怒了，举起各种武器冲向第一个反"改造"分子，乱棍齐下，他跪下了。鲜血溅到第二个人身上，他也跪下了，于是像多米诺骨牌一样，依次都跪了下去。这些"臭老九"们没有一人不会背诵"士可杀而不可辱"，到头来是只求跪着生，不愿站着死！而且每个人都有一个自我安慰的由头：

我不是第一个跪下的。"臭老九"！这个名字起得何等的好啊！真臭！更有甚者，游斗以后，每人要立即写一篇学习《湖南农民运动考察报告》以后的心得：打得好！只有一人未写，他拒绝，而且认为打得不好；结果被一铁棒抢在后脑上，立即鲜血喷涌昏倒在地，醒后也心惊胆战地写了一篇"打得好！"这使我想起很多宁可站着死的光辉形象，如老舍，如邓拓……我曾满怀着"士可杀而不可辱"的信念自杀过，但没死成。

经过那惊心动魄的一幕后，我忽然不想死了，我还年轻。无数朋友都说郭宝昌你没死就对了，否则哪还有"大宅门"？我不知道那段受辱是光荣还是卑劣？我只知道翻阅过去的认罪材料，我依然脸红。当一个人拿起笔攻击自己的父母、家庭、朋友，这不卑劣吗？当一个人拿起笔诛伐自己视如生命一样的书，这不耻辱吗？我还保留着把书作为犯罪根源而写的认罪材料，这些材料是在给我平反时发还给我的。人事部门的同志劝我烧掉，以免以后看着心里不好受，我没烧，不好受就不好受吧，我还没脆弱到一提自己过去的"卑劣""耻辱"就讳莫如深的地步。

摘录几段如下：

> 这个时期我是陶醉在幻想中，而对现实越来越不满。当时的文学课全部是古典文学，我从旧诗中寻求孤高脱俗的境界，并且外请了个清末老翰林讲解古文《诗经》《左传》《战国策》等，使我在文学上强烈地感到今不如昔，而且觉得中国文学从《诗经》《楚辞》时代，随朝代的演变而一步步退化，

到现在居然连老祖宗的话都看不懂了。我感到周围的人都是无知的,并对现代文学做了一概的否定,完全采取虚无主义的态度。不用说我没看过一本政治书,就连现代小说也没看过几本,在这个时期同时阅读了许多黄色书刊,《笑林广记》《拍案惊奇》《金瓶梅》《雌雄剑》《彭公案》《七侠五义》等,竟把这些也视为国粹,使我很长一个时期精神萎靡不振、意志消沉。

…………

我开始大量地阅读十八、十九世纪的西欧文学作品,培养了根深蒂固的资产阶级的个人奋斗的思想,对我影响最大的是《约翰·克利斯朵夫》《红与黑》和《当代英雄》。这个时期也是我大、洋、古的文艺思想形成的时期,我要寻求新的动力,重新开辟所谓生活的道路。看完电影《梅丽小姐》以后,主人公皮巧林的形象给了我可以说是不可磨灭的印象,这个生不逢时、精神空虚的青年,以寻求冒险为人生的乐趣,来刺激他空虚的灵魂。我找来原著反复地读,我在他身上找到了共同的思想基础,感到生不逢时,英雄无用武之地……皮巧林使我振作起来,感到自己遇到困难时的灰心丧气是最没出息的,要有皮巧林的亡命徒的气魄,我有意识地专门吸取糟粕……

…………

《红与黑》中于连的经历,又给我指出了个人奋斗的出路,为了达到个人的目的,应该是不择手段的。只要你有个理想,那么不管用什么手段，不达到目的决不罢休。

....

《约翰·克利斯朵夫》更给了我极大的力量，几乎成了我生活的主宰，我崇拜他的才华、清高、孤僻、个人奋斗的顽强意志……把书中的许多章节、段落背了又背，抄了又抄，并压在玻璃板下面当作自己的座右铭，把个人奋斗看作是人的最高尚的品质……鄙视没有个人奋斗野心的人，他们简直不知道另外有一种生活，这另外一种生活就是个人奋斗，这一条成了我衡量一个人有无理想的标准，这种理想就是最丑恶的资产阶级的无止境的名利。

....

他说："失败可以锻炼一般优秀的人物，它挑选出一批心灵，把纯粹的和强健的抉择出来，使他们变得更纯粹更强健。其余的心灵却因失败而更快地崩溃，或竟丧失了生命的跃进力，在这一点上，'失败'把一蹶不振的大众和继续前进的优秀分子分开了。"

这段话本来没什么坏的地方，但我却对它有极为反动的理解，而对失败的含义却是达到个人野心的目的所受到的挫折，我并没从中吸取正面的东西而舍弃糟粕，我觉得要成为一个优秀人物，就要屡尝失败的痛苦，而把"失败"看作乐事，化作个人奋斗的动力。

在这个时期，我个人奋斗的野心已经打下了牢固的基础。

我真是受害匪浅呐，从这些书中我吸收了最坏的一面，假如说这些主人公在十八、十九世纪还有一定的进步意义的话,那么在二十世纪的今天则完全是反动的,但"名利"已完全迷住了我的心窍,我开始寻求在新社会个人奋斗的道路。

……………

假如家庭给予我的个人主义影响是支离破碎的,那么通过这些书籍系统化了,全面了。我当时颓废的思想状态是极易接受书中一切坏的东西,我感到要成名,必须具备皮巧林的性格,于连的手段,约翰的才华,这三位一体的个人主义的反动的个人奋斗,加上《巨人传》中的反动格言"去做你想做的事",便成了我大学生活对待政治、业务、人与人的关系的准则,这就使我个人主义的名利思想直接与社会主义制度相冲突,我的准则势必要破坏社会主义的制度,我觉得有了名就有了一切,而唯一的障碍就是党、是人民,所以围绕名利,我所作所为的一切都必然是反党反社会主义的……

真叫人脸红!哪儿对哪儿就反党反社会主义?这和那些书挨得上边儿吗?什么逻辑!要说"罪行",对这些书籍的批判才是我的"罪行"——我曾经那么钟爱的书啊!可就那一句"假如说这些主人公在十八、十九世纪还有一定的进步意义的话……"仍被批判为对封、资、修的毒害毫无认识!我实在是认识不了。

无书可读,社会能不倒退?从劳改队出来以后又下干校,一下就是四年。同队的小青年们无聊到快发疯了,知道我读过不少书,便把我弄到一个小黑屋里,锁上门,叫我讲故事,并起誓发愿不会揭发我。而且每次必有茶点、水果招待。我给他们讲《基督山恩仇记》,讲《悲惨世界》《白痴》,这些可怜的孩子听得神魂颠倒,听的人越来越多,岂有不走漏消息之理?

我还做了一件事。有一天我去倒垃圾,竟然发现垃圾池里有两本书,一本下卷的《安娜·卡列尼娜》,一本没头没尾的《七侠五义》,破烂已极,污秽不堪,我却如获至宝。看看四下无人,揣在怀里捡了回去,偷偷地把书清理干净加上封皮,把卷烂了的书角一张张抚平,喷上雾水,压在床下,夜深人静躲在被窝儿里打着手电筒细读,爱不释手。

运动来了,抓"五一六"。我劳改四年什么也没参加过,不知"五一六"运动为何物,却被揪出来第一个挨批斗,罪名是宣扬"封资修"毒素,破坏抓"五一六"运动,其实是杀鸡给猴儿看,以震慑"五一六"分子。我是只死老虎,自然是随便可以揪出来斗。我突然想起捡的那两本书,当时批斗有个毛病,动不动就抄家,集体宿舍谈不上抄家但也可以抄床的,若抄出那两本书就要罪上加罪,必须立即消灭。苦于没有下手之机,我已在专人的监视之下,上厕所都要跟着我。老天有眼,第二天全连集合准备开我的批斗会,我被监押在宿舍,随时准备押进批斗会场。

会场上已唱起了《语录》歌:

凡是错误的思想、凡是毒草,
凡是牛鬼蛇神都应该进行批判,
绝不能让它们自由泛滥,

绝不能让它们自由泛滥。

可巧，监督我的聂××去上厕所。天助我也，焉能错此良机！我迅速抽出床下的两本书，以迅雷不及掩耳之势扔在了火炉里，怕烧得慢，不住地用火筷子翻捅着，火焰起来了，那叫心疼，一种沉沉的犯罪感涌上心头。烧书？我对不起老托尔斯泰。我一辈子只烧过这一次书。每天八个小时弯着腰撅着屁股挨斗，整整一个月，备受屈辱。造反派终于给连部贴出大字报，说放着"五一六"不抓，斗郭宝昌是有意转移革命斗争大方向。我终于靠边儿站了。可我这人是属狗的那一类，记吃不记打，"风头"一过又来劲了。

由于有了捡书的经验，成了毛病，每路过垃圾池我总要贼眉鼠眼，情不自禁地看上一看。我这人有洁癖，遇垃圾必要远而避之，可现在竟对垃圾也有了特殊的感情。老天不负苦心人，居然又捡了两本回来，一本是屠格涅夫的《猎人笔记》，一本是《罗曼·罗兰文抄》。大喜过望，大概是哪位老兄也怕挨批斗，没有烧，却扔了。书页都散了，我重新装订；书脊贴上牛皮纸，用仿宋体写了《猎人笔记》书名，压平翻角，放到褥子下面。这两本书我一直保留到现在，尽管已新书满架，但这两本垃圾堆里捡来的书，我舍不得扔，有感情，它和新书并排放在书架上。这两本书若会说话，一定会亲热地叫我一声："哥们儿！我活着！"我很后悔，斗了我一个月并未"抄床"（也许我不在时早有人翻过），否则，我就有四本书了！

一九七三年我戴着"反革命"的帽子，被分到并不拍故事片的广西新闻纪录电影制片厂。有了十平方米的一间斗室，依然无书可看，亦无书可买；就是有的卖，我也买不起。上有老、下有小，那点儿工资，糊口尚难以维持，还买书呢！改造了那么多年，我反动本性依然未改。

我经常做梦，梦见书，梦见回到我的书房，那份惊喜，那份激动……我惊醒过，哭醒过，方知是一枕"黄粱"！这梦还不能向外人说，一说就成了"变天账""还乡团""贼心不死"，企图复辟资本主义。没有书读，在家里住也是活监狱。没书读的寂寞，是灵魂的寂寞！我无时无刻不在想着我的书，我忍不住回忆自己的存书，分门别类地开了厚厚的一摞书单，就我记忆所及共两万一千八百册。后来我们厂的一位编剧看了，惊奇地说，不要说看这么多书，就是把书名全背一遍也够"牛"的了。每天把这些书名浏览一遍，那也是一种巨大的享受啊！

"四人帮"倒台，上街游行，我喊哑了嗓子，三天说不出话来。一年以后的一九七七年夏，我突然接到北京"落实办"的通知，发还全部查抄书籍。我惊呆了、傻了、疯了！我哭，我笑！对政府的那份感激之情，无法用语汇形容。我没钱。从南宁到北京，硬座火车票也要七十多元，俩人的工资也只能够买一张票。借钱也得去，借不到我走也要走到北京！

我借到了钱，朋友们和我一样高兴。我终于踏上了北上的列车，两天一夜我只是坐在车上发呆，一分钟都没睡，我只警告自己看见书不许哭。一回到家，妈妈知道我来领书，她十分兴奋。她估计查抄的金银财宝、全部存款也差不多该落实了。可我脑子里全是书。

第二天一大早我借了一辆自行车，请了几个人蹬着三轮、推着斗车、拉着平板直奔国子监。负责人拿着我的书单把我领了进去，一进大院，令我瞠目：院里人来人往，混乱不堪，四周的大殿里，从地下一直到殿顶全是书。国子监，那是文化圣地呀！真是充满了书香，我的心快跳出嗓子眼儿了，可接下来的事情却叫我差点儿没得心脏病。

东廊子上挂着一个牌子：东城区。负责人把我领到殿门口，交代了一下就走了。殿内很多人在捆扎书籍。门口站着四个彪形大汉，光着脊梁，流着汗水，只看了我书单上的最后一行便高喊"两万一千八！"在殿内的一片呼应声中，一捆一捆的书像起猪圈一样地被扔了出来，不论薄厚，一捆都是四十本；于是有人喊数儿，有人记数儿，雨点般地从门口、从窗口扔了出来。四个大汉，明显的有使不尽的力气，头都不回地往背后扔书。

"一捆、两捆……十捆……七十二捆……"他们大声地吼着。

我心疼地想一捆一捆码好，可根本来不及，我忽然发现扔出来的书根本不是我的，有《高丽妇女史》《内蒙古草原史》《世界图书馆史》……肯定是一位史学家的书，书当然是好书，可都不是我的，也不是我需要的书。我忙大喊："等等！等等！"几个大汉停了手奇怪地望着我，我说你们扔错了，这些书不是我的。

大汉说："我们不管是谁的，不是两万一千八吗？我们就管数儿！"

我急了："您按书单子找啊，我把人家的书拉走了，人家来了怎么办？"

"你要不要吧？"

"当然要了！我要我自己的，上边儿都印着我的名字呢！"

"没法儿找！要，你就拉走，不要我立马儿扔回去，要不要？要不要……"

大汉愤怒了，瞪着眼，歪着脖，声色俱厉，头上青筋暴露像审犯人逼供似的连珠炮一样地问我。我真蒙了，有这么对待书的吗？有这么对待读书人的吗？国子监历来是人文荟萃之地，自打有国子监那天起，也不曾发生过这样的事吧？这落实的叫什么政策！我知道秀才遇见兵，有理讲不清，我只好哀求他们再帮我找一找。大汉说没工夫啰唆，要不要……要吧？我拉回去没用；不要吧？可能连这些书将来也得不到了。咬了咬牙，要！

"七十三捆、七十四捆……一百〇五……一百八十六……"

一捆捆的书又雨点般地扔了出来，我哭笑不得目瞪口呆地望着，我是欲哭无泪啊！假如说劳改时认罪、服罪、深挖犯罪根源，是精神上的被"践踏"，那眼前这一幕却完全是形象化的"践踏"；文化被施暴，文明被摧残……受害者无能为力。大汉们是没错儿的，他们只负责月底前把大殿腾空。我垂头丧气地把书装车，临行时又要求负责人帮我找一找我的书，他说试试看吧，不一定行了，也许你的书早已被别人拉走了。

把书拉回家我又傻了，"文革"中我家被扫地出门，现在只住七平方米一间小屋。床上、床下、柜顶墙边都堆满了书也不过只放了十分之一。看着小山一样的书，我的激情早已荡然无存，只剩了发愁了。只好去求亲戚朋友，每家存一部分，再将一大部分托运回广西。忙了几天才安顿好,我又依次整理了一下书籍,居然有一捆是我的书:那是《诗经》《楚辞》《石头记》《文心雕龙》《二十年目睹之怪现状》《历代文选》《洪深文集》等等,四十本。我燃起希望,又挨家挨户逐捆逐捆地找我的书,再无所获。我再奔国子监,迎头一瓢冷水,大殿早已空空。

　　回到广西南宁家中,十平方米的小屋里又是书满为患,连下脚的地方都没有。那些书都不是我需要的,我还幻想着万一他们找到了我的书,我好拿这些书去换。半年,我的朋友们不耐烦了,叫我丢掉幻想,准备卖书!因为朋友来连坐的地方都没有,而且北京传来消息,我妈妈,还有我的亲戚朋友都不能再忍受书的"压迫",已由我母亲做主全都当烂纸卖了。落实政策遥遥无期,我妈妈生活拮据,正好用卖废纸的钱补贴柴米油盐、青菜萝卜。我的朋友说了一句:"郭宝昌,你必须立即改变这种书贩子的状态!"于是领来书店收购旧书的人,一部分折价收购,大部分卖了烂纸,所留不到百本,我书香满室的美梦再次彻底破灭!

　　以后新书逐渐发行了,我买不起,借的债还还不清呢!直到改革开放以后,提了工资,才节衣缩食地买几本书回来。九十年代后,才放手买书,现在,我又有几千册书了。然而这十几年的书劫,每当思及却仍耿耿于怀!

书节

　　改革开放以来,北京每年都要举办一次书市,大多在劳动人民文化宫。我一直把书市当作书的节日，也是读书人的节日。

每逢书市，几乎所有的出版社、书商都要亮相，摆出自己看家的好书，各有特色，争奇斗艳，琳琅满目，美不胜收，这是读书人的乐园。你可以站在书摊前，和摊主聊聊出版业的近况；你可以和不相识的书友谈谈近日又有什么值得一看的书；你也可以揣两个面包，拿瓶矿泉水穿来穿去尽情浏览，即使一本书不买，溜达上一天，那也痛快、过瘾，也是一种享受，那是只有读书人才能感受到的一种情趣，一种特殊的氛围。

书市不同于书店，犹如现在的"超市"一般，进去一趟，什么日用百货、家用电器、衣服鞋袜，以至倭瓜茄子全可以买到，省却了东奔西跑。我由于所从事职业的特殊性，一年到头流窜于大江南北，偶尔在京赶上一次书市也不容易，但只要我赶上，我是必到书市走一遭的，过节嘛。

可近两年逛书市，却感到味儿有点儿变了。

那年的书市在地坛。吃完早点，我兴冲冲地奔向书市，还没走进书市便听到了里面的一片吆喝声：

"快来买！快来买！十块钱三本，便宜啦便宜啦！……"

"瞧一瞧！看一看！二十块钱买一套！……"

"贱卖了嘿！全部四折！……"

我以为走错了门儿，是不是到了农贸市场？进去一看，没错，书市。吆喝声此起彼伏完全像卖西红柿和烂菠菜的，这是怎么了？我的兴致立即化为乌有。无可否认，市场上流通的书是商品，书上有标价，你总要付人纸张、印刷、市场流通的钱嘛，可买回来的是知识。书是什么？是写书人情感的抒发，是一种人格的自我完成。他想向读书人说点什么，或者根本不想说点什么，只是抒发了，读书人却从中有了共同的感知，甚至理解了他的价值，于是有了沟通，它跨越时间、跨越国界，它是永恒的。于是买书、卖书、读书、藏书变得神圣起来，这和卖西红柿、烂菠菜完全是两回事。我惊讶地望着吆喝叫卖的摊主竟不敢靠前，我没有闻到书香只嗅到"铜臭"，太恐怖了！而且所有的书摊都大同小异，毫无特色。

我深深地感到了出版业的萧条与艰难，摆出的书大多是沉积库底多年滞销的老古董。书价折得可怜，我怀疑是赔本儿赚吆喝，而且这些同样的古董几乎占据了一半书摊的显眼位置。摊主们卖力地吆喝着，擦着不住流下的汗水，我眼前立即幻化出国子监那四条大汉，按年龄推算，我又怀疑这些摊主是那四条大汉的后代。

话又说回来，和那四条大汉一样，这些吆喝者也是没错儿的，他只管将书抛出，将钱收回，或许卖多了有提成或奖金，这是他谋生的手段。至于书是否香，是否神圣，是否抒发了情感还是有无沟通，关他鸟事！我被摊主们认出来了，于是大声呼叫着我的名字，呐喊着"十块钱三本儿"，我若买的话还可以便宜些。又是一个哭笑不得，我说我并不在乎书价高低，我需要的书再贵我也买，我不需要的书你按烂纸价称给我，我也不要。摊主们立即向我推荐别的书，大部分是"厕上文学"和"垃圾文学"，假如也能叫文学的话。

一个二十几岁的小姑娘向我推荐"性"文学系列。这本也没什么，可那种诡秘，叫人浑身起鸡皮疙瘩。这又使我想起了老东安市场的书摊主李先生，真是一个时代过去了。一个书摊、一个书市反映着一个民族的文化素质,书市要这样延续下去,我想,我不会再光顾了。经历了那么多年的"书劫"以后,什么时候能再有真正的书的节日呢?我们的恋书情结是永远不会变的。

这次书市我只买了一套《太平广记》,只花了三十元,我怎么算也觉得这连成本都收不回来嘛!

戏迷传

说起二十世纪五十年代的戏迷，概念上来说就是现在的"追星族"。我们当年也不过是十四五岁，若说追星，现在的小青年比起我们当年来恐怕还差一大截子。当时还没有流行歌曲，偶有港片，也有年轻人学着唱"三棒鼓""三炷香"之类，但形不成气候，更多的是京剧迷。当年我们追星之痴迷、之疯狂、之惨烈，和现在的年轻人说起来，他们都表示愕然，至于吗？京戏有什么好看的？你别踩乎我，你现在追歌星，我很理解，那些"哥呀妹呀""你情我爱"呀，很适合你们这种年龄人的心态，你们有了一个情感发泄的渠道，这太合理、太正常了。而我们当年对戏的迷恋，那是因为京戏（实际上可说是戏曲）太有魅力、太有学问、太美了，你看不出来那是因为你不懂。

我一直纳闷儿，中国的中、小学教育为什么不增加戏曲常识课？有位首长说"京剧要从娃娃抓起"，那指的是对演员的培养。我想"戏迷"的培养也要从娃娃抓起，开戏曲课，叫孩子们看录像，告诉他们为什么《三岔口》两个人摸黑打架，却不把舞台灯光全关掉。告诉他们为什么《秋江》的老艄翁拿把船桨和陈妙常晃来晃去，就让你感到满台都是水，这都是中国传统美学的精髓。孩子们求知欲强，有好奇心，你引导了，他就会去看、去学。要培养出一代代的戏迷，京剧才有观众——没有观众弘扬什么民族文化？

我从小最早接触的舞台艺术就是京剧。我家是大宅门，在北京重要的戏园子里都有我家的长年包厢，平时是空着的，只有重要演出，我们家老爷子老太太才去看，那空着的时候，就成了我的世界。年龄小，看不懂戏只看个热闹，我最不爱看的就是青衣咿咿呀呀没完没了，只喜欢武戏，特别是猴戏。高小以后喜欢花脸，继而老生，中学以后迷恋上花旦、青衣，不懂没关系，架不住长年熏陶、耳濡目染，不但入门儿，而且会唱了，《武家坡》《坐宫》《卖马》……一段儿一段儿经常被大人们点唱，后来就专门学花脸了。

我当年嗓子好唱到六半儿调，为一班戏迷既羡慕又嫉妒，于是组织业余京剧团、拜师。高中以后才品出京剧之博大精深，学问无穷，钻到里面出不来了，这是大海，一辈子也研究不透，至今也不过学点儿皮毛而已。大学以后我做了约十几万字的笔记，可惜"文革"中全遗失了。

我这个戏迷与别人还不一样，我什么都迷。除每星期至少看五场电影以外，还要看三至四场戏。

话剧，我几乎视作老本行，北京人艺的经典剧目最少看过三遍，多则五遍。我能把《茶馆》的整个剧本背下来，于是之、英若诚、方琯德、舒绣文、胡宗温等等，都是我心目中高山仰止的形象。

芭蕾，除"芭校""芭团"的全部演出外，外国访问团体如"新

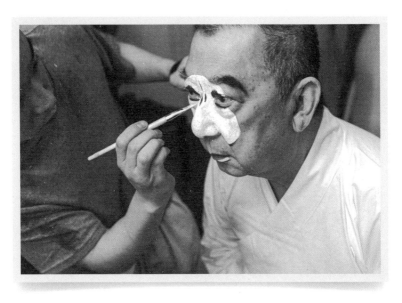

我从中学开始票戏,拜了师,学的是花脸。可我什么都唱,票友,玩儿嘛!

西伯利亚""蓝伯特""松山树子"以及"乌兰诺娃"专场我无一漏过。

曲艺，我是"前门小剧场"的常客。那时还是计时收费。不但听相声，还多次上台说相声，特别是天津曲艺团，骆玉笙、花五宝，都是叫我魂牵梦绕的巨星。花五宝一曲梅花大鼓《探晴雯》叫我三日不知肉滋味。

评剧，新凤霞的《无双传》，她在台上热泪盈眶，我在台下掩泣呜咽。我从画报、报纸上剪下的新凤霞、李忆兰的照片和剧照赫然贴在我的床头。

歌剧，从初期的《刘胡兰》《王贵与李香香》到后来的《茶花女》《货郎与小姐》，我一场没落过；李光羲、娄乾贵是我心中之偶像。当时每年都有很多外地剧团进京演出，没有两下子的敢进北京吗？

婺剧晋京，我连看了一个星期，学校的晚自习全去他的了。

川剧晋京，我追着一直看到他们离京，晓艇、晓舫、周企何使我神魂颠倒。秦腔、汉剧、粤剧、越剧、高甲，真是看不过来的精彩纷呈。

扬剧晋京，我看得目瞪口呆，回到学院向老师建议鼓动同学都去看，结果学院决定把扬剧团请进门演出了专场。一出《鸿雁传书》倾倒了全院师生。

可以说没有什么我不看的，而且看了就入迷，我属于那"全面追星"一类。

如此这般，还有时间上学吗？没有！"正经事"还干不过来呢，哪有时间上学！于是逃学、旷课、写假的假条，而且带了一帮戏迷逃学。前不久与中学几位同学聚会，他们还说："郭宝昌！我们那会儿逃学全都是你带的！"

光看戏还问题不大，都是晚上或星期天日场，顶多晚自习不去，可要看戏，就得买票；你要买好票，就得白天提前去排队，好戏则更要提前，否则你根本买不到。

所谓"提前"这个概念不是提前一两个小时，而是十几二十小时。我最长一次排过二十八小时，从早上八点到第二天中午十二点，那是梅兰芳先生的《霸王别姬》。数九寒天，北风呼啸，穿上皮大衣戴上皮帽子，揣上个干烧饼，往剧场门口售票处一坐，苦不苦？苦，可苦中有乐。

提前这么久排队买票的都是大戏迷，久而久之这些人都成了熟相知，偶尔有谁没来，大家便会关心地询问，是否有事？病了？而且还要在排队的登记名单上先给他排个号。然后坐在一起开始侃戏，梨园界的种种奇闻轶事全在这里集中，精神大会餐，名角儿们便成了大菜。谁谁创了新腔，谁谁台上出了错，谁谁排新戏了，谁谁跟谁弄了一腿正闹离婚呢。先是十几人侃，继而二三十人，最多能有六七十人围得里三层外三层地侃。一般来说我是主侃，还有一位住在南池子北口的姓穆的胖女人也是主侃之一，她最舒服，一天两顿饭家里有人送。我则不行，因是旷课，根本不敢叫家里知道。其实我家是大宅门，与梨园界交往甚多，每到重要演出都有人送票来，而且家里很少有人去，这个票我是不要的，必须去忍饥挨饿地排队买票，这不贱骨头嘛！可就是为了享受那点儿苦中的乐。不是戏迷那是很难理解的,而且得迷到一定的程度。

这是一种什么程度呢?一九六一年初春,梅兰芳先生在吉祥戏院"贴"演《穆桂英挂帅》,谁也没想到这就是他生前对外公演的最后一场。我没有票,早早儿地便跑到"吉祥"门口,等退票,从东安市场门口到"吉祥"门口等退票的简直是人山人海。也怪了,这天竟然没有一个退票的。忽然看见了马连良和言慧珠过来看戏,因为都很熟,马先生叫我小弟弟,问我是否没票?我说有,他说没有就和我一起进去,我仍说有,在等个朋友。马先生进去了,我立即被等票者围了起来,说我等的那人若不来则把票让出。我忙说我没票,但没人信。

一个矮个子的东北人问那不是马连良吗?我说是,他说你没票为什么不跟他进去?我说只想过一过等退票的瘾。他仍不信,拿出了两张火车票说:"同志,我从东北来,你看,这张是来的,今天中午到北京;这张是走的,明儿一早儿的火车。这次专程来看梅先生,没想到,还没上火车的时候,北京的票就卖完了。你行行好,把票给我,我只进去看一眼,只要看见梅先生在台上一站,我就出来把票还你,要不然我还有什么脸回东北。"言辞恳切,周围的人也都帮他说情,我说我真没有票,要不这样,只要有一张退票,不管谁拿到都让他进去看一眼好不好?大家异口同声地表示同意。东北人很感动。

开演了,等退票的人走了不少,剩下的也还有百十来人,只要有个过路的,都会围上去问有无多余票。那个东北人焦灼不安,显然耐不住了,就跑到入口处求看门人,能否让他进去看一眼梅先生,只看一眼就出来，看门人不允，东北人说就一眼，说话算数，要不就让看门人押他进去，看一眼再押出来。这引起了所有等票人的同情，都帮他说情，看门人不耐烦了，说绝对不行，要是都进去看一眼，剧场不乱套了吗？大家立即喊道："我们不进去，叫他进去，叫他进去！"看门人无动于衷。我愤怒了，振臂高呼："叫他进去看一眼！"所有人全都响应，振臂高喊："叫他进去看一眼！"很像当时的反美示威游行，看门人吓坏了，以为要"暴动"，连忙退了进去把大门关上了。东北人垂头丧气，看来毫无希望了。这时一件奇怪的事发生了。

一个金发碧眼的外国女郎匆匆走来，非常漂亮，到门口东张西望了一下，好像找什么人没有找到，便走到一边慢慢踱起步来。我知道外国人都非常懂礼貌，戏已开演绝不会中途进场，肯定是等中途休息再进去了。她肯定有票，但我没有敢上前问。我也无聊地在边上踱来踱去。旁边的一间小铺的收音机在播放裘盛戎先生的《铡美案》，我一边走一边小声地跟着唱。那女郎便不时地扭头看我一眼。那时我才二十岁，还有点儿模样，不像现在这么困难，西装笔挺，皮鞋锃亮，穿一件进口的日本风衣，蛮帅，也不时地回头望一眼女郎，打住——只是友好地望一望，绝无别的意思。

上半场结束了，剧场门开了，有些观众走出来透风，等退票的只剩了四五十人。只见一个人手持一张戏票走出，人们立即围上去，那人却向外国女郎招招手。女郎走过去和他说了几句什么，显然那人是翻译，大概是她不看了，周围的人立即伸手抢票，我还远远地站在圈儿外，只见女郎突然回身向我招手。我受宠若惊地走上前，她向翻译示意把票给我，那翻译惊愕地望着我把票递给我，我连忙道谢，女郎摇摇手微笑着走了。所有等退票的人都羡慕地、嫉妒地、惊诧地望着我。我一回头看见了那个东北人，他正企盼地看着我，两只眼瞪得跟灯泡似的，我立即把票给他说："你进去吧，别看一眼，十眼八眼都行，看够了本儿再出来，这戏我看过。"只见他接过票，登时热泪滚滚，一下子跪了下去喊道："恩人呐！"弄得我心里酸酸的，忙拉起他叫他进去了。这一动作使在场人无不感动，本来乱哄哄的，一下子变得寂静无声。

没一会儿只听有人叫："同志！同志！"大家忙四下张望。吉祥戏院里面的厕所就在售票亭旁边，墙顶上有个很小的窗户，很高。只见那位东北人趴在小窗口向我招手，我忙走过去，他把手里的票扔了下来，人又消失了。他是跟着外面休息的观众乱挤进去的，那张票根本没撕。我忙走进去，他从厕所中出来又道谢，我说你没票往哪儿坐？他说剧场后面、走廊两旁都站满了人，都没票，叫我不用管他。

戏又开演了，我的座位在楼上一排正中间，真是好座儿啊！周围坐的全是外国人，那位翻译就坐在我旁边，他仍满腹狐疑地望着我问：

"你认识她？"

"不认识。"

"她为什么把票给你？"

"我怎么知道，你去问她。"

"你是干什么的？"

"戏迷！"我十分自豪地说。

演戏中间，我看见旁边的外国人都不时低声问翻译什么，大概他不懂，总是摇头显得有些狼狈。他突然扭头向我问："嘿，戏迷，上边儿唱的是什么？"我立即解答，他便扭头向外国人翻译，我索性把演员的表演动作、唱腔板式、龙套的调度、锣鼓的象征含义一一讲给他听，他便不停地翻译，直到终场。翻译高兴了，他说："你肯定是唱戏的，你把我救了！"周围的外国人也都向我竖起了大拇指。

这是我等退票的经历中最得意、最好玩儿的一次。假如我从家里拿一张票或跟着马先生走进剧场，那还有什么乐儿？你说什么程度——到了这种程度那才叫真正的戏迷！其乐无穷啊！

我每天早上上学前头一件事是先看刚来的报纸，如无什么可看的戏则骑车上学，若有好戏，对不起，蹬车买票去了。有时碰到先后两天的戏都在同一天卖票，那就难了。有一次正赶上首都剧场是苏联新西伯利亚芭蕾舞团的《堂·吉诃德》，而人民剧场则是俞振飞、言慧珠的《奇双会》，上哪儿？夜里十二点我先奔了人民剧场，已是人头攒动，排了一会儿队心里不踏实，终于当场五元钱雇了一个人帮我买，我又蹬车去了百货大楼。真奇怪，在首都剧场演出却在百货大楼卖票。到了王府井已是夜里两点，队已经排得很长。第二天中午总算买到了，这样，两边儿都没耽误。

最惊险和好玩儿的一次是一九五六年，"北京京剧工作者联合会"成立大汇演，演员阵容一个不落地囊括了在京的全部大腕儿，那还了得，整个儿北京炸了窝了。可奇怪的是报纸上就是不登在哪个剧场演和哪天卖票。大概是出于安全的考虑，怕出事。就剩最后两天了，我们一帮戏迷哥们儿急得直撮蹦儿。第二天肯定卖票，否则没时间了。于是我们开了一个会，约有二十人吧，决定夜里分兵一半儿守在报社门口，另一半儿分守在十个剧场门口；报纸一出门儿，看准了地方，立即分头通知各处哥们儿到卖票的地方集中，跑不出这十个剧场。至少我们有一个人先守在那儿了，就好做手脚了。我是守在长安戏院的。

大约清晨四点钟左右吧，一哥们儿蹬车飞快而来，大叫："中山公园音乐堂！"很快我们的人在天安门前集中了。排队的已有上百人了，我们立即登记造册。我拿个本子逐个儿写上姓名，而且每隔十人便留一个空号，以备我们再有人来，没人来也可以重复买票，买得多就可以拿两张次票换一张好座位的票。每半小时点一次名，一次不到则除名。我只管前一百名，后边的人让别人张罗去了。上午十点来了很多警察，站成两排把买票的人夹在中间。十二点卖票了，一反惯例，不许挑座，每人两张，把钱扔进去，两张票扔出来，走人！

演出当晚，中山公园从里到外人满为患，拿着票往里走那真是威风啊，无数冒着火的眼睛盯着你呢！有倒黑票卖高价的，懂行的看准一个人捅一下，相跟着走到僻静处安全交易。有不懂行的，刚喊出俩字"谁要……"立即有七八十人拥上，如打群架一般乌烟瘴气，地覆天翻，最后根本不知道票上哪儿去了。等人散开，再看那卖票的，毛发直立，灰头土脸地从地上爬起，衣衫破烂，还丢了一只鞋。这是我见到的最悲壮的抢退票场面。我的座位在十排中间儿，我拿两张票想换个前排的，居然谁都没有。进了剧场才明白，前九排根本没卖。朱德、周恩来……大概除了毛泽东，中央首长全来了，简直能开党代会了。

买票当然是乐儿，真正的享受还是看戏。还没走进剧场呢，先听见里边儿锣鼓响了，立即顺着尾巴根儿往上长气，腰也直了，胸也挺了，这一天又不白活了！听戏最过瘾的是叫"好"，这是在戏院里可以和台上演员直接交流的机会。看电影行吗？你叫"好"，演员也不知道啊。喊"好"，学问大了，"好"字一出得兜足了底气，干脆果断，恰到好处；早了不行，晚了把后边的戏搅了；"好"字得叫得台上的角儿听得见。听戏的一听你叫"好"，就知道你是内行还是外行！喊的不是地方，观众会嘲笑你、瞪你。弄不好还得茌架。

当时我们一帮小哥们儿正在捧马长礼（即后来样板戏《沙家浜》中演刁德一的演员），有一天在北京剧场看他的《文昭关》。那天他也不知怎么了，是没睡好觉还是肥肉吃多了，嗓儿不灵！不管那一套，从出场的"碰头彩"起，一路给"好"，前边儿"一轮明月……"还凑合，中间儿"鸡鸣犬吠……"已是力不从心，等到了"父母冤仇……"时，已经是声嘶力竭、上气不接下气了，那也叫"好"。前边隔两排还有一帮戏迷，早就忍不住了，不时地回头瞪我们。虽知理亏，我们却也不肯让步，那帮人忍无可忍终于大喊："嘿！懂不懂戏嘿！"我们立即顶回去："你懂！"那帮人说："懂什么叫'好'吗？"我们更来劲了，故意大叫"好！"那帮人愤怒已极大叫："不懂戏的滚出去！"这真是找碴儿打架了，我们也大喊：

"你滚出去!"剧场服务员忙跑过来制止:禁止喧哗!好多观众站起来往这边儿看,那帮人还不依不饶站起来说:"走!出去!"出去就出去!谁怕谁!两拨人走出剧场,两军对垒,开始推推搡搡。忽然又从里边跑出一个人大叫:"都是自己人,自己人!"经他介绍这才化险为夷,回到剧场马长礼戏也完了。马长礼到下边儿来找我们说以后看戏就找他,甭买票。那会儿长礼还没红起来,知道的人少,大戏还站不到中间儿。

一天在长安大戏院上演马连良、谭富英、张君秋、裘盛戎的《龙凤呈祥》,长礼只演戏不多的诸葛亮。在家吃完饭临出门儿前,我和我妈说我今儿坐头一排,您在家里听收音机里的直播吧,您能听见我叫好。果然,散戏回来,我妈说听见我喊了,"就数你嗓门儿大。"我很得意,我妈又问:"演诸葛亮的是个什么角儿,一出来那么多人喊'好'?"我说是马长礼,我妈说这人没听说过呀?我说我们一帮哥们儿正捧他呢,他准红!

戏一演完,每次谢幕我们全体都要拥到台前不住地叫好,直到主角儿把头揿了才作罢。

有一次我们忽发奇想,要捧裘先生的琴师汪本贞,绰号"小蘑菇"。那天是裘盛戎的《鱼藏剑》,谢幕时,头都揿了,我们开始齐声大叫:"汪本贞!你快出来!""小蘑菇!你快出来!"这在京剧谢幕史上恐怕是史无前例。汪先生早夹着胡琴走了,管事的又把他追了回来。他夹着胡琴神情惶惑地走出来,口中喃喃地说:"谁呀,这是?"我们雷鸣般地鼓掌叫:"好!"

我们这帮人看戏,带有强烈的个人色彩,对演员的崇拜是不可动摇的。一九五七年戏曲界划了一批右派，叶盛兰先生也未幸免。当时杜近芳从国外归来"贴"演《拾玉镯》（是在国外得了奖），前边垫戏是叶先生的《辕门射戟》，这不欺侮人吗？我们那天去了有三十多人，全在休息室聊天等候，前边儿的戏不看。叶先生出场，"射戟"一上，我们三十多人突然拥进场内，惹得观众都押着脖子看我们，不知出了什么事。叶先生一出场，轰鸣般地叫"好"声就起来了，此后是一句一个"好"。戏一完，三十多人立即起堂撤出剧场，下边的戏不看了，又惹得观众都看我们。倒不是对杜近芳有意见，对她我们同样崇拜，只是想为叶先生拔闯，谁叫你把他划成右派呢！我们全体跑到剧场门口等叶先生卸了妆出来。他刚一露面，全体大喊："叶先生好！"吓得叶盛兰低着头匆匆跑了。这就是戏迷！

我第一次听程砚秋先生的《荒山泪》，听傻了！一连三天迷迷瞪瞪，吃饭、睡觉、骑车、上课，脑子里全是程先生的腔和旋律，方知什么叫"余音绕梁三日不绝"，真是"此曲只应天上有，人间能得几回闻"。

一九五六年，程先生去世，我悲痛欲绝，一天没吃饭。我给程先生戴了三天孝，一到学校同学们问我你们家谁死了，我说你们家才死人了呢！问我给谁戴孝？我说程砚秋。又问程砚秋是我们家什么人？我说不认识。夜里我妈端着饭碗说："吃饭吧，宝，吃两口，程砚秋死了你干吗不吃饭啊？"我心里堵得慌，吃得下去吗我？这就是戏迷！

崇拜一个演员，就是演员的缺点也不许别人说。有一次在民主剧场看谭富英、裘盛戎、张君秋的《二进宫》,徐延昭唱"说什么……"时,谭先生站在一边没事儿,突然用拇指摁着鼻孔左右开弓擤了两下鼻涕,我旁边坐着一位解放军叔叔,惊讶地问我:"这是谭富英?"我说是,他说:"谭富英怎么还擤鼻涕?"我没好气儿地说:"怎么了?谭富英就不许擤鼻涕?"吓得解放军叔叔不敢再问了。

谭先生晚年唱戏确实不太认真,每场只要把该要的"好"铆足了劲要下来就行了,其他的就稀松平常了。我们照样崇拜,就听那几句就值了,没白来,其他不要紧的地方铆足了劲又怎么样?这就叫连谭先生的缺点一块儿爱,中国不就这么一个谭老板嘛!当然,也有翻车的时候。一次在中和戏院听马连良、马富禄、罗蕙兰的《审头刺汤》,这戏必须内行听。全剧马连良除了"大炮一响人头落……"两句唱以外,全是白口,外行自然听个云里雾里,那天也怪了,怎么也叫不起"好"来。原来以为下面全是外行,戏越唱越水,马富禄唱到"刺汤"一场一起"扑灯蛾",简直就是吊儿郎当了,谁知那天下面净是内行,戏一完全跑到售票处要求退票,群情激愤,直到剧团管事的出面赔礼道歉才平息下去。那天我们一帮哥们儿只站在旁边看热闹,没加入起哄的行列,我们从来不哄角儿,更何况我与马先生私交甚厚。

光看戏不成,真要过瘾得"票戏"。票友票戏真是五花八门。天津有位哥们儿有一张祖传的大锣,音儿好,每去听戏,必夹着锣去后台,求打锣的师傅用他的锣。师傅一敲果然不同凡响,留下了。他下台一坐,不是听戏,光闭着眼听锣,大锣一敲他便闭着眼大喊："好锣！"这也是戏迷，专门儿票锣。

我从中学开始票戏，拜了师，一位是北京五中的美术老师、侯喜瑞大师的徒弟冯景昶。一九五七年在中和戏院听侯老的《战宛城》，冯师特别带我到后台拜见了师爷爷侯老。还有一位师父是北京一中图书馆的老师何少武，学的是花脸。可我什么都唱，票友，玩儿嘛！"生"，我唱过《凤还巢》；"净"，我唱过《姚期》；"末"，我唱过《捉放曹》；"丑"，我唱过刘媒婆，好玩儿。

那时我家有钱，一台戏租戏箱（都在"三义永"租）四十元，若加靠加蟒，再加八元；租场面（即乐队）二十元，租剧场（一般在猪市大街弓弦胡同礼堂）三十元；再加上茶、烟、点心、水果差不多得一百元，我先垫上。卖票三毛、两毛、一毛，一场下来可卖一百一十元左右，多出十元吧。演完戏我拿这一百一十元请全体参加演出者和帮忙的人到饭馆撮一顿，所以大家都愿意跟我票戏。每场戏我至少买五十张票，撒给朋友，这叫"红票"，剧场内各个位置都有我的人给我叫"好"，自然是"好"声不断，那是什么劲头！还拍了不少戏装照，可惜"文革"中全毁了。

九十年代初，北京京剧院的孟俊泉先生，还亲自给我勾脸，特意带师傅到我家来为我拍戏装照"姚期"和"诸葛亮"。进了电影学院我还演过《女起解》（崇公道）、《扯旨》（牛皋）、《打渔杀家》（肖恩），只是长相难了点儿，没唱过旦角儿。我还写过两个活报剧形式的京剧剧本，一是《金龙纸虎斗》，剧本早已不知去向。谁知二〇〇〇年记者采访我的一位同学，他居然拿出了保留了三十多年的这个剧本，使我喜出望外；另一个是《打鬼》，是在"有鬼无害论"时写的。

为了上台票戏就得练功。我家里,水纱网子,靴子髯口,马鞭把子,什么都有。唱片成了堆。每天拉胡琴,天不亮就到筒子河边喊嗓儿,夜里在院子里耗山膀、下腰、劈叉、打飞脚,可是下了不少功夫。要不是家里拦着,我非"下海"不可。我妈妈警惕性极高,小时候郝寿臣先生(北京戏校校长)住得离我家很近,知道了我,曾找来要我进戏校,被我妈严词拒绝。中学时我已是东城"名票"了,唐远之先生又带我去见欧阳予倩,劝我"下海",回家一说被我妈妈劈头盖脸臭骂一顿。我立志要娶一个唱京戏的女人做老婆,也怪了,我的太太柳格格正是山东艺校毕业,唱花旦的,只是改了行搞影视了,也算如愿以偿啊。试想,和一个不喜欢京剧的人结婚过一辈子,那得多痛苦!

除了买票、听戏、票戏以外,戏迷的另一大爱好就是攒"戏报子",现在叫节目单。这里边的乐儿可大了。十几年间,我攒的"戏报子"再加上我养父从民国时留下来的,足足有一大箱子。一张杨小楼、郝寿臣的《甘宁百骑劫魏营》"戏报子",叫多少戏迷看得直流哈喇子!每到星期天,吃过午饭我就要把"戏报子"取出摆好,床上床下、沙发、地毯,简直是铺天盖地。戏迷们来了,一个个都夹着一摞"戏报子",我家便成了"戏报子"的交易市场,讨价还价互补有无。比如这两张换你一张,这一张换你三张。有个小子看中了我收藏的三十年代赈灾义演的戏单,那是以梅兰芳先生领衔的演出。我有两张,他拿出三张我没有的来换;可那三张很多人都有,不稀罕,我找谁都要得来。又拿五张都是大路货,我拒绝,他愤怒地走了。

　　过了没几天，我去圆恩寺影剧院看戏，是谭富英的《桑园会》、裘盛戎的《牧虎关》，那时节目单都放在剧场前厅一进门迎面的桌子上，入场观众自己拿，没有人管。那天进门一看桌子上空空，以为还没放出来，等了一会儿不见拿出，人越来越多，纷纷找到服务员询问。他说早就拿出来了，所有人都说没看见，他"二乎"了，忙又进屋去拿，可又两手空空地出来起誓发愿地说确实拿出来了，总不会不翼而飞吧？无奈，只好写个牌子竖在门口，向观众道歉。大家都很扫兴。快开演了，忽然看中我戏单要拿五张来换的小子在我身后拱了我一下，我一回头，他闪电似的把他紧裹的大衣掀开了一下叫我看。老天爷！全部"戏报子"厚厚的一大摞都裹在他的大衣里，我惊愕地问他："这是干什么？"他狞笑着说，回家我就全烧喽，只留两张，拿一张换你那张！这简直就是土匪、流氓无赖，这不疯了吗？这就是绝版，你换不换？忒损了！此后，这样的事情在各剧院连续发生，引起了剧院的警惕，从此节目单有专人看管了，站在桌前每人发一张。这些小子岂肯甘休，为了多拿几张以备交换，于是化装，戴着帽子领一张，摘了帽子再领一张，穿着大衣领一张，脱了再领一张，也经常被认出，遭服务员训斥一通。

　　在所有戏迷当中，"戏报子"收集最多、最全、最有价值的（比如，解放以后每个新建剧场的开幕首场演出的节目单，比如某个名角儿临去世前的最后一场演出，某个剧团成立的首场演出，某个名角儿加盟某团的首场演出，某个名角儿病了没能参加的演出，甚至不公开的内部演出；那就是北京市几十年舞台演出的活历史、活见

我扮过丑角

也唱过诸葛亮

证），那就是我了，名气很大，以至于惊动了中国戏剧出版社的领导。《戏剧报》的一位干部专程登门找我希望我贡献出来。姥姥！我拒绝了。他又拿出一本精装的《郝寿臣脸谱集》用来交换。那时这本册子要卖七十多元，很贵的了。我笑着从书架上拿下两本，一本精装一本平装。我早就有了。他无奈地走了，并希望我再考虑，说这将是我对戏剧事业的一大贡献，非常有意义的事，讲了许多大道理。我如何听得进去！我没得意多久，三年后"文化大革命"来了，全部收藏被红卫兵付之一炬。那是烧我的心呐！

其实，我在高中以后看戏已不是单纯地玩儿和娱乐了，我逐渐被戏曲丰厚的美学内涵所震撼，比如电影中要表现紧张的氛围，音乐便出现了弦乐的颤音或尖啸的怪音，京剧只用一个"单皮"（板鼓），板鼓楗子"嗒"的一声，观众立即紧张了。这不神奇吗？这一下有着那么丰富的表现力和感染力！

为什么？京戏的打击乐（武场）融合于整体的戏曲美学之中，是大写意的恢宏手法，涵盖了世间声音之万象。老祖宗给它也起了那么多好听的名字："水底鱼""扑灯蛾""撞金钟"，实在是美呀！我在青年时就想把它用于电影，直到晚年才在《大宅门》中得以实现，观众认可，内行称道，戏曲界的朋友长了精神，我终于玩儿了一把！戏曲美学不仅传统而且超前，我们的老祖宗太智慧了，他们大胆地毫无愧色地向世人宣布：一切全是"假"的。使所有总是标榜在舞台上自己是真实的其他戏剧门类，黯然失色。灯火通明之下，二人摸黑开打，正是在这假定性中，观众欣赏到了戏曲的美。演员手中的一根马鞭，摔叉——马失前蹄；抢背——翻身落马；鹞子翻身——马在旋转；三人编辫子（京剧舞台上的程式动作）——马在狂奔，观众感受到的却是直线前进。

现在电视戏曲片把"真实"也弄上去了，追求"真实"，岂不知您把戏曲美学的根本的东西全破坏了。戏曲舞台上，什么没有？"四击头"一亮相那就是电影中的"定格"；"趟马""起霸"，那就是镜头跟拉；苏三大堂之上转身向外跪，那就是"移摇"；《武家坡》薛平贵一背身，王宝钏出场，那就是"渐隐渐显"；一个圆场到了西城这就是"叠化"；《二进宫》每人唱一句，那就是"切"。这一切技巧，都是由于观众通过想象力的参与自己去完成的。布莱希特的间离意识在我们老祖宗的创作中无处不在——可是我们的理论呢？

大概是一九五九年，中国文化代表团访苏，参加"十月革命"胜利四十周年庆典。所谓代表团，其实只有舒强一人，那时中苏关系已趋紧张，舒强参加了"斯氏体系"研讨会。苏联专家介绍了研究的新成果，并立即请舒强介绍一下中国研究"梅氏体系"的新成果。舒强闹了个大红脸，作为中国人，对于"梅氏体系"，咱们研究什么了？有的只是历史的追述，常识性的评论，演戏的经验，学习的心得。理论呢？没有！理论研究是一门科学、是实践的升华，有了理论才能反过来作用于实践，戏曲美学才会得以发展，戏曲舞台才会繁荣。首先必须要有科学的态度，只纠缠于梅先生养鸽子为了练眼神，梅先生为了合理"卧鱼儿"而加了"嗅花"，梅先生为改革而去掉"检场"，增加了二胡，这不是理论！长久以来，我渴望有识之士、有志之士能担起这个重任。

大约七八年前吧，我去书店在书架上看到了一本《戏曲的美学品格》，翻书的时候我激动得手直发抖，匆匆付钱回家，进门坐在书桌前细读起来，直到天亮。这是一本集中论述戏曲美学的书。书的作者是沈达人先生，他从"老庄"的美学思想探源，追溯戏曲美学的发展，论述精辟，引例准确。可惜，我在与戏曲界朋友的交往中，询问他们所有的人包括研究生在内，竟都不知沈达人、郭汉城为何许人也，实在可悲。我们的演员只热衷于拜师、学艺，学得和老师一模一样，他们满足于别人的称道："你学谁谁学得真像""你学谁谁简直可以乱真"，这不死定了吗！这实实在在是一种对"平庸"的赞美，于是形成了"十净九裘""十旦八张"的惨不忍睹的局面。

"流派"害死人！演员自己呢？"你"跑哪儿去了？毫无疑问，流派是老艺人勤恳努力创出的艺术结晶，是戏曲的瑰宝，但它不是终点。为什么说"学我者生，似我者死"？因为你自己的个性完全丧失，即使你改动了一个腔，增加了一个动作，那也谈不上流派的发展。流派当然要继承，那只应该是博物馆式的传承，为了研究，为了欣赏，有一二人足够了。

学流派本是业余票友的事，学着好玩儿，学得像，聪明！专业的起什么哄？就是票友，也有无数"下海"的创出了自己的新流派，因为他没有枷锁，没有条条框框，由着性子张扬自己的个性，他成功了，为戏曲舞台注入活力，让人一步步感到希望。

拜师本无错，哪一个成功者不是老师教出来的？坏就坏在老师教戏一招一式不许走样儿，学生兢兢业业地学，不敢走样儿。"似我者死"早就抛诸脑后，积重难返。其实作为学生，从拜师那天起你就要下决心突破老师，超过老师，摆脱老师而自成一家。试想梅先生不走样儿地学王瑶卿还有梅派吗？程砚秋曾拜梅兰芳为师，结果他反叛了，根据自身的特点、个性，独创程派，并公然向老师挑战了，实在可贵！没有叛逆，则没有京剧的前进！其实我这些话好多人都同意，但不敢说，怕得罪人，怕得罪老先生，怕得罪传承弟子，那不是一个两个，那是太多太多了。得罪就得罪吧！怎么啦？反正我只是个戏迷，骂我也不在乎。

现在中央台戏曲晚会，主持人白燕升每次都说"下面由×派传人×××演出……""下面由××亲传弟子演唱×派名剧……"烦死了！什么时候白燕升能站在台上宣布"下面由×派创始人×××演唱……"啊！那京剧就有了希望了。

回顾一下，三四十年代，京剧流派纷纷崛起，五十年代以后至今半个世纪竟无一个流派出现。京剧怎么了？完全失去了创造活力。这有着深深的社会原因，戏曲界本身的原因，演员个人的原因。那时运动不断，极"左"思潮猖獗，人的个性都没了还谈什么艺术个性？戏曲界故步自封，门户之见顽固，人事关系错综复杂，没有你发展的气候、环境。而很多演员呢，急于求成，拜在某名师之下便有了靠山，有了说法，有人捧，红得快，便不思进取，满足于学得像。所以我推崇李维康，毕业后没有拜师，独步戏坛，自成一家。

前几年曾有议论"李派"之说，然应者寥寥，无门无派没人搭理你！且不说能否成派，以维康之努力能有今日之成就实属凤毛麟角，难能可贵。她太难了，她是顶着多少压力走过来的！门户之见丑恶得很！应该认真地呼吁一下：各位领导、各位朋友、各位有钱的老板、各位戏曲界的有志之士、各位理论的先驱者，给他们创造些条件，营造些氛围，准备些环境，鼓励他们做点实事，让他们走自己想走的路。老师们，别拦着！您最常用的一句话应该是："你老学我干什么？！"

在诸多的戏曲大赛中，能否立一个"创新流派"奖！大奖！奖金多多的！

京剧是国粹，真就好得无可挑剔了吗？非也。京剧的致命伤就是它的"文学性"！当然文学的概念包括了情节、人物、结构、语言、流派等全面的文学因素，我这里只说语言。京剧绝大多数的剧本真是不忍卒读。这是京剧的致命伤！什么"加鞭催动了马能行"，什么"低下头来心暗转""只见高来马前存""为什么绑辕门要把刀开""耳边厢又听得朝靴底响"……这都叫什么词儿？只要有了辙、押上韵，别的什么都不管了。老艺人这么唱，老师这么教，学生就这么学。您唱着不觉得别扭啊？都说唱戏的没文化，可现在的演员都是受过高等教育的，不能改改吗？大概都是西太后的徒弟：祖宗之法不能变。可祖宗就全对吗？当然，"文"得像元曲一样，普通百姓听不懂，但至少应该词句通顺，没有语病。

再如《西厢记》中"碧云天，黄花地，西风紧，北雁南飞，晓来谁染霜林醉，总是离人泪"，这都是经典名句，到了京剧则成了"碧云天，黄花地，西风紧，北雁南翔，问晓来谁染得霜林降，总是离人泪两行"，不但没了意境，也不通了。

为了好唱，也还罢了，再看看评剧《雷雨》，四凤居然唱出这样的词儿:"大少爷跪在地向我求婚,吓得我周身发抖汗如雨淋,大少爷长得好真有学问,他胸前总戴着钢笔一根,小脸蛋粉的噜的白中透嫩,青丝发黑中发亮梳的是偏分。"假如没有曹禺先生的《雷雨》,也无可非议。那是文学名著!戏曲如何提高,这一步是个大工程,不管多大总得有人去做,这当然是费力不讨好的事,又不是编剧,又算不上改编,也没人给稿费,谁愿意受这个累?除了叹气,我也没辙。更不用说京剧中还有很多应该剔除的糟粕,工程就更大了。

说到头儿,我也只不过是个戏迷,反正我不是行里人,说错也可以不负责任,错就错了吧。您只当一个戏迷胡说,充其量我也就是个戏迷吧!

只有发展,才是硬道理。

吃到哪儿说到哪儿

有几样老北京的吃食,从小到老总也忘不了。

豆汁儿!喝豆汁儿,喝的就是馊、酸、臭。不馊不酸不臭还喝个什么劲儿。

我从儿时能记事的时候就酷爱喝豆汁儿,大人领着上天桥、赶庙会、逛街也必要缠着大人喝碗豆汁儿,那时喝碗豆汁儿是超高的享受。我们家门口经常停着一辆走街串巷卖豆汁儿的车子,车主是个四十岁左右的瘸腿汉子,吆喝起来"喝儿哟——豆汁儿——"。很奇怪,北京话"喝"是个动词,是不发"儿"韵的,也许是"嘿儿哟——",也没什么道理。反正小时候在家里只要听见这一声吆喝,就有些心动,就悄悄看看大人的脸色。不知大人们听见这声音没有?能不能也动了心。在我的记忆中,只有在语文考了九十八分,算术考了一百分,或者在学校演了个什么节目,受到了表扬,作为奖励,奶奶才拿出两分钱说喝碗豆汁儿去,这才欢欣鼓舞地跑出去享受一番。豆汁儿要喝烫嘴的才香。大夏季天的应该喝冰水才对,偏要喝滚烫的豆汁儿。一小碟辣咸菜丝切得很细,喝得一头大汗，抹着嘴，咂摸着嘴里的余香，心满意足地回家。上中学后有了些自主权，放学回家的路上路过豆汁儿摊，用每天给的零花钱总要喝上一碗解馋。不过那时候已是五分钱一碗了。上高中以后，路边的豆汁儿摊儿似乎不见了。一些小吃店里是有的。上大学时班里的同学地道的北京人加上我也就俩，大多是外地来的，都没喝过豆汁儿，却很好奇。于是我请三个外地同学到白塔寺附近的一家小吃店里专门去喝豆汁儿。我想有人一碗可能不够，一下子要了十碗，还要了二十个焦圈儿。焦圈儿是豆汁儿的佳配，坏了，我两碗喝完了，那帮哥们儿每人喝了一口，就坚决地放弃了，愤怒地望着我说："这叫什么东西？这就是喂猪的泔水嘛！"可二十个焦圈儿却一扫而光，惨痛的教训。此后，关于豆汁儿我不再向任何人吹忽了。

一晃二十年再次落脚北京，小吃摊是踪影皆无，卖豆汁儿的小吃店也寥寥无几了，可豆汁儿的情结依然如故。住在东直门，不远处有个卖豆汁儿的去处，经常光顾。磁器口一家豆汁儿老店犹存。距我上班的公司很近，得空便去享用，有时还买回家里自己熬，可这熬豆汁儿是很讲究的活儿，放火上不能见开，一开就澥了。所谓澥就是浆水和汁水分开成了两层，上面一层是清水，下面一层是汁水，那就没法喝了，只能倒掉。可喝着喝着慢慢不对味儿了。这豆汁儿不酸不馊也不臭了，寡淡无味，这叫改良豆汁儿。为适应大众口味，使其不酸不馊不臭。既然如此，何不去喝"可乐"？从此我告别了豆汁儿，发誓不再惹它。告了别却仍止不住的思念，就像看"国足"踢球一样，每看一场都起誓发愿地怒斥自己："我再看'国足'，我就是他妈孙子！"可此后每有"国足"比赛仍臊不搭地等在电视机前，再看，再骂，恶性循环。我问过无数球迷，大多有此心态，还是希望"国足"赢，哪怕侥幸蒙一场赢了。为这豆汁儿我虽然发过毒誓，但最终还是当了孙子。搬家以后远离了豆汁儿店，有了不思念的借口。没想到有一日街对面突然新开了一家老北京餐厅，豆汁儿送到了嘴边，借口也没了。开张第二天，与妻去喝豆汁儿，端上来一看，碗中豆汁儿，赫然分成浆水、汁水两层。我问服务员这是怎么了？服务员看上去十七八岁，年轻，一口的京片子，他说豆汁儿都这样，我说你见过豆汁儿吗？他指着碗里的豆汁儿说见过，这不就是吗？我说这不是。这都澥了，分了层了都。他居然很内行地指导我说，嗨！您和弄和弄不就匀了吗？是可忍，孰不可忍！我怒道："去叫你们经理来！"他一看我急了，忙换了个态度说别介，我给您换一碗，把碗端走了，过了没一会儿，他又端出了一碗，我一看豆汁儿还在碗里头溜溜儿的转圈，敢情他拿进去顺时针的转动了一番，急忙又端了出来，我还能说什么？说理？讲法？谈谈熬豆汁儿的技法还是喝豆汁儿的经验？更谈不上馊、酸、臭了。我悲伤地对妻说，我再喝豆汁儿，我真他妈是孙子。

还有我前面说过的，喝豆汁儿的佳配是焦圈儿，焦圈儿看来制作简单，实则不易。儿时吃早点焦圈儿是最佳选择之一。买两个马蹄烧饼，两个焦圈儿，刚刚出炉的马蹄烧饼烫手，刚炸出的焦圈儿是半透明的，颜色如浅咖啡色，放到嘴里一嚼，是沙沙的酥，不是脆，从边缘把马蹄烧饼破开，冒出一股面香的热气，在两层面皮中间加上一个焦圈儿，两手稍稍用力一捏，焦圈儿随着"喳喳"的响声粉碎了，咬上一口热气熏着焦香，那味道给个两房一厅都不换。

后来很长一段时间焦圈儿、马蹄烧饼都不见了。八十年代后又逐步恢复了，以至于好多地方都可以买到焦圈儿，质量却大不如前，还能凑合吃。时代在前进，焦圈儿却越来越离谱。到了现在已经不是炸焦圈儿，是炸面棍，注意是棍，不是棍儿。颜色不再是浅咖啡，而是狗屎黄，不要说半透明，咬一口里面还带着白面芯儿，不是酥的，是皮的，咬到嘴里是嘎巴嘎巴的。原来牛街有一家卖焦圈儿的，去年去牛街办事，还是忍不住先去买了十个焦圈儿回来，回家一看太不靠谱，没法吃，只好熬了一锅粥，泡在粥里吃了。于是发誓我再买焦圈儿吃，我就他妈是孙子！

美国来了几位朋友，其中一个哥们儿是华人，而且是老北京。我请他吃玉华台餐厅，还有几个菜保持着老传统味道。可这哥们儿说他最想吃的是炸焦圈儿，我告诉他现在的都不行了，他却坚持要吃，没辙，吃饭那天我专门绕了个远儿去老磁器口买了二十个焦圈儿，等吃饭时往桌上一放，我就傻了眼了。什么焦圈儿，一堆狗屎黄的炸面棍，我真的无地自容，不断地道歉，对不起，真不好意思，好像是我炸的似的。用这种东西招待远洋归来的老北京哥们儿，我有一种深深的负罪感。我说别忙，要碗酸辣汤，泡在汤里吃还好一点，焦圈儿泡在酸辣汤里吃，这不天下奇闻吗？我也不再发誓了，因为老北京的情结是冥顽不化的。到闭眼那天也这样。

还有臭豆腐。七十年代初，在张家口四六一九部队干校的时候，我觉得大伙房的伙食还可以，我认为可以，是因为我刚从劳改队放出来，终于结束了每天吃不饱的状态，不受每月的粮食定量所限，可以随便吃。那是太幸福的事。可众多的同学都不买账，慢慢大家就不在大伙房吃饭了，纷纷开启了各自的小灶。于是大伙房每天要剩下一半的饭菜没人吃，大家又想方设法改善伙食，八仙过海，各显神通。有一个同学从北京带回一盒臭豆腐，北京学生如见至宝一抢而光。此后不断有人带回，扩散得很快。喜欢吃的人越来越多，总不够吃。终于有一哥们儿从北京带了一坛子臭豆腐回来，吃的人觉得很香，可还有不吃的人，几乎崩溃。有几位南方的同学已是忍无可忍，咬牙切齿地控诉道，不能让我们整天生活在厕所里吧！毕竟一坛子臭豆腐不是十天八天能吃完的，这位同学居然把一坛臭豆腐扔到了厕所里，臭豆腐终于得其所哉。良心话，臭豆腐基本上和厕所味道一样，这样一种味道好像主要还是北京人最钟爱，是一件很不可思议的事情，问题是人的嗅觉与味觉为何如此对立？不管多么喜欢吃臭豆腐的人，卧室中若充满了臭豆腐的气味，你肯定睡不了觉，臭到极致就是香。如清朝刘熙载论"石"，"丑到极处，便是美到极处"。人的嗅觉、味觉是不是也遵从了这个规律？这是个哲学问题。咱不讨论了，别在这里头绕了。呵呵。

　　臭豆腐本是北京底层市民饭桌上的主打菜，不只是价格便宜，主要是你不可能多吃。猪肉白菜炖粉条，一顿吃两碗就一个窝头，吃着碗里的还看着锅里头的。可臭豆腐吃一块能就两个窝头，你不可能吃一个窝头就五块臭豆腐，经济实惠，味儿厚而不寡，很下饭的，尤其孩子多的穷人家，条件好的还可以滴几滴香油。现在生活条件好了，臭豆腐也是餐桌上偶尔的点缀，还要说成曾是早年宫中的宠物，是慈禧太后爱吃的。为了促销，现在很多只有过去下层穷人吃的东西都要挂上乾隆、慈禧的名号来做宣传，于是身价倍增，一定要把拉板车吃的炖粉条子说成皇上吃的黄焖翅子，也就骗一骗没文化的年轻人。

我小时候卖臭豆腐的除了店铺门面以外，就是沿街叫卖的，尤其是雨天、雪天、大风天，出门买菜很不方便，在屋里就支起耳朵等着听那卖臭豆腐的吆喝声。雨下着，听到远远地传来"臭豆腐酱豆腐"的清脆的童声，便准备好一个小碗到街门口等那孩子过来。总是见到一个与我般大小的六七岁的男孩，戴着一个大草帽，披着一块油布，两条裤腿向上卷到了大腿根，赤着双脚斜挎着一个荆条篮子，篮子上也盖着一大块油布，你只要喊一声或一招手，他就会踏着泥水跑过来，"啪啪啪"地溅起水花。到了门口，他非常懂事，只蹲在大门口的外边，把篮子担在大门槛上，他怕进门踩脏了你的大门道，把油布掀开，里面两个瓷盆打开盖，一边是酱豆腐，一边是臭豆腐，提篮把手上挂着两个瓶子，一瓶是酱豆腐汤，一瓶是臭豆腐汤。每次买的时候都要求多给点汤，用来拌面条或小米饭，就能多吃半碗。

有一年我拍电视剧《虎符传奇》，老戏骨张少华串演一个老太婆，只两天的戏。她来组那天已经是晚上九点多了，我在屋里将第二天要拍的戏捋一捋，有人敲门，一看，是少华。她说跟您报个到，给您带了点北京小吃，她身后的剧务把一个大尼龙提袋交给我，未及寒暄匆匆走了。我打开提袋一看，那种"百事可乐"的大塑料瓶，装了满满一瓶豆汁儿，八个芝麻烧饼，八个焦圈儿，四个墩儿饽饽，几个艾窝窝，那叫一个亲切！都是我最爱。只有老北京之间才知道你好哪一口，她的戏拍完，我请她到饭店弄了一桌酒席送行，她无精打采的,没吃几口说,请我吃饭就是瞎掰,多好的菜我都不稀罕,我就是家常饭,小米粥、咸菜、贴饼子、臭豆腐就行了。她这话说得我心里热乎乎的,知音呐!我也是经常从宴席上下来吃不饱,回家煮碗热汤面,烤一块玉米饼子,不夸张地说比燕窝鱼翅吃得香。有一哥们儿说我,你什么少爷?你就一农民!这不准确,我就是北京一底层小市民,习惯了粗食的家常饭。从小养成的胃口,一辈子改不了。在大学读书的时候,粮票分粗细两种,粗粮占三分之一,每发粮票南方同学便争抢着和我换米票,他们饿着肚子也不肯吃窝头。我在劳改队服刑时吃了四年窝头,也没吃腻,二两一个的窝头,一顿吃五个,可以不吃菜,这功夫没人比得了。其实在我们宅门里头,我们老爷子,我母亲,每星期也必吃一次窝头(不是宫中的小窝头),大棒茬粥、臭豆腐、酱豆腐各一小碟。直到现在,我家冰箱的抽屉里永远都有农村的老朋友接长不短送来的贴饼子。臭豆腐当然也是常备不懈。

北京还有些吃食是拉晚儿的,天黑以后才上街。一擦黑儿,心儿里美萝卜上市了,平板车或独轮车上有个大方盘子,堆满了萝卜,车上都点着一个电石灯,放一桶清水,上面摆着几个开好的萝卜,你也可以挑没开过的,用干净的湿布将外皮擦干净,左手垫一块泅湿的毛巾,托着你挑选的萝卜,右手一把锋利的水果刀,先将外皮竖着一条条削开,不切断,十几片萝卜皮像花瓣一样的撇开着,横竖十几刀切下去,十几条方形的萝卜条便微微地展开了。你拿在手里可以一条一条边走边掰着吃,到家把剩下的萝卜皮切成细条,用三合油一拌,下酒、佐粥均可。当然这心儿里美萝卜心儿里必须

"美"，白的不行，糠了不行，半熟艮了吧唧不行，如小贩吆喝的那样，"萝卜赛梨"，当然不会像梨那么好吃，那么甜，可便宜多了，还通气，去火，有名言曰，"吃萝卜喝茶，气的大夫满街爬"。吃了萝卜必打嗝，把多余的胃气去掉，只是这种嗝打出来，总有些臭烘烘的。饭后围炉喝茶，吃几块心儿里美，是北京人的一大享受；再晚一点，卖驴肉的出街了，"驴肉！五香的！五香酱驴肉！"我至今认为在各种肉类食物中最好吃的是驴肉，猪肉不管你怎么做，总要带些肥的才好吃，单做瘦肉无论如何比不上驴肉，驴鞭尤其好吃。我们小时候都叫它"轱辘肉"，又叫"钱儿肉"，斜着切成椭圆形薄片，由于中间有个孔是铜制钱的样子而得名。六七十年代驴肉几乎绝迹，后来恢复了，但都没有从前的味道了。我也吃过马肉、骡子肉，都不如驴肉好吃。有人说骡子肉不能吃，骡子中性无生殖能力，于男人不利，纯属胡说。

儿时夜里经常吃的就是羊头肉了，因为我们老爷子喜欢吃。每到晚上八九点钟，街上基本没什么行人了，日间的喧嚣也已消失。冬天刮着小北风，在深宅大院里顺着风都能听见卖羊头肉的吆喝声。这声音能传二里多地，"喔喂—羊—头噢--肉喂"，"噢"字向上翻得又高又长，像唱歌一样的声音，高亢嘹亮甜润，是西洋美声的音色，这位常年在我们这条街上卖羊头肉的，是一个三四十岁的中年汉子，是个矮胖子。我上小学六年级时，教我们音乐课的老师，一男一女都是南方人，轮流给我们上课。男的郑老师又高又瘦，教乐理、简谱、五线谱之类，可惜那会儿没好好学，到现在对五线谱也一窍不通。女老师姓张，矮胖，长得却十分精致，教我们声乐、唱歌，无论是唱歌还是说话，她的声音都特别甜美，还特别和蔼可亲，从不打学生。当时还兴体罚，犯了纪律轻则到教室后面罚站，重则打手板。尤其老师不在，同学们打群架分不出谁好谁坏、谁对谁错，那就要打通堂。每个人站好队，伸出手打板子，老师遇见喜欢的同学打一板，还轻轻地，不喜欢的至少打三板还特狠，手立即红肿起来，真疼。由于我嗓子好，会表演，郑老师喜欢我，尽管每次都是我闹得最凶，也只是象征性地打一下。张老师两年来没打过学生一次，都是郑老师打。解放不久，张老师便不见了。原来是共产党的地下党员，整个学校竟没有一个人知道，很轰动了一下。据说上调到教育局去了。这天上午音乐课两位老师都来了，而且带了一个人走进课堂。同学们"嗡"的一声，都惊讶了，睁大了好奇的眼睛，这不是卖羊头肉的老六吗？好多同学都认识他，都买过他的羊头肉。郑老师说，最初夜里听到他的吆喝声，都是当作歌来欣赏，那么有穿透力，很想测一下这吆喝声是什么调门，音高多少？六子非常拘谨惶惑。他穿件灰布棉袄，黑棉裤，扎着裤脚，一件光板羊皮坎肩，一顶反毛皮帽子，今天是专门请他来表演一下，郑老师带头鼓掌表示欢迎。六子有些紧张，脑门渗出了汗。郑老师先请他吆喝一遍，张老师坐到了钢琴前，六子仰起头吆喝起来，"喔喂—羊—头噢——肉喂"，同学们哄堂大笑起来，可能是因为一项严肃的教学课堂，忽然来了个卖羊头肉的有些滑稽。郑老师板着脸说，笑什么？你们谁能把它吆喝的声音学一遍？都不出声了。此时张老师已在钢琴上把这句吆喝声谱成了一句乐曲，轻轻弹了两遍，说他到了G调，相当于京剧正宫调，那一"噢"就是《四郎探母》里边的

"嘎调"，在西洋乐里应该是 High C。又要求六子再吆喝一遍，六子只是看着钢琴发愣，他没见过，郑老师叫他不必管钢琴，该怎么吆喝怎么吆喝，六子又仰起头，抻直了脖子，吆喝了一遍。张老师居然在叫声的前面加了个前奏，后面又加个爬音的收尾，整个弹了一遍十分动听，她叫六子跟着钢琴唱一遍，坏了，六子完全不知道在哪张嘴，喊了个头儿就找不着北了，试了几次也不行，只好作罢。送走了六子，郑老师说六子天赋极高，若能送音乐学院学习，一定是个好歌手。可惜了。

如今六七十年过去了，可一想起童年的时候，悦耳的卖羊头肉的吆喝声，依然清晰地在耳边回响。小时候在家里每到晚上一听到这喊声，孩子们不约而同地从各屋各院跑出来，欢欣鼓舞地奔向大门道，是上床睡觉前最美的享受。老爷子来了，先问一句，洗手了没有？孩子们举起手大叫"洗了！"郑老屁拿个大搪瓷盘子，从门房走出来，听到卖羊头肉的吆喝声近了，忙打开大门，寒夜的冷风穿堂而进，老爷子站在大门口，必要大喊一声："六子，有脸没脸你？"六子也必然喊一声："有脸，给您留着呢。"六子总是笑嘻嘻的一脸忠厚，厚厚的黑棉袄显得臃肿，扎着一块粗布围裙，一双半高腰靰鞡鞋，斜背着一个椭圆形的木桶，很像个一两岁小孩洗澡的木盆，在大门道昏暗的灯光下，把木桶放在大长凳上——大宅门的门道里，都有两条雕工、漆工十分讲究的长凳，给临时外来办事的人坐的，他将木桶盖子揭开翻过面搭在木桶的檐上，相当于卖羊肉的羊肉床子，这也就是案板了。取出切羊肉刀子等一应工具开始片羊头肉，羊头肉主要是吃羊脸，它零碎部件也都挺好吃的，但羊脸最细嫩。所以老爷子每见六子都要打趣道有脸没脸，肉片得极薄，几乎半透明，放在大瓷盘里，撒上细盐。老爷子与孩子们一起蹲在地上，用手抓着吃，那叫一个痛快。有时两只羊脸都不够吃，每吃完老爷子都要把剩下的各种筋头巴脑羊杂碎全都包圆儿，给郑老屁他们去下酒。有一天听到吆喝声，孩子们都跑了出来，只见六子，已经骑在大长板凳上片上羊头了。大瓷盘子都片好了一大盘了，却迟迟不见老爷子来。郑老屁说甭等了，老爷子大概有事儿绊住了，你们先吃。可六子今儿片得特别慢，一刀一刀也切得薄厚不匀，孩子们只顾抢着吃，不停地催着快点，都供不上吃了。两只羊脸吃完了，老爷子也没来，六子说给钱，我得走了。孩子们说爷爷给钱，六子问，你爷爷在哪儿呢？孩子们说不知道，六子说反正你们得给钱，吃完了不给钱还行？孩子们急了，问郑老屁，爷爷在哪儿呢？去叫。六子忽然摘下皮帽子说："别叫了，爷爷在这儿呢。"孩子们都惊呆了。六子原来竟是老爷子扮的。这时真六子裹着老爷子的大棉袍从门房傻笑着走了出来，孩子们狂呼着笑闹着。原来爷爷唱的一出真假美猴王，这叫真假卖羊头肉的，最不可思议的是老爷子学六子说话的那声音，那种神气，怎么那么像呢？

　　夜里出来的游动小贩，给我印象最深的还有一个是卖硬面饽饽的六七十岁的老人，夜里要十点多钟，这位老汉穿着发了黑的光板大皮袄，挎大柳条框，框子上面盖着一薄棉垫子，吆喝声低沉却打远儿，"硬面儿———饽饽！"，"饽饽"两字短促而有力。苍老、浑厚还带有些嘶哑，感觉特别凄凉。我奶奶快六十了，牙口特别好，隔三岔五的就要买一回，那饽饽是相当的硬，比杠子头、墩儿饽饽都有嚼头，是烤干了的戗面硬白馍，就么干吃，越嚼越香，纯面香。

还有一样美食，早已绝迹——老米饭，在我几十年交往的亲朋中，还没有一个人吃过甚至听说过这种米做的饭，老米就是大米，是发过酵，不是发过霉的。大米在储存过程中，在一定的湿度、温度下米粒变黄，有了一种特殊的香味，是大米在储藏中不经意间形成的，不是生产出来的，没见市场上粮行里卖过老米，所以极为稀有，十分珍贵。五十年代十年中我也只吃过四五次，家里存有多少我也不知道，只有老爷子一个人专用，只有他发了话，今儿想吃老米饭，这才做一次。我不过是沾个光，蹭一碗吃，米粒发黄不是发乌，半透明状，蒸出后饭粒松散，并无黏性，而且每吃老米饭必佐以"红焖羊肉"，用陈年黄酒小火煨的羊肉带点糟香味，又酥又烂，二者相得益彰。两块羊肉半碗饭，剩下半碗用羊肉汤汁儿一浇，那叫爽。家中只有四房的二哥（工商联主委，北京市副市长）有资格提出要求："四叔四婶，今儿赏顿老米饭吃吧。"厨房里便传出了蒸老米饭的香气，这味道我真的形容不出，历史渊源也无从考察了。后悔当初没弄明白这种米的底细。

炒肝儿。上中学的时候，早点我喜欢吃炒肝儿，那时候我还住在东兴隆街，上学在北新桥五中，骑车最近的路应该出木厂胡同走东单、东四上学，可我每天都绕弯儿走鲜鱼口，奔前门长安街，再奔东单，为什么？为了鲜鱼口把口有家炒肝店，"会仙居"。那时候的炒肝儿下料猛，稀稠适中，不像现在的炒肝儿，见不着什么肝儿，一碗黏糊糊、稠糊糊的糊嘴，哪儿是喝炒肝，纯属吃糨糊。不光是好吃，吃法还不一样，骑车到店门口不下车，车一歪，一只脚踩地，用不着废话。伙计立即递过一碗炒肝儿，两个小火烧，是火烧，不是烧饼，先付了钱，一手端碗，转着圈地喝，一手拿小火烧就着吃，喝一口咬一口，等吃完了不用招呼，伙计过来把空碗收走，脚一使劲，蹬车走您的。最高峰的时候门口能停十几二十辆自行车占了半边街。那年代根本没汽车，无所谓堵塞道路。一片跨着自行车的人，大多是学生和干部，那吸溜炒肝儿的声音，响成一片，那是一景，这和坐在店里喝炒肝儿，完全是两个概念，自我感觉那叫一个帅。晚上放学回家就不绕前门了，走崇文门，特别是冬天，骑车到"新侨饭店"把车一支进西餐厅，只要一个"罐焖牛肉"，三两米饭，先把牛肉捞着吃了，再把米饭往罐里一倒，一和弄连汤带饭，能吃出一脑门子汗，暖暖和和地蹬车回家，也就六七毛钱。现在这"罐焖牛肉"一个几百元，全是番茄酱味，没有肉香，还塞牙。

年轻的时候吃东西还是喜欢追新鲜。有一餐厅新上了一个"火烧冰激凌"，听到信儿马上就得去；"大同酒家"新添了蛇胆酒，必须去尝尝。服务员当场杀蛇，取出蛇胆，将胆汁挤在酒中，碧绿的蛇胆酒是明目的。有一次去"大同酒家"吃饭，旁边桌上两个干部模样的人，也要了蛇胆酒，居然还要了两份黄焖翅子。我心说这俩小子够阔的，吃完了一结账，俩小子傻了，一百多块，原来把翅子的标价40元，看错了，以为是4元，也不想想，翅子这么便宜，还有人吃粉条吗？只好留一人做人质，另一人回家取钱。那时候四十元钱是一个月的工资，顶现在三千元。

太费事的东西，我也懒得吃，只有一种例外。螃蟹！我们把爱吃蟹并经常聚在一起吃蟹的人叫"蟹友"（不包括海蟹）。年轻时候一次可吃六两以上一只的蟹十一只，只吃尖脐（公蟹）。第一口蟹黄入口，什么烤鸭、涮肉、脆皮鱼、红烧肘子都靠边站吧，每吃蟹都有一种超幸福感，觉得这辈子不白活。现在的宴会经常在七荤八素的菜中上一道螃蟹，按就餐人头每人一只，这一只我绝对不吃，一只螃蟹？这不是调戏人嘛，把你馋虫勾起来，没了。可也是，只要沾了阳澄湖三个字，螃蟹贵得太离谱了，一人一只已经是很排场的了。

九十年代初，有一年十一月份，北京居然下了一场大雪，我和妻跑到"海岛渔家"去吃蟹，要了十只。老板立即出来了，知道来了吃主了，吩咐吃一只拿一只，我吃了六只，妻吃四只，下雪天吃蟹，唯一的一次。以前吃蟹论麻袋，专门有人去天津采购，几麻袋买回来，各家一分，家人围坐一起从下午四五点钟吃到晚上八点，蒸在锅里吃一只拿一只，必须烫手，更不能使用任何工具敲敲打打，那是孩子们的事儿。佐以姜醋——必须是镇江香醋，姜末儿要大量，堆在醋碟里要冒尖儿。有人特讲究要喝黄酒，还泡上两颗梅子，瞎掰，正经来两瓶茅台或二锅头才过瘾，不吃蟹腿儿，送到厨房剥蟹肉，等蟹吃完了，每人来一小碗蟹肉粥，或蟹肉面或蟹肉小馄饨才算完美结束。为了吃蟹，每年都在院子里专门种一丛紫苏，能长一米多高，吃完饭大家到院里围在紫苏棵子边，每人摘几片叶子搓手去腥，完成最后一道工序。我还有个毛病，把手上油腻洗净即可，留有余香。夜里伏案写作，还可嗅到手上残留的蟹香，也是一大享受。

一九八一年我去一位朋友家吃饭，就扛了半麻袋螃蟹去，朋友住在北影宿舍，那时还是筒子楼，楼道里用煤气罐炉坐上个巨型的双层蒸锅，吃一屉蒸一屉，吃螃蟹，就是吃螃蟹，不能有别的菜瞎搅和。每个人都吃了十只左右，闹腾了半夜，半麻袋吃完了才散。没想到第二天一早，筒子楼好多家都在门前抓到了螃蟹。有一家的沙门还被螃蟹抓破了。那家主人说，怪不得夜里总是听见有挠门的声，以为有小偷，开门又不见人。原来是螃蟹闹的，这才发现装螃蟹的麻袋被咬破了一个洞，竟有六七只爬了出来。

没过几年，螃蟹忽然长行市了，几乎全民都成了"蟹友"。贵且不说，市面上还买不到了。一九八五年我已到深圳工作，一天在电视新闻节目中忽然有一条说，"今年阳澄湖大闸蟹丰收，已进入收获期，地方上层层把关，严禁螃蟹外流"。没看明白，什么叫严禁外流？这"外流"指什么？后来才明白螃蟹要出口换外汇，进入内地市场则叫外流。于是人们发现每天都有大量的运螃蟹的冷藏货柜车，通过"南头海关"运往香港。车过海关，司机要办各种过关手续。于是海关前公路上就出现了排队等候过关的车队长龙。经蟹友指引，骑车到海关前公路上寻找蟹车，只要轻轻敲敲车门，司机迅速下车，到车后将货柜车后门开一条缝，伸手取出早已装好的蟹袋，一袋十只，你用手比画一下一或二、三，就按数给你拿出几袋，你把手中的钱（注意必须是港币，人民币是不收的）塞给司机，把蟹袋往自行车筐中一扔，交易完成，骑车走人。很像保密局的特务接头，一句废话都没有，每隔十天八天我就来一次，暗号照旧。我那时与一些香港朋友换了一些港币，全都吃了螃蟹了。现在吃蟹容易了,有蟹券随时可买,空运,都打着"阳澄湖"的旗号,大多一只三两,太小,也不肥,打开壳蟹黄都水了吧唧,可再不济也算是螃蟹。

我妈妈后来信佛,忌讳杀生,活蒸螃蟹,太残忍。可我要吃,而且故意捣蛋,非妈妈买的蟹我才吃,我妈宠我宠得厉害,只好狠着心亲自去买。而且每次买都要数清多少只。每天吃完螃蟹后,入夜了,妈妈便焚起一炉香,一张一张地念往生咒,超度螃蟹亡灵,买了多少只就念多少张,最后将往生咒焚化。有几次妈妈也逼着我念了好多张,细想是挺残忍的,每蒸时听到里面挣扎的挠屉的声音,心里总是有些不忍。

从一九九〇年开始,我脱离了体制单干了。从深圳携妻回北京,单打独斗闯荡江湖。妻一直在南方工作,对北京不熟,我决定要带妻把北京餐馆的老字号来个通吃,本想哄着老婆高兴,同时炫耀一下古皇城的灿烂饮食文化,也顺便享受一下青少年时代的快感。先选了当年号称八大楼之一的某某楼,两个人顶多也就要了三个菜,肯定是要最怀旧的菜,连点了三个,服务员都抱歉地说没有,只好点了两个也还是很有代表性的,"糟溜鱼片"和"熘肝尖儿"。一般女士都喜欢吃微微带些甜味的糟溜菜,等糟溜鱼片上来一吃就傻了,苦的,妻勉强吃了两口,说这叫什么老字号?以后再也不来了。我除了一腔晦气之外,只觉得太给咱老北京丢脸了,这家店没两年也就歇业了。奇妙的是二十年后一位朋友请客聚会,也选了这家老字号,换了新地址,重新开业了。妻说这家不灵,换个地方,我说是人家请客,而且已经二十年了,不要老眼光看人,还是去了。

总经理在大堂门口迎候，说有事不能相陪，但已跟灶上打招呼了，便匆匆而去。服务员已是全新的，换了一拨小青年，我依然点了两个老传统菜，一位挺漂亮的女服务员愣愣地看着我说，没听说过。罢了，还是要个"糟溜鱼片"吧，菜上来了，妻尝了一口后，把盘子一推给我，说你尝尝，我忙吃了一口，太神奇了，苦的。我们夸奖一个人有毅力、有韧性、有恒心，比如每天写日记，每天晨起跑步，十几年几十年坚持不懈，是很了不起的。难得的是坚持把一个"糟溜鱼片"二十年都做成苦的，有多么不易。这还是总经理打过招呼了。不知何故，这个楼后来又歇业了。

我们又到另一个某某楼去吃，香酥鸡，鸡皮都炸黑了，鸡肉也柴了，不知为什么叫香酥，只有个"三不沾"还行。再到一家某某楼，一向以"乌鱼蛋汤"著称，舀一勺一尝，整个一股糊窗户纸味儿，妻问糊窗户纸什么味？我也说不明白，劣等胡椒粉味，是汤里的胡椒粉味不对了。又到了某某居，最拿手的是银丝卷，掰开一看，不但发黄，还不均匀，有一根大概有小指头那么粗，哪儿是银丝？整个一银棍。又在另一某某居看菜单上有芥末堆儿，久违了。端上来一看，搂了吧唧没点儿骨立劲儿，嚼到嘴里像嚼烂抹布，一点儿不脆生。还见他在电视上专门介绍怎么做，把白菜心过水焯，再把白菜一条一条卷起来，加调料腌，真是闻所未闻。我从小看我家厨师每年春节都要腌一大盆，整棵白菜心切成寸半的段，放在筻子上，用开水浇烫，开水烫三遍，码在绿釉瓦盆中，码一层，撒一层芥末、白糖、醋，一定要北京最高级的香醋，细绵白糖，再码一层再撒一层，码三层，用盖子封好，让芥末充分发酵。三十晚上饭桌上必有芥末堆，不光芥末窜鼻子，酸甜爽口，翠翠生生摆上桌，每段白菜不能塌秧，看着就鲜亮，骨立，除了色香味，您还得有形。现在很多打着京味招牌的餐馆，都有这个菜，那叫芥末堆吗？那叫抹布坨！

还有一个著名餐馆，有道著名凉菜"鸡丝拉皮儿"，端上来一看，好家伙，大粗的猪肉丝炒东北大宽粉条，冒着热气就端上来了。"熘黄菜"是鸡蛋与切的细碎的荸荠末和火腿末（是云腿，不是午餐肉），加高汤，上火熘出来的碗装糊状的，上撒小葱细末。好久不见了，见菜单上写着"熘黄菜"，忙点了，结果端上了一大盘子摊鸡蛋，叫人欲哭无泪。只有熘的鸡蛋才可叫黄菜，其他如煎炒炸摊都叫鸡蛋。某某某餐厅过去还有一道极受欢迎的菜，"银丝牛肉"，银丝是用烫过的细粉丝过油炸，特别讲究形，放在盘中像一座塔，用烩好的牛肉丝浇上去，让汤汁渗到粉丝里用筷子慢慢挑着拌匀，粉丝渐渐软塌下来，用来下饭，喝啤酒最好。现在倒好，端上一看，分明是一盘"蚂蚁上树"，这不是一个概念，尽管食材一样。前不久我与妻上街，居然看见坚持做苦"糟溜鱼片"的酒楼在新址又重新开张了。妻说离家这么近太方便了，咱们哪天吃一回？我说你忘了那苦鱼片了，妻说这又十年了，我说你可以不相信我，但你一定要相信这家老字号的坚韧不拔的精神，一苦到底，绝不改变。

我年轻的时候北京有点名的西餐厅，也就那六七家，也算是老字号了。先去了从小吃过十几年的某某某西餐厅，上了红菜汤，喝了一口，以为是山西老陈醋，又换了一家，"罐焖牛肉"特别出名，上来一吃牛肉根本嚼不动,只好把土豆挑出来吃了,可价格真够吓人的。那一罐价钱能买一头牛,一轮老字号吃下来,妻子只有一句话,"永远不来了"。

此后十年,我与妻子再没进过这些老字号。这些老字号实在太叫人伤心了。现在哪都是老字号,有一家一开间的小门脸的小饭铺,门楣上挂个横匾,居然是"北京老字号",河南烩面,这也太玩闹了,问店主为什么这么叫?他说这个店在北京开了五年了还不是北京老字号?我就纳了闷了,工商管理部门都是干什么吃的?管管呐,这说来说去老北京的老味道都跑哪儿去了?

我想有这样一些原因,第一,食材不对了,比如老北京打卤面必须用口蘑,张家口的口蘑,现在卖的口蘑全是蒙事儿。还必须得有鹿角菜。

一九七〇年,我在张家口干校劳动时,经常与女友去野树林里采蘑菇。女友是南方农村长大的,采蘑菇有一手,一个早晨我才采了四五只,她已经采了一篮子了,做汤,别的什么都不用放,放点盐就行。那叫鲜,喝一口鲜你一跟斗,那才叫真口蘑。没有这种口蘑,所谓老北京打卤面,老什么老,只能叫现代北京打卤面,别叫什么老北京。第二,最重要的一点,厨师不对了,饭馆越开越多,对厨师的需要量越来越大。三个月的烹饪班毕业就能当厨师。其实我们去吃老字号,并非是冲招牌去的,真正是冲老字号的厨师去的。再悠久的老字号,没有传承的优秀的厨师,也只是废匾一块,当下打着老字号招牌的,不如打一位优秀厨师的名号,来得更诚信。过去曾有一个老店实行了实名制,每上一道菜都带个小标签,写着某某厨师制作，由食客们点赞或差评，真是个好办法。滥竽充数的厨师自然会被淘汰，优秀的则晋级加薪，引入了公平竞争的机制。现在没有了，不知何故？

我无数次地遇到过这种情况。不久前刚吃过一桌堪称完美的宴席。大年初一，就向朋友们大大吹嘘了一番，携友前去，结果一吃鱼是腥的，红烧肉是硬的，海参像皮带，芥末鸭掌吃出了农药味，大概是洗涤剂或漂白粉，几乎没有一个菜能吃，被我那帮朋友暴臭了一顿，一问领班才知道大厨休假走了，今儿是实习生做的。同一个字号，同一个价位就敢这么糊弄人，上哪儿说理去。有了几次惨痛的经验教训，后来长了记性，养成了订座时先问哪位厨师当职，绝不再上当了。花点冤枉钱也就忍了，只是生不了那气。还有，老北京城没几个老北京人了，吃的人、做的人都根本不知道老北京什么味儿。老北京的吃主和做主全都去天堂享福了。市场需求也大，流动人口又多，各种需求都不一样。一个厨师居然会八种菜系，能好得了吗？而且利润最大化，费事的不做，只要是名菜，没有省事的。所以厉家菜、谭家菜才贵，因为他只做他自己拿手的，贵，是有道理的。

下馆子吃饭，吃得好不好，舒心不舒心，还有一个重要的因素是服务员的服务。菜肴再好，服务员素质差，你也只能吃出一肚子气来。这个行业看来简单，在饭馆餐厅真要做成合格的服务员，那是太不容易了。这个行业自古以来都被人看不起，老年间叫"小二""跑堂的""伙计"，后来叫"服务员""同志"了，甭管叫什么，他们都是底层的弱者，看来不是个技术活，是个人都干得了，而且待遇极低，工资少得可怜。他们像个演员，不管个人有什么遭遇，戏总要演下去。见了顾客都要笑脸相迎，什么人都得对付，顾客也分成了三六九等，先不说服务员，就吃客而言，从对服务员的态度最能看出一个人的人品，那些对服务员横眉冷对，不屑一顾，指手画脚，吆三喝四的人一定是在富人面前卑躬屈膝，满脸堆笑，对大一级以上的官员拍马谄媚，溜须逢迎之辈。你对领导也这么吆三喝四，我就服你。我有个朋友介绍了一位曲艺界的大腕，一起聚会吃饭，这位大腕对服务员的态度，就像奴隶主对奴仆一样，只是这一次，就可以绝交了，再无来往。仗势欺人，人品太差，你留神注意一下，以此划分人品大体不错。解放以后八大员其中有服务员，社会地位提高了，都是为人民服务。只有职业分工没有高低贵贱，最有代表性的一条，就是废除了"小费"，顾客吃完饭后不得在正常消费以外单给服务员额外的钱，说是剥削阶级把服务员当成了伺候自己的下等人，是对劳动人民的侮辱，大概是在一九五二年以后。此前我和大人出去吃饭，每次都要付小费，并没有什么规定和制度非要给，不给也无所谓。服务员照样笑脸相迎，招呼一句您常来，慢走。而且有些饭馆专门在靠近柜台的柱子上挂了敞口的钱箱子，一尺见方，顾客只要付了小费，伙计便大喊一声："某某桌小费两毛！"然后走到柱子前面，把两毛钱往小箱子里一扔，这喊声既体现了财务上的透明性，又表现了对顾客的谢意。柜台上边单在一本另册上记下钱数，每月结账时把这箱子里的钱全部取出，按伙计人数平均分账，有时每月的分账钱比工资还多，公开、公平、公正，绝不产生贪污腐败。家里也一样，每逢年节，家中仆人就要起早贪黑的忙活两三天，宾客盈门，热闹以后，大多数客人都会留个红包给辛苦了一天的仆人，几乎成了习俗，没什么不好吧？劳动就得有报酬。你说这本是他分内的事，可加班是否得有加班费？节庆喜日老板是否得发红包？干得优秀还有奖金，这和剥削阶级有什么关系吗？现在港澳台、欧美大宾馆都要付小费，这是服务员的一大笔收入。一九五三年我家在"萃华楼"聚会，临走时给服务员递了个红包，他十分惊恐地说上面有规定，不能犯纪律，这要受处罚的。如此这般是服务员少了一大笔收入，看不出这是对劳动人民的尊重，这不过只是对服务员的另一种奖励。

一九六三年我随母亲和一位风水大师去西山"福田公墓"，为老爷子墓地勘测风水。回城后三个人到"同和居"吃个便饭。母亲要了四个菜，"锅塌豆腐""芙蓉鸡片""糟溜鱼片""烩乌鱼蛋"。服务员上菜时多了一碗鸡丝汤，说大厨看了您点的菜单，说今天来了吃主了，这是专门敬您的一碗鸡丝汤。汤浓而清爽，上面飘着几根鲜嫩碧绿的豆苗，清香扑鼻。母亲笑了，说是某某师傅吧，边说边从包里拿出两盒"中华香烟"，叫服务员转交某某师傅表示谢意。您瞧，默契到什么程度？这叫和谐。厨师一看菜单，知道哪位吃主来了，吃主一看菜，就知道是哪位师傅上的灶儿。厨师不灵，多老的字号也瞎掰。

过去老字号大饭庄，还有一项特别暖心的服务，饭吃了一半，有些菜凉了，服务员不用你招呼，把未吃完凉了的菜拿下去热一热，再端上来，不光是回火一热，还会加些俏头、佐料，重新加工再端上来，感觉是一盘新菜，或改造成一碗羹汤。特别是冬天，菜凉得快,这种服务也早已不见了。

本来顾客与服务员之间是相互尊重的问题,过去总是谴责顾客如何欺负服务员?如今不是了,当然也没必要非拿顾客当上帝,还都是普通人之间的相互尊重即可。可你不能把自己当上帝,把顾客当累赘。服务态度极差,甚至蛮横,这种状况多在国营餐馆,你就是八天没顾客上门吃饭,他工资照拿,没人来才好,省心又省力。我有过几次不愉快的经历,至今难忘。

一九五九年我与六哥去"全聚德"前门店吃饭。那时已经公私合营好几年,在大堂靠边找了个空座,要了一只鸭子,真快,转眼就端上来了,六哥一看就不对了。这鸭子不是刚烤的,服务员说都这样,叫他换一只,他说都这样。跟他说从鸭胚就不对,都褶巴了。他仍说都这样,烤的火候也不对,皮都发黑了,他居然还说都这样,叫他换一只他却问你吃不吃?我说我不吃我进来干什么?六哥真怒了,一拍桌子大吼一声,叫你们杨经理来!整个大堂吃饭的人都往这边看。我特不好意思,越吵越厉害。终于经理赶过来了,一见六哥无可奈何地长叹一声,嗨!你怎么也不打个招呼?原来这位杨经理与我六哥都是政协委员,经常一起开会,通家往来都是好哥们儿。六哥说我们俩就吃个便饭,不愿麻烦你。杨经理说你就是给我找麻烦,少废话上楼上楼。六哥指着服务员说,你们这服务员什么态度?杨总说活该活该,谁叫你坐这儿了?走吧上楼,六哥不依不饶,说不行,你们这服务态度太差,站在一旁的服务员十分惊恐地望着,杨总忙挥了挥手说,去干你的活,这儿没你什么事,服务员如遇大赦,匆忙转身走了。六哥说:"这就完了?"杨经理都不理,转身上楼，我们跟了上去，鸭子现烤刚出炉，又加了几个菜，也没要钱。临走杨总说以后别再弄这种事，你自找不痛快，我可管不着。后来我才知道楼下大堂虽然也有整桌的宴席，但大部分接待散客，到这种老字号来吃烤鸭的，百分之九十是外地人，你瞧吃客脚下多放有行李包、旅行袋，这儿离前门火车站、长途汽车站非常近，一下车就先跑到这儿吃烤鸭，慕名而来。那时候一只烤鸭八块，小一点的六块五块，一般人吃不起，上边有了指示，要为劳动人民服务。于是烤鸭开始零卖，片好鸭子分成小盘，八毛一盘，有点像现在的快餐店，鸭子早就片好了，什么时候烤出来的就难说了。可以拿这个来糊弄外地人，回到家乡也能吹个牛，我吃了北京的"全聚德"，可拿这个来糊弄北京老吃主就不行了。不知道这老传统现在还有没有？二十年没去"全聚德"了。

二〇〇二年我们一帮朋友去中山公园"来今雨轩"吃饭。一进大厅一看冷冷清清，没什么人，只在柜台旁边有一桌人吃饭，五六个女服务员都趴在柜台上聊天，嘻嘻哈哈有说有笑。我们在最里头靠边的桌旁坐下来。等了半天，只见那几个女孩子仍在柜台旁聊大天，好像根本没我们这帮要吃饭的人，连叫了几声服务员竟然毫不理睬。我忍不住了，起身走到柜台前说"同志，我们点菜"。没人理，该说说该笑笑，我有点急了："同志，我们点菜怎么没人管我们？"一个小姑娘忽然扭头瞪了我一眼，丧榔个脸子说："谁叫你们坐那么远？"我真惊呆了。有多远？顶多就十几米的路，我们应该坐哪儿？女孩指着柜台旁的桌子说："这儿！"真像吆喝牲口一样，亏了我们都有个坚定的信条，服务员们都不容易，体谅！我们全都坐了过来，可这顿饭，您说，吃得心里能舒服吗？这里的冬菜包子最有名，临走时买了两斤包子，第二天中午不做饭了，熥了一屉冬菜包子，好好享受一下，咬了一口，妻感觉不对，牙碜。家里做饭也难免有时粥里、菜里有粒沙子，也不为怪，再咬一口包子，真不对了，满口的牙碜，立即吐了出来，两枚都扔了，各再取一枚，牙碜如故，连试三次六枚都如此。大概这冬菜包子的冬菜压根就没洗就剁了馅了。这哪叫包子？整个就一沙袋，全都扔进了垃圾桶。

相比之下民营的餐馆要好得多的多，有时甚至有些过分，过于谦恭，弄得人很不好意思，真把你当上帝了，有时候不得不颇具歉意地阻止，"歌就不必唱了""颂词也不必说了""菜肴也用不着介绍了""我们有些私房话要说，你也不必从头到尾站在我们身后，请到外面，有事招呼再进来"。人家好心贴个冷屁股，不大近人情，所以冷了热了都不好。

这帮人真难伺候，也挺累人的。

一九七二年部队干校的下放学生大逃亡，全跑光了。我也跑回了北京。一天约了两个哥们儿去"莫斯科餐厅"吃西餐，去得比较晚，快八点了，等最后一道菜上来，已经八点四十了，吃饭的客人走得差不多了，还剩那么三四桌，那天我们这桌的服务员态度十分不好，你问他三句话，他一个字都不答，两眼望着别处装听不见。上菜不是放桌上，是扔桌上。这年头谁心里都不痛快，还是不计较。最后我们又向服务员要三个冰淇淋，他极不耐烦地说，下班了后厨没人了，一看表九点下班，还十多分钟，冰淇淋都是现成的，又不用厨师做，服务员狠狠地说下班了，转身走了。我忍不住要发作了。

俩哥们儿忙拦我说，算了，犯不上跟他怄气。正在这个时候大堂的灯忽然全灭了，只剩了往后厨门口的一只灯亮着，我叫了一声，"别关灯，这还没吃完"。服务员居然冲过来说："快点吃吧！下班了，外国人都没你们这么事多！"这一下子可把我惹火了，我被打成"反革命"，四年劳改，四年干校，一腔的怨恨无处发泄，性子也变得很野，起身冲上前一把抓住服务员的脖领子，大吼一声："我打死你个狗洋奴！"他吓坏了，两手把我的胳膊用力一甩，转身撒腿就跑。我边骂边追，他绕着几张餐桌跑了一圈，我穷追不舍，他飞快地跑向了后厨，我追到后厨门口被五六个服务员拦住了，"对不起，您不能进后厨"。我说你们叫那小子出来，我要打死这个狗洋奴，我那俩哥们儿也急了，大叫这事没完。你们电话在哪儿？打电话。有人治得了你们。那时候经常来"老莫"吃饭的，有一帮高干子弟，一说打电话，他们完全闹不清我们有什么背景，正闹得不可开交，餐厅经理慌慌张张地出来拦住了我们三个人。"对不起，对不起，有话跟我说，我是经理。"我们一哥们儿说跟你说不着，电话在哪儿？打电话，打电话！经理忙把我们向餐桌推，电话就不要打了。跟我说我来招待你们，我来，请坐。旁边两桌还有几个人也都拍案而起，一口的上海话，也是谴责服务员态度恶劣，而且客人没走，居然把灯灭掉了。我怒斥道："在你们眼里，中国人都不是人是吗？你们眼里只有外国人是吗？"经理不住地道歉，说一定要批评教育服务员，确实不像话，又问我们还需要什么，只管说。我拍着桌子说，三个冰激淋！经理忙回头，叫身边一个服务员去拿三个冰激淋，服务员怯怯地说，下班了，人都走了，拿不了。一看表，可不是已经九点多了，经理把眼一瞪喝道，去拿三个冰激淋！服务员忙不迭地跑了，很快拿来了。大堂的灯又全亮了，我故意狠狠地说："对不起，冰激淋至少吃一个钟头！"经理说没问题，您吃到什么时候我们都等，不急。我们当然没那么赖。等我们出了餐厅大门，三个人不约而同地都蹲在地上，笑得不行了。我问那哥们儿，你刚才要给谁打电话？他说还有谁？给我媳妇。五十年过去了，至今我们哥们儿见面聊起这事还笑得不行。

在时间点上，民营也比国营要宽松多了，国营店一到钟点儿，服务员就会催了，"下班了，请抓紧点了"。不管还有多少桌人没吃完，服务员开始打扫，先是把椅子倒过来，四脚朝天放到桌子上头。您周围变成了一圈林立的桌子腿，拖地的过来了，劳驾您抬抬脚，你刚夹起一筷子红烧鱼，顾不上吃，先把两条腿抬起来，拖过以后，这鱼您还想吃吗？走人。

八十年代这种奇奇怪怪的事已经见怪不怪，买早点排大队是常事，国营店只有有限的几家，没有民营的，排大队买到的时候，早上上班已经来不及，在街上走着路吃，在公共汽车上吃，现在已经是不文明行为了。饭馆吃饭排大队，而且不在外边等，涌进大堂，您坐那儿吃，身后站四五个等座的，你会很歉意地说，"对不起，马上就吃完了"。等座的客人也很客气地说，"不忙，您慢慢吃"。您还慢得了吗？后来改为拿号、叫号，规定用餐时间六到七点你必须吃完，下一桌人毫不客气地上来了，这桌人是七点到八点。据说现在每到春节订餐也如此，饭店每桌一晚要翻三次台，吃饭已经不是美食享受，成了一种仪式。您不就是为了节日期间完成一次合家团圆聚会的老习俗吗？我宁可在家喝碗棒子面粥，也不去起这个哄。当然也有些顾客很不自觉，只顾自己痛快。从晚上八点吃到深夜三点，服务员靠在墙根都睡着了，您还任性地没完没了地闹，这真不怎么样。你也体谅一下服务员的辛苦，这毕竟不是在你自己家里。早年前没这事，也有客观原因。晚上十一点就没公共汽车了，你必须十点左右赶往汽车站。现在都有私家车了，没这个问题了。还有解放几十年，中国人没有了夜生活，早起上班，下班回家，按时睡觉天经地义。现在也不同了，出租车司机最门儿清。晚上八点是生意最好的时候，一般"打的"的老年人是在外刚刚吃完饭回家的时候，而小青年正是刚刚出门去消夜，形成了城市的新循环。青年人的夜生活才刚开始，拍戏在摄制组体会尤深，拍一天戏到晚上十一二点收工，已经累得不行，只想洗个澡，赶快往床上一躺，可组里的年轻人只要一收工，三三两两，成群结队上街了，随便哪个小吃店、小饭馆、大排档，来俩凉菜，几瓶冰啤能折腾到天亮，睡两三个钟头又出工了。

现在年轻人吃饭已经不大讲究菜品了，讲究情调，注意环境，这当然没什么不对。可当情调的成本大过菜品时，我就有上当受骗的感觉了。经朋友推荐我与妻到三里屯一家不中不西的但有些神秘色彩的餐厅吃饭，高大的两扇红漆大门紧闭，光线昏暗，门侧一个小暗灯下，有个门铃按钮，按了钮，门开了个缝隙，露出了一张纯情少女脸。"用餐吗？请进。"门开了，我们刚进了门，大门立即又关上了，大厅内一样的昏暗，正中间席地而坐一位白纱裙的少女弹着古筝，优雅而古朴，厅里曲曲弯弯，都是间隔的车厢座，服务小姐彬彬有礼，仪态万方，领我们到里面就座。一路走过，就餐的百分百是年轻男女，像我与妻这样年岁的只此一家。餐桌上小花瓶里插着一朵极美的名贵的蝴蝶兰，我以为是假的，一碰确实是真花，很情调。在昏暗的灯光下，看着菜单点了菜，第一道菜上来了，沙拉，一坨比核桃大一点的土豆泥放在生菜叶子上，一个切开两半的圣女果点缀旁边，这一小撮食物居然用了个一尺的大白瓷盘。我感叹道，真讲究，着实的情调。这点东西我们俩一人一小勺就吃完了。第二道菜，烤羊排上来了，比刚才的盘子还大一号。上面一支含苞未开的玫瑰花，可那羊排就是两根各长两寸的肋条骨上包着一层薄薄的带筋膜的肉，一人一根，两口吃完了，象征爱情的玫瑰花，对我们老两口来说过于奢侈。第三道菜是茄汁鱼，一尺二的大盘子上，淋着横七竖八的番茄酱道道，有些先锋艺术的气质，可那块鱼也就一张麻将牌那么大，还枕在半个草莓上，太小了。妻照顾我说，你全吃了吧，放嘴里还不到一口。我说这是给人吃的吗？这纯粹是喂鸟嘛！我看了看周围情意绵绵的喁喁私语的小青年悄悄对妻说，这叫吃饭吗？妻说人家吃的是情调，我泄了气，说这哪儿够吃，再要几个菜吧，妻说再要十个菜你也吃不饱，咱们回家泡方便面吧，这顿饭吃了六百多块，情调至少占了五百八，三个盘子就把小餐桌摆满了，且拥挤。

  我拍了几十年的戏，跑遍了全国各省市。每到一个地方，先要问明白有什么好吃的，有什么老字号的饭馆？我特馋，到每个地方先问吃，上大学时有一年暑假去上海玩，在上海"大三元"吃了一次"脆皮黄鱼"。世界上怎么还有这么好吃的鱼？回到北京到处找，找不到，母亲就挨家去问。那时上大学住校，一天下午刚上完课，母亲来电话说在绒线胡同"四川饭店"找到了。立即蹬车前往。母亲要了双份两条脆皮黄鱼，不吃别的了，照着这一个菜吃，两条吃完又来两条，也全吃了。吃多了，打那以后听说"脆皮黄鱼"就反胃。1985年去上海拍电影，在淮海路一家私人西餐馆"蓝天"，吃了一道奶油蛤蜊，我的天，好吃到水枯石烂都不会忘。第二天带摄制组几位演员一起来吃，吃一盘加一盘，直吃到老板走出来说，对不起，店里的蛤蜊全部吃光了，想吃"明朝会"吧。到苏州拍戏，头汤面"朱鸿兴""陆长兴"，必须起大早赶头汤，天不亮起床，赶了去吃上了这碗面，才觉得苏州没白来。到了成都每天早起去小吃街吃早点，每天吃两样，龙抄手、赖汤圆、粉蒸肉、三合泥，十天才吃了半条街。四川话叫吃都吃不赢。第一次去广州拍戏，我要吃"陶陶居"，我外甥偏带我到大排档，那一盘"炒牛河"使我终身难忘。后来回京，在无数有名的粤菜馆都怀旧地点一盘炒牛河，都没有一家比得上那家大排档摆摊人的手艺，到了西安选演员。第二天一早先奔"碑林"，就在街对面有一家一开间门脸的肉夹馍小铺，店主是个七十多岁的老头，胖胖的，很严肃，总好像跟谁生气。刚刚烙出的馍，夹上从锅里刚捞出的烫嘴的切碎的肉，一口下去傻了，一连吃了四个，中午饭都免了，后来吃过几十家肉夹馍，质量差得不是一星半点。第二年听西安朋友说，这位老店主去世了，估计真正的肉夹馍也失传了。到了昆明拍戏，"过桥米线"；到了桂林，"马肉米粉"；到了杭州，"西湖醋鱼"（太难吃了）；到了绍兴"咸亨"吃了半斤的咸蚕豆，因为鲁迅描写过。最逗的是七十年代初，在广西进山去拍片子，风景好，满山的青翠绿竹。吃饭的时候居然老乡用大瓦盆上了一盆春笋，过去在北方吃个鲜笋，弥足珍贵，能看见刚摘下的鲜笋有多么不易。可这里一个穷山沟随便吃，太享受了。可半个月吃下来，真是哭都哭不出来了，天天顿顿吃春笋，穷山沟，没别的可吃。在这里是穷人用来度荒果腹的又全是清汤寡水，撒把盐而已。只吃得脸比竹子还绿，脑袋都快变成笋了。春笋的价值观念，在我心中一下子倒塌了，好多朋友说我是美食家，别扯了，边儿毛都沾不上。美食家要会吃会做，见多识广，实践上、理论上、厨界的人脉上都要有深深的造诣、研究、交往，我根本什么都不懂。

说到广西，我想起了前两年在电视上某台播出了一期专访节目，广西某船上人家的船工喜欢吃一道怀旧名菜，"爆炒石头子儿"，颇多赞美之词，什么情调，什么美食，什么怀旧，太荒唐了。这个"菜"姑且叫作菜，我吃过。1974年在广西，我奉命去某县山区拍纪录片《大寨之花遍地开》，我们开了一辆老掉牙的"罗马"吉普车进了村，立即被村民们水泄不通地围上了。他们没见过汽车，吵嚷着、议论着，有个大胆的孩子突然伸手摸了一下汽车，又立马缩回去了，惹得村民们哄堂大笑。山村基本还属于刀耕火种的原始部落状态。县委书记陪我们摄制组（这个组只有我、摄影、剧务三个人）进了村，叫了一个村干部负责接待我们。村里几乎大一点儿的墙面上全都是用白灰刷写的巨型标语"三年建成大寨县""战天斗地学大寨"。我先采访这位村干部，村里有多少亩地，每亩产量有多少？与大寨有多大差距？这三年用什么措施赶上大寨？这位村干部一脸茫然，说没什么土地，没什么产量，无法统计。我也变得一脸茫然，怎么会？原来山村没有成片的土地，山坡上只要有土的地方，大多是石头缝间埋几粒苞谷，就不用管了，任其自然成长。四周整个的山坡散散落落、稀稀拉拉种的全是玉米，最大片的也就能种十几棵。当然无法统计土地，苞谷熟了，各家背个筐上山，掰一个苞谷，往后背筐里一扔，装满了下山，磨面，磨成苞谷渣，吃完了上山再掰一筐，所以这产量当然也无法统计。我惊问道，这三年怎么建成大寨县？他说建个屁！口号嘛，总是要喊的。

我们摄制组每天被分到各家吃派饭，一天吃一家，我们买的派饭票，向大队买的，吃一顿交一张，将来算到他们的工分里，他们无权收取现金。一连三天我们吃了三家全都是玉米糊糊和辣椒糊（把鲜辣椒捣碎撒上盐，腌成辣椒糊）。村民们成年累月就吃这个，两岁小孩子也一样，一哭闹，大人就用食指抠一坨玉米糊，往孩子嘴里一抹，再用食指抠一坨辣椒糊往孩子嘴里一抹，孩子吧嗒着嘴不哭了，他们没蔬菜吃，根本没地方种菜，我们吃不惯，也吃不饱。第四天吃饭，主人家突然在辣椒糊之外端上了一大碗菜，我们都惊讶了，终于有了炒菜，但仔细一看，分明是一大碗樱桃大小的石头子儿，主人不住的让着吃菜，可谁也不敢动筷子，不知道该怎么吃，怕露怯。主人先夹了一个石子儿，放到嘴里，唆咯了几下，又吐了出来，"啪"地落在桌上，又扒了一大口玉米糊，这我们才敢动筷子。石头子儿放嘴里有一股咸辣味，没别的，就着这咸辣味吃玉米糊，陪我们的村干部说，这叫"万年菜"，锅里放点油盐，炒石头子儿就代表了吃菜。吃过以后把石头子儿洗一洗，下顿饭接着炒。

我想这菜不止炒万年，两三万年都可以，只是不太卫生。哪怕每天换一批石头子儿也好，据说这样大小一样又圆又滑的石头子儿，不是那么好捡的。这样一种纯贫穷的标志，足以见证农民经受过怎样苦难的生活，怎么可以拿来在电视节目里当作怀旧情调和美食来介绍？我一直怀疑编导别有用心，或者是一种扭曲的猎奇心态，哗众取宠。当然我们学大寨的纪录片没拍成。五天以后我们放弃了，这是我在吃的历史上最揪心难过的一次。临走的那天，村干部特意安排我们到一家村里最富的人家吃饭，饭主人是个四十岁左右的妇女，很有模样，且穿了一件新的少数民族衣服，滚边绣花的花袄，大概是特意对我们来吃饭的人表示尊重，并且隆重之意。她老公在公社某单位养猪，是吃公家饭的，所以成了村中富户，伙食果然不同。上来就端了一碗煮挂面，哥儿几个眼都直了，有面条吃，可女主人马上又给每个人端了一碗玉米糊，我们又吃不准了，今天这是吃面条还是吃玉米糊？也都瞄着女主人，看她怎么吃，还是怕露怯。女主人端起玉米糊吃了一口，然后指着挂面说"吃菜"。明白了。这挂面是作为菜就着玉米糊吃的，只见女主人吃口玉米糊，夹几根面条就着吃，"菜"这个概念，在山民的认知中是非常珍贵的，而挂面是珍贵的，必定要当菜吃。半个世纪过去了，山村应该早已脱贫了，我真想回去看一看。

到了山东青岛拍戏，有一家老字号餐馆，我久已闻名，就带着摄影师、照明师等人去领略一下正宗的鲁菜风味，点了一桌菜，忽见菜单上竟然有"油爆双脆"，那份惊喜难以言表。这是当年北京"萃华楼"最拿手的菜，可几十年了，走遍京城各大餐馆，早不见了这道菜。没想到在这儿遇见了，赶紧要了一个。可这顿饭吃了一个多钟头，整桌菜吃完了，这道"油爆双脆"也没上来，一桌人坐在那儿干等，催了服务员几次，都说正在做，还退不成了。我跟摄影说我看出来了，这菜少有人点，厨师犯难，我敢打赌这菜上来这"双脆"肯定嚼不动，摄影说不会吧？不会做，怎么能写在菜单上？我说你瞧着，肚儿和胗儿肯定嚼不动，真是千呼万唤始出来，众人下手一人一筷子放到嘴里，都把眼睛瞪起来了，用牙咬，用手拽，都扯不断，大家只好放弃，把筷子一扔，走人！还是在这家，我要了一碗三鲜面，跟着面还上了一碟剥好的大蒜瓣，洁白、饱满，个个硕大，水头足，我喜欢生吃大蒜，一碗面至少五瓣大蒜，我拿起了一瓣，上来一口就咬了一半，入口还不觉得，等嚼完一咽真傻了，怎么这么辣？暗暗叫苦，脑门立即渗出一层汗，感觉顺着两个太阳穴往出冒火，整个脑袋要爆炸，一辈子没有过的体验。山东大蒜，到现在没弄清楚产地何处，剩下的半瓣，直到一碗面吃完了我也没吃完。也是这家店，我一个人要了一菜一汤，菜是"清炒肥肠"，肥肠又肥又厚，绝对大肠头，软烂适中，不油不腻，只呛了点青蒜，并未放大蒜末儿，一盘吃光意犹未尽。第二天制片主任从外地办事回来，我兴高采烈地拉他去吃"清炒肥肠"，告诉他昨天吃过了，少见的美味，等菜端上来一看，什么东西？大肠也就像大拇指那么粗，一股子碱水味，大概是用碱水洗完大肠没冲干净，就两天就差成这样。第三天你还敢来要这菜吗？估计也是大厨回家休息了。又要了一碗三鲜面，照例上了一碟剥好的蒜。我对主任说，山东蒜真地道，香辣可口。主任也是酷爱吃蒜，吃相比我还狼虎，上来就把一瓣蒜扔嘴里了。少顷，他两眼发直地瞪着我，半天才喘上气来，说导演你这不是害我吗？没吃过山东此地的大蒜，白活。

如今要吃上一条斤半的野生鲜活大黄鱼要上千块钱。一九六三年夏天，我随恩师度假去大连，专门去渔村体验生活，随渔民出海打鱼。头天晚上文联的老李带我去渔村住在了一位船老大家，八点就睡了。村里不但没有电灯，油灯也点不起。一九六三年还是困难时期，渔民生活简陋到无法形容。我和老李躺在地铺上谈一个剧本，也不知道什么时候睡着了，我睡得胡里八涂时突然被叫醒，一片漆黑，也就三四点钟，船老大在窗外喊了一声，"出海了"。我和老李忙跑了出去，跑到了海滩一看，约莫有二十几条渔船停在滩头上，一群群黑乎乎的人影涌上了各自的船。老李带我来到一条船下，船帮有两米多高，我以为要搭个跳板，搀扶着上船，谁知船老大吼了一声，五六个大汉扶着船身躬身用力，将搁浅在滩头的船只推向了大海，船一离滩。大汉们敏捷地窜上了船，我还傻站着，等人招呼我，老李已经上了船，突然发现了我大叫道，老郭，干什么？快上船。

我猛然醒悟，飞跑上前，海水已没过了腰，跃身抓住了船帮，抬右腿一勾，翻了上去，船身快速向前冲，我重重地摔在了船板上，浑身上下已被海水湿透，没人理会我，爬起来回头一看，船离滩头已二三十米远了。在这些渔民看来，上个船还要什么人帮吗？没这个概念，我若不是惊醒得快，船也就开走了，把你一个人扔在滩上，活该。你自找。亏了我是学院篮球队的，跑、跳、窜、蹦还都行。船在黑暗中行驶着。无边无际的黑暗。几十条船驶向各自的方向。船老大指挥扬帆、转舵、划水，赶溜子，赶上溜子船就会顺流而下，不用划、不用舵可以漂流百里，回程则驶出溜子才可利用风帆、尾舵返回滩头，闻所未闻。我不懂什么叫"赶溜子"，老李告诉我，大海表面看似平静，实际上与陆地一样，海中有河，渔民称为"赶溜子"，即把船驶入海中的暗河。

大概走了一个多小时，天光亮了，这才发现汪洋大海上只有我们这一条孤船终于赶上了溜子，船身摇晃了几下，老李叫我注意，溜子水面颜色完全不同于海面，颜色偏深，这就是海中的一条河。船顺流而下，船老大指挥放渔绳了，钓鱼的长绳子，这是头天晚上准备好的两大盘渔绳，有二三十里长，每隔十几米绳上都拴着大葫芦和皮囊等悬浮物。每隔半米就有一根长线垂下来，线端是带饵的鱼钩，船一边行驶，一边放线，一个个鱼浮物渐渐远去，一直到鱼线放完，撤下帆。停了桨，下了锚，只等鱼儿咬钩了。第一阶段的工作完成，可以松口气了。我一直以为打鱼全是撒网，这儿怎么是撒钩呢？这时太阳出来了，根本不像诗和各种歌所唱，叫什么太阳慢慢升起，不，太阳腾一下子就跳出了海面，就一眨眼的工夫，红红的、圆圆的，比平日看到的太阳大几十倍，可以直视，毫不刺眼。这时再看大海，人真太渺小了，你算老几？

这是我第一次身临其海，融入大海，与坐轮船出游完全不是一个境界。看着湿漉漉的我，老李说把裤子脱了，晾在船帮上，海风一吹，干得很快，老李很斯文，他也湿了却不脱。我在犹豫，只见渔民汉子们，噼里啪啦全脱个精光，裤衩都不穿，衣服乱扔在船板上，一个个往船帮上一靠，四仰八叉地睡上了。我也脱了衣服，只穿个三角裤，说实在的，这半宿海风吹得我着实有些冷，光着身子晒太阳，很享受。老李搭讪着和船老大聊天，船老大爱答不理地闭目养神。老李忽然说，老郭会唱戏，唱一段吧。船老大突然来了精神，睁开眼坐了起来，你会唱什么？我说京戏、评戏，大鼓小曲儿，你爱听什么？他说京戏，《空城计》行吗？我说行。来一段，"我本是卧龙岗上散淡的人"，没想到那些赤条条的大汉都坐了起来，津津有味地听着。

无边无际的海，站在船上，对着阳光大海唱一段诸葛亮，我觉得充满了诗意和情趣。唱完第二句回头看了一眼船老大。嗨！这老兄，赤身裸体在船尾两脚踩着船帮撅起屁股拉上屎了，直接拉进大海。我稍稍愣了一下，忽然觉得这也挺诗意的。又唱了一段《二进宫》的花脸唱段，果然这些汉子们爱听，不住地夸奖。瞧老郭这嗓真好，真好。而且彼此间的关系立即改善了，有说有笑，有问必答，我进一步了解了海，知道了他们丰收的景象，知道了他们与鲨鱼搏斗的历险故事。而且每年一遇大风浪，几乎都有出海未归的人，无声无息地葬身鱼腹，整个渔村的人，会聚在滩头，眼望大海，一声不吭地蹲上两三天；太阳老高了，到了收绳钩的时候了，太美，太壮观了。随着绳子收拢，一条条咬了钩的大黄鱼跃出水面。在阳光照射下闪着金光，我也瞎起哄地跟着忙，渔线收完日当正午，返航了。船老大很不满意地说。鱼越来越少，到了船老大家，我第一次吃到了刚刚从海里打上的大鲜黄鱼，先在院子里升起一堆火，架上挑水用的大铁桶，把收拾好的鱼十多条扔在桶里熬汤。吃饭了，七八个人，一大筐贴饼子，各种做法的大黄鱼端上来了，居然有酒。

老李说，三年严重困难时期，粮食可以不够，可是酒从未断过，因为没有酒，渔民就不出海，所以不管当时国家有多么困难，渔民的酒没有断过，特殊供应。最后才上鱼汤，整桶的汤倒出来。煮烂的鱼倒进了垃圾桶，说鲜味都在汤里，鱼肉没什么吃头了，心疼得我不得了。

一九八〇年到大连选演员，制片主任是大连人，请我在他的渔民亲戚家吃黄鱼，又知道我爱吃炸的，竟然炸了一大脸盆黄鱼，端了上来，是一斤多一条的大黄鱼，我吃了六条，别的什么都没吃。人的一生在吃的问题上一定要有几次、哪怕是一两次刻骨铭心的记忆，才不枉来人世一遭，这次吃黄鱼对我来说是其中之一次。

二〇〇一年夏我过生日。妻子按照老规矩在"丰泽园"定了一桌酒席，只请了六七位至交好友。吃到一半，服务员忽然端上一碗面说，"祝您生日快乐"。小姑娘说他们都刚刚看完电视剧《大宅门》，特别喜欢，这碗面表示酒楼的一番心意。我一看，一个意外的惊喜，是"伊府面"，多年未见了，在座诸君均未听说过。我大概说了说，这是清朝一位姓伊的扬州知府用了一个河南大厨，一起反复尝试，创了这道"伊府面"，要用精面粉，以鸡蛋和面，只放少许适量的水，这面要反复揉醒，用半天的时间要揉透、醒透，擀成宽条面，先下水煮熟，捞出晾凉，再下油锅炸，油温很重要，炸至金黄备用，做汤汁就五花八门了，各有讲究。海参、虾仁、玉兰片、口蘑等等，用高汤把炸好的面放入汤中，慢慢地煨，将面煨透才好。这面吃起来特有嚼头，鲜香无比。五六十年代，很多山东馆子、淮阳馆子、粤系馆子都有"伊府面"，各显神通，而且大的商场均有炸好的"伊府面"销售。盘成直径五六寸的圆盘，不渗油的纸包装，一摞一摞地摆在柜台上，很像现在的方便面，只是回家自己调料做汤而已，至今已四十年不见了。一碗面每人尝一口，图个吉利，寿面，挑寿。只是面有些糟，不筋道。有人说是煮过了，不是的。"伊府面"煮不糟，肯定是面揉醒得不到工夫，或面粉质量不精。对了，那天吃完饭还有个小插曲，吃完以后大家乱哄哄地往门外走。经理、大堂领班、服务员都过来打招呼，一直送下楼，送出了大门。我一再说着留步，别送了。可有个服务员一直跟着我，送到了停车场，我说别送了，请回，谢谢了。那姑娘还不走，等我拉开车门要上车了，那姑娘才很不好意思地说，郭导演，您还没结账。嗨，臊得我一个大红脸，什么事？吃完饭抹抹嘴就走，以为是你们家呢？

再说回这碗"伊府面"，吃得我险些落泪。因为最后一次吃"伊府面"是一九七三年，是我妈妈亲手做的，什么是妈妈的味道？

一九七三年干校大逃亡，我也逃回北京。在一位同学的三姨家有幸结识了一位老前辈成了忘年交，他是原国民党天津市市长、一九六三年特赦的战犯杜建时（他的故事非常传奇，我写过一篇文章），他喜欢我，我经常与他做彻夜谈，受益良多。我崇敬他，他提出要拜见我的母亲。那时我母亲被抄家后只住一间七平方米的简易房，难以招待贵客，那时也根本没有能力在豪华的饭店摆宴，十分为难。杜老看出来了，说君子之交安贫乐道，读过刘禹锡的《陋室铭》吗？何陋之有？一碗炸酱面足矣。定下了日期。妈妈心里开始不安，吃面可以，但不甘心一碗炸酱面了事，说要给杜老做一次

"伊府面",提前两天就开始准备了。同时还做了素什锦、土豆沙拉两个凉菜,这都是极费工夫的活儿。那天下午四点,我那位同学的三姨陪着杜老来了,母亲忙前忙后,顾不上与杜老聊天,开饭了。除两个凉菜,还做了"炸春卷"和"糟溜鱼片"。用震惊两字形容杜老的神情,一点都不过。每道菜都那么精致可口,尤其是"伊府面"。杜老说,宝昌相信我,我在南京、扬州、广州、北京都吃过"伊府面",今天吃的是最好的。我也有一样的感觉,这味道几十年、一辈子都不会忘记,妈妈的味道。

饭后聊到九点,杜老起身告辞,送走了客人,妈妈有气无力地坐到床上说,我累了,我这才想起来心疼妈妈,也是快六十岁的老人了,做饭是需要天赋才能的,与艺术创作没什么区别,所以叫厨"艺"!不只是手艺技巧,还有思维观念。大宅门里用不到妈妈去做饭,但您有天生的灵性。我每次随着妈妈出去吃饭,只要一坐定,妈妈立即起身直奔后厨房。由于与老板、经理、管事的、厨师等都是老熟人。所以不管到哪家吃饭,妈妈都可以自由出入后厨,向大厨请教厨艺,看他们做菜,问他们糟汁怎么淋?用什么鱼?下料有何讲究?为什么糟溜做不好发苦?当总结了这些大厨的经验后,亲自下厨,再进行创新,就有了不一样的宅门特色,不一样的美味,那就是妈妈的味道。现在有很多美食节目,二十来岁的小青年大谈妈妈的味道,童年怀旧的情怀,真不知道倒退十年,您有什么妈妈的味道?是什么味道?正宗的传统的味道都消失几十年了。您那一代的妈妈会是什么味道?妈妈的味道那是一个时代的味道。还找得回来吗?

一九八六年夏天，电影局老局长陈荒煤同志到深圳视察工作。我那时已从广西胜利"大逃亡"到了深圳电视台，老领导来了，我请他到一家涮羊肉馆吃涮肉。那时的深圳还在初创阶段，餐饮业还不灵，羊肉馆全是为来深圳创业的北方人而开，老板是个广东人，完全没经验，涮肉的佐料居然是沙茶酱、芥末酱什么的。什么跟什么？驴唇不对马嘴。晚上吃饭的时候，我提了个小竹篮子来了，荒煤同志问我带什么好吃的了？我把篮子的盖布一掀，里面瓶瓶罐罐是芝麻酱、"王致和"的酱豆腐、卤虾油和韭菜花，还有切好的一大碗香菜。荒煤惊讶地问，这是从何而来？哪儿弄的？我说每次回北京我都要带回大批京味调料，深圳还买不到。老板听说了也跑来看，并叫服务员记下来，说一定改进。因为羊肉馆本地人很少吃，现在深圳北方来的人比本地人还多，好吃这一口，佐料不对生意也挺好的。荒煤同志笑了笑说，宝昌，你当什么导演？开个餐馆涮羊肉。真是的。当年若听了荒煤的话，我现在也应该是大老板，亿万富翁了吧？当穷导演干什么？其实我做菜挺有天赋的，没当厨师，可惜了。

好人树纲

好多年没这么嚎哭了，实在憋不住，树纲贤弟走了。

不好的消息已经听了半年多了，憋着，忍着……回到家还是不行，他说话的样子，他的笑容，时不时就在你眼前晃一下，泪就涌上来，忍不住……咱们还有好多的约定呐！约定了一起去中戏搞个双人讲座，约定了一起写篇论文，谈流派的得失和超越，约定了一起搞一个电视剧，约定了十二月给你过生日和庆祝你与及明的翡翠婚，咱们约好了一起去吃生蚝……这一切的约定瞬时全成了废话，你居然如此弃信毁约。

朋友，什么叫朋友？六七十年交友成千上万，应该年龄越大朋友越多，不是的，越来越少！曾经志同道合的、生死与共的、难兄难弟、红颜知己、酒肉之交、狐朋狗友什么样的没交过？数不胜数。经几十年的沉淀、过滤、筛选还能留得住交往深、不离不弃的还有几个？我与树纲一家，四十二年的交情，四十二年是什么概念？四代人！

树纲的妈喜欢我，只要有段时间不去，老人家就要念叨："宝昌怎么老没来了？"知道我爱吃窝头，每次蒸好就叫树纲打电话，叫我过来吃，老人家很纳闷儿："宝昌这小子劳改四年，吃了四年窝头，怎么还想吃？"这是老一辈人的疼爱。第二代当然是树纲了，一九八六年我们合作过电视剧《雪泥鸿爪》。下一代儿子刘深、儿媳刘洋与我合作了话剧《大宅门》。第四代他的孙女端端在我导演的话剧《大宅门》中扮演了小佳莉，四代人有三代在文学艺术中与我合作过，这在树纲的朋友中，我是唯一的了吧？！

一九八〇年刚认识的时候，每到树纲家，他的俩儿子刘漫、刘深还小，都管我叫叔叔。其实我俩都属龙同岁，我还大树纲三个月，应该叫我大爷才对，怎么就叔叔了，仔细想来也是，无论学识、相貌、身材、官衔，树纲都比我高一截子，那就叔叔吧。两个儿子特别欢迎我，我那时落实了政策，比树纲有钱，我是真没想到著名编剧刘树纲还当过一任话剧院院长，日子过得那么清贫。两口子的工资养活五口人，捉襟见肘。我每次去串门儿，都要带上些好吃的，什么酱肉、小肚儿、烧鸡、蒜肠之类。孩子们盼着我去，我也如到了家一样，赶上什么吃什么，奶奶蒸的窝头喧腾香。有一阵我忙，去的少了。奶奶蒸了窝头，叫树纲给我送家来。这个大编剧，大院长，居然骑着自行车来到我楼下，大喊三声："宝昌……"我下楼拿窝头，一大包裹得里外三层严严实实。树纲满头汗涔涔地说："刚出锅的，趁热吃……"我托着热乎乎的窝头看着树纲骑车远去的背影，心里也热乎乎的。

二十世纪八九十年代，树纲叱咤风云功成名就的时候，我们还什么都不是呢。他参与引领了新时代的戏剧潮流，他的太太沈及明在影视剧宣传系统上的地位显赫，他们家天天宾客如云，影视界不管多大的腕儿到了他家也都显不出哪儿大了，都恭恭敬敬如学生一般求教求助。这两口子不知扶助了多少后进，帮助了多少人，却从不张扬甘居幕后，从未见他们有厌倦之色、傲慢之态，特别是我们这些外地的哥们儿有了新作品进京送审，第一件事是先到树纲两口子家，递上门帖，躬身拜谒请多多关照，我也是其中受益者之一。

树纲看上去很温和，其实脾气挺暴的，有一天我去他家，一进门，只见大儿子刘漫低头坐在墙边，哭哭咧咧的，问怎么回事，原来是刚刚被树纲打了一个大耳帖子。这太离谱了，这么大儿子还上手打？原来是儿子赶时髦儿剃了头，却在后脑勺留了一大撮毛儿，居然被树纲说成是不学好的小流氓。我真急了，把树纲痛斥了一番。说来也怪，树纲的作品如"死访生""离婚案""灵与肉"[1]等等，充满了对传统意识的挑战，无论从形式上和内容上都十分先锋超前，可在家庭礼教上如此保守陈旧，很分裂。我从小叛逆，所以对儿子们的反叛特别欣赏，儿子们与我也就有了更多的共同语言，有心里话愿跟我说，惹得树纲眼神里经常流露出羡慕和嫉妒。其实他骨子里很传统，很孔孟，循规蹈矩。按说树纲与及明两口子郎才女貌，很惹眼的。树纲当年真是大帅哥，英俊挺拔，论哪方面都是拔尖儿的，很讨女人喜欢的那种，但几十年从无绯闻。问他怎么做到的，树纲说："有那贼心，没那贼胆儿，跟现在'国足'似的，外围盘带过多，临门一脚不灵。"这回答挺可爱。

---

[1] 指《一个死者对生者的访问》《十五桩离婚案的调查剖析》《灵与肉》。——编注

好像是一九八七年吧，树纲请了我和他信得过的几个好朋友吃涮肉，谈话主题是要不要出任中央实验话剧院院长，大家好像对此没什么异议，谈得更多的是怎么当这个院长。只有我反对，我觉得刘树纲根本就不是当官儿的料！他不会察言观色，不会奉迎拍马，不会见风使舵，不会瞄着上司的眼神办事，这你还当什么官儿？！大家批驳了我的谬论。他还是当了，但注定是长不了的。不过，那一任下来，我听话剧院很多人却在夸赞他。

晚年，他的作品少了，经常表示惭愧，写不出好作品了。这话我就不爱听，行啦！你曾经那么辉煌，那么耀眼，你还想怎么着？你儿子刘深都一级编剧了，该看他们的了，差不多就让让吧。

树纲身上带有浓重的老一代知识分子的风范，清高谦逊，自律，也特别好面子。借钱是为人最尴尬的事。我经历过一次，自尊心受到了很大的伤害，其实人家的各种借口不借给你是很正常的，甚至是正当防卫。现如今债主是孙子，欠债的都是爷爷。九十年代初，我婚变后，一贫如洗，有位极好的朋友向我借钱。我拿不出那么多，转向树纲开了口，树纲二话没说，当即拍了三万给我，那时的三万是个数儿呐！是他准备装修房子的钱。那时树纲两个儿子都工作了，日子好过了。后来家里突发变故，陷入困境。我很晚才知道，问他为什么不跟我说？他说怎么好意思开口向好朋友借钱。你看，这就是那一代老知识分子心态，可我当年开口向树纲借钱，不就因为是好朋友吗？

我八十生日庆九，树纲送我两方印："宝刀不老""昌言无忌"，藏头宝昌两字。若说刀早已卷刃缺口，老矣老矣。如说"言无忌"，是对我的宽容和鼓励，我这人几十年如一日的爱胡说八道，为此受过大罪，吃过大苦，但也改不了，树纲从未指责过，厌烦过，总是津津有味地耐心倾听，我就越发"无忌"。知心知己至交好友才肯如此容忍你这坏毛病，树纲走了，我还胡说八道给谁听？

所以，无论生活上事业上，树纲都是我最信赖的朋友。一九九五年我的电视剧《大宅门》剧本刚一脱稿，树纲一家便成了我的第一批读者和审查者，一套剧本五十二集。树纲、及明、刘深一家人轮流传阅，一夜读完，第二天就告诉我写得好！没什么修改意见，他说好那就一定是好，他从不做违心的捧场，这一肯定对我来说极其重要，我心定了。因为无论树纲说好说坏都是真诚的，在我心中有无可动摇的信任度，我知道，我成功了。

树纲弥留之际，几个朋友来看他，做最后的告别。那时已神志不清，他忽然喊了一句："我要吃大董！"几位朋友都不明所以。后来我听说了，我当然明白。去年十一月份传来树纲生病的坏消息，我们都有些惊慌失措，且无能为力，唯一能做的是叫他开心、放松、快活、减少心理压力。过了新年，忽然传来喜讯，树纲病情得到了控制，各项指标正常，各种危机信号解除，那是什么心情？什么劲头儿？去"大董"！暴撮一顿，树纲那天吃得开心愉快，好像什么疾病、瘟疫、战争，等等，都去他妈的，我们树纲还是从前那个好好的树纲。那顿晚餐是难忘的啊！之后慢慢地又不行了，叫及明问树纲想吃什么尽管说，一定让他吃到，可他说只想喝粥，吃"六必居"的酱菜。第二天，我们好友去"六必居"买了酱菜，我老婆当即闪送给了树纲。及明来短信告诉我们，树纲坐在客厅，望着桌上的酱菜，默视良久，眼里噙了泪花。树纲在想什么……

最后的几天，他偶尔清醒，他想见我，我也想见他，但始终没有勇气去，那会是撕心裂肺的一刻，会增加痛苦而已！临终前他对一位心理医生说："我是好人！"这位医生写了篇文章赞赏他。我听后感慨万千，光明磊落，充满爱心的人才敢说这样的话。我不敢，我知道自己称不上是好人，树纲可以，他的一生一世所作所为都是明证！

写了许多杂七杂八的小事。大家都在研讨树纲的作品，无论内容和形式，都具备着那个时代的开创性、先进性，这样的文章很多了，我就不跟着起哄了，何况人家都比我说得明白。也许有人会笑话我写了些什么，我想树纲看了，绝不会笑话我，他知道这字字句句、心心念念的全是他！

二〇二一年,郭宝昌出版了《了不起的游戏——京剧究竟好在哪儿》《都是大角色》两部著作,他骄傲地拿出改了无数次的手稿和新书一起合影

为给《了不起的游戏》一书拍摄封面,郭宝昌领着小孙子郭隽芃出镜,来一次传统和未来的对话

二〇〇〇年,应邀出演老同学谢飞导演的电视剧《日出》中的金八爷,"邪恶的眼神"让女主角徐帆不敢直视

二〇二一年十一月,应谢飞之邀到北京电影学院放映《春闺梦》并作了"戏曲电影还能拍好吗?"的讲座,获得热烈反响

和合作者陶庆梅一起畅聊"游戏"

"创作是一件多么严肃的事情。还能怕累?!哪怕只有一口气,也要顶上去!"

手拿挚友刘树生作画题写的扇子亮相,真神气

在为好友孙女布丁题字赠书之后,他突然头贴在孩子肩上,镜片后眼睛潮湿,隐约含泪

郭宝昌生前最后一张照片,他心心念念的,还是创作

[附录]

忆老同学郭宝昌导演

谢飞

我和郭宝昌是北京电影学院的老同学，但是他高我一班，是一九五九年入学，我晚一年，是六〇班；所以在学校期间我和他直接接触不多，但是间接地了解了不少这位学兄的才华和坎坷命运。

我一年级时正逢他们班二年级表演课的大戏舞台演出，一台整齐的舞台剧《骆驼祥子》的演出轰动了全校，而郭宝昌扮演的祥子那更是号称"盖过表演系"地精彩！后来，还看过他参加学院教职工京剧队课余演出的京剧片段，更知道了这位学兄对中国传统戏曲艺术的深厚修养及童子功。但是不久，随着一九六三年"大抓阶级斗争"政治形势的变化，我们就听说了五九班出现了个"反革命小集团"的说法，他们天天在开会，进行"政治整肃"，最后以该班班主任教员田风老师（1912—1965，话剧导演，戏剧家，北电导演系教师）自杀、郭宝昌被打为"反动学生"而结束。这之后我们才知道郭宝昌家庭出身不好，他是北京同仁堂乐家老店的"少爷"！

再听到郭宝昌的消息是到了一九七〇年后，他劳教回校和比他小三四年级的学生们去张家口学生连下放劳动时的信息：他被分到厨房干最累的烧锅炉的活儿，却因为能从头到尾地、生动地讲述《基督山恩仇记》等文学名著而找到了对象（同劳动的音乐学院附中的女学生），羡煞了许多同连队的年轻男生们；也听说了"文革"后他被分到广西电影厂，国家落实政策，因没收"北京同仁堂乐家老店"财产赔给了他四万元钱，他从广州订购了家具，家里天天朋友、同学的流水席不断，仍旧是个乐善好施的"少爷"做派。当然，那时候他突破传统的论资排辈，大力扶植新人，支持张艺谋、张军钊、陈凯歌、何群等年轻导演群体推出了《一个和八个》《黄土地》等具有代表性的电影作品更是一时佳话。十多年后，当郭宝昌拍摄《大宅门》时，张艺谋、陈凯歌、田壮壮、何群等导演，一直到演员姜文都积极地在剧中集体"跑龙套"，用客串出演的方式感恩郭宝昌导演，他们说："没有郭宝昌，就没有中国电影第五代导演。"

我在创作上和郭宝昌直接接触是到了二〇〇〇年，我执导拍摄二十四集电视剧《日出》的时候。由于篇幅扩大，电视剧剧本把原舞台剧不出场的幕后黑势力霸主金八爷搬出场来了，虽没有几场戏，但分量很重。找谁来演呢？我一下子就想到了郭宝昌这位能导、能写、能演的老同学。一个电话，他就敲快地答应了！不用试戏，不用排演，他抽空赶到我们在上海车墩外景地和天津杨柳青石家大院的拍摄现场，一穿上服装，就成了"威震四方、说一不二"的金八爷！记得扮演陈白露的演员徐帆当时说过："我一见到他那双眼睛，就直哆嗦！"

那次合作非常愉快，郭导从不干预我们导演、编剧的事情，麻利地完成了角色的创造，成为这部电视剧中的一个"亮点"。

近年来，我和北电校友会开始策划老校友们的返校讲座与展览，二〇二一年联系到郭宝昌，他爽快地答应了邀请，并提出要到学校放映他导演但基本没有公映的京剧艺术电影《春闺梦》。近年来他主要在导演电视剧，但他希望用电影来向母校汇报。十二月十七日他返母校放了《春闺梦》并做了"戏曲电影还能拍好吗？"的讲座。

电影和讲座获得师生们的热烈反响。我曾计划继续组织研究生去对他进行采访，收集、研究他的众多创作经验及资料，可惜还没起步，老同学就驾鹤西去了！可叹，可悲啊！

我是个导演，但我的第一个职业是教师，我在电影学院教了一辈子书，研究过许多艺术家成才的经历。我以为天才是无法教养的，只能去发现，并给他以成才的条件与环境。我曾说过，改革开放几十年来，我们北电发现和培育了两位天才，一位是张艺谋，他是视觉造型的天才，另一位是贾樟柯，是位电影人文天才；他们二十多岁才进入学院，而且是破格以旁听生名义招入学校，实现了他们电影的成功之路。现在回头看来，在北电一九五六——一九六六年初创时期，招收的六届本科、近二百位导演学生中，可以称得上天才的就只有郭宝昌一位，他是个影视戏剧的天才。不是吗？

郭宝昌原名李保常，一九四〇年八月出生于北京一个贫穷的家庭。他两岁时父亲冻死街头，母亲用几十块银元将他卖掉了。命运的安排使他几经转卖，幸运地被同仁堂乐家乐四老爷的从"抱狗丫头"扶正为二太太的郭榕家收买，郭宝昌跟养母改姓，取名宝昌。

他在那个大宅门里生活了二十六年，见证了同仁堂的兴衰荣辱。这童年、少年、青年的一切经历，为他后来创作"七分实、三分虚"的作品《大宅门》，打下了丰富坚实、血肉相连的基础。据七十年代初在张北学生连下放的同学们回忆，那时候郭宝昌的亲哥哥还专门来看过这个被卖给别人、打成"反动学生"的弟弟，他哥哥完全是个普通农民的样子，俩人长得很像，抱头痛哭良久。

人的命运不能自己做主，但天分与才华的开发则需要机遇和努力。郭宝昌五岁，母亲就请人教授他古文、英文和武术；开始学看戏、喝酒，甚至上牌桌。他那时便展现出了极高的艺术天分，尤其是看戏，小小年纪已是资深戏迷，只要在戏院就能泡上一整天，戏听两遍就能唱。"奶奶高兴了就叫我唱个'武家坡'，唱个'诸葛亮'，唱个'小女婿'，有时会打赏两分钱去喝碗豆汁儿。"十六岁上中学时，他就动笔书写以乐家家族为原型的小说《大宅门》，写完后被养母一把火烧了；五十年代又写了一稿，毁于前面提到的政治风波，被打为"反动学生"。直到五十五岁才完成了电视剧剧本，并在二〇〇一年把这部四十集的鸿篇巨制电视剧拍摄完成，在中央电视台首播，以17.74点的收视率夺得年度收视冠军，公映成功！之后据此改编、执导的话剧、京剧《大宅门》也风靡全国。直到去世前他才把六十万字的小说《大宅门》最终完成！郭宝昌曾经说过："一个人一生就一部代表作，我一辈子离不开《大宅门》。我就想告诉观众，有那么个时代，有那么一批人曾经那样地活过，这就够了。"

我们同辈的同学们也拍过不少优秀的影视作品，但是从历史、人文、社会、艺术价值的分量、质量方面讲，我认为《大宅门》可谓独占鳌头，被称为"百年绝品"，当之无愧。

可叹老同学郭宝昌走得太早了，如果再给他十年，也许他还会写出或导出更精彩的影视戏剧作品，因为他自己一辈子之坎坷经历、崎岖奋斗的经历，他还没有来得及去书写、去表述、去艺术地再现与描绘呢！

写此短文以纪念老同学郭宝昌导演逝世一周年。

郭宝昌的"游戏"

陶庆梅

一、"游戏"的来历

郭宝昌这名字,十年前都是高山仰止。我很幸运,在他晚年的时候,有机会和他一起讨论了几年京剧美学;更幸运的是,在一起工作了几年,居然真写成了一部书——《了不起的游戏——京剧究竟好在哪儿》。

《了不起的游戏》里"游戏"二字,我一直都不满意。

"游戏"是这样来的。写作过程中,我们需要一个核心概念,对京剧美学有一个提升。哪个词呢?"写意""假定性""虚拟"……都不太好。宝昌老师说,多年来,关于京剧,我一直有一个感觉,叫"游戏",你觉得怎么样?我一拍大腿:"这个好!"

很快我就后悔自己拍大腿拍早了。一说"游戏",中国人就会说"戏,虚戈"也,是我们老祖宗发明的;外国人就会说,和我们的艺术起源论很像啊!都对,又都不对。在写作中,我很快就面临着这个概念说不清楚的尴尬。可是,我已经表态通过了。只好搬来了李陀当救兵。

我能和宝昌老师讨论京剧美学，是李陀的建议。宝昌老师和李陀熟悉，是在一九八〇年代。他们那时都是钟惦棐电影理论小组的活跃分子。郭宝昌总说，陀爷就是陀爷，人家有理论，看问题就是比其他人要深刻！为此，几十年下来，郭宝昌在理论上对李陀几乎是完全的信任。也因此，当李陀介绍我去帮他整理京剧美学理论时，他虽然对我这京剧"外行"半信半疑，但也几乎是毫不怀疑地就接受了我和他一起工作。

就这样，我们三个人为"游戏"作为概念是不是成立，在宝昌老师家里吵了整整一个下午。李陀说，好的理论概念是个把手，一拉，门就开了，让人豁然开朗。你这"游戏"，用的人太多，太模糊，太乱，打不开门。郭宝昌可不管，就认为这是他的重大发明。

他们都坚持自己的观点，互不妥协。谁也没有说服谁。最后只能是吃一顿烤鸭，散了。回去再各自琢磨。只是，在书稿的推进过程中，我也实在找不到更好的概念，妥协了。

但在后来不断地写作、修改、讨论的过程中，我渐渐明白了，他为什么坚持要用"游戏"，"游戏"，对他意味着什么。

二、"游戏"的个性

郭宝昌一生的经历，我就不在这儿赘述了。年少轻狂，壮年蹉跎，五十岁忽然一部电视剧《大宅门》，名满天下。大起大落，大悲大喜。《大宅门》让郭宝昌声名鹊起，但拍摄《大宅门》的故事，比《大宅门》电视剧还要曲折。这故事，简单说来就郭宝昌的一句话——为拍《大宅门》，我喝了有两吨酒！多少事，都付笑谈中。我刚去宝昌老师家，他特意让我看他家里的一幅字："打入地下，等待上天。"对这句话，他很得意。

不知道是不是因为这跌宕起伏的经历，和他在一起，我总能感觉到他内在有一种巨大的张力。那种张力，贯穿在他的艺术创作中，贯穿在他笔下人物的爱恨、生死、悲欢……之间，让他塑造的人物形象，那么丰富，那么有魅力。更神奇的是，我总觉得郭宝昌有一种神奇的本领，使得他可以在这张力里自如游走，不拘泥于张力的任何一端。这本领，恐怕就是"游戏"。也许，只有有这种游戏感，那种张力才能完美释放。

要说清楚他那种游戏感，很不容易；就像我们写那本书，说清楚京剧是"游戏"一样困难。但宝昌老师有一种性格特点，却很容易被感知：人们称他为"宝爷"，就是说他有北京宅门里"爷"的霸气——这霸气，有时候就是蛮不讲理；但他也有某种特殊的亲和力，有种让陌生人一下子亲近的魅力。这两个完全不同的"宝爷"，都是他。和他工作过程中，更经常体会到，宝昌老师霸道起来，那他就是"天下第一"，固执得很；可是忽而他又谦虚谨慎，认真学习。在这二者之间，他没有任何障碍。

他这个性，在电影《春闺梦》去芝加哥大学放映前后展现得淋漓尽致。

郭宝昌二〇〇八年拍了一部京剧电影《春闺梦》。这电影没有上过院线，很少有人看过。但郭宝昌珍爱这部电影。我刚和宝昌老师准备写《了不起的游戏》，有一天，他把电影《春闺梦》碟片给我，叮嘱我，一定要看！

我懵里懵懂地在电脑前打开了电影《春闺梦》，迅速被他强大的创造力震撼。

从京胡在舞台上咿咿呀呀地调弦猛然地切入舞台，还没有等我缓过神来，一团浓烈的超饱和色瞬间入眼，然后就进入非常快节奏的音乐与美妙的唱腔。美妙的声音，浓郁的色彩……他是用审美的愉悦强行把观众带入了他感知到的京剧的美啊！紧接着，出征，伴随着高拨子激昂的音乐，舞台上，一群身着各色大靠的将军们在"车辚辚马萧萧"的歌声中威风凛凛地起霸……

我清楚地记得我原来是坐在椅子上看这个电影。但看完这一段，我发现我自己站了起来。我在这极具创造性的场面前不自觉地激动起来。他是用电影这种现代媒介，呈现出了他看到、我们却看不到的京剧的美！我当时就给宝昌老师发了个微信，告诉他，看了《春闺梦》，看到了京剧在今天可能绽放的美，我才知道我和他一起讨论京剧美学是多么了不起的一件事！当然，宝昌老师可能并不会把我这段表态太当回事。《春闺梦》经历的曲折，不比喝两吨酒少。

还好，《春闺梦》的故事并没有在这里结束。

我把《春闺梦》的碟片带给了李陀。像宝昌老师叮嘱我一样叮嘱他——一定要看啊！

李陀很快看了《春闺梦》，同样在这样的艺术作品面前叹为观止。李陀把《春闺梦》介绍给了芝加哥大学研究中国戏曲的蔡九迪教授。蔡教授研究中国戏曲二三十年，在《春闺梦》面前惊叹：从来没有看过这样的戏曲电影!她决定邀请郭宝昌去美国芝加哥大学,放映加演讲。

这事有点把郭宝昌搞晕了。他不懂。

宝昌老师对《春闺梦》一向自负得不得了。但这回他是真不明白,一部在国内不受同行待见的作品,为什么一个在美国研究中国戏曲的教授,要让学生们看?他们看得懂吗?

我还记得李陀第一次介绍蔡教授和郭宝昌见面,蔡教授很好奇,问他,这电影是怎么拍的?

郭宝昌的回答,充分体现了他当时多么谦虚谨慎:"怎么拍的这事,你得问侯咏!我也不知道他怎么拍的,就看他在现场,不停摆弄几个大镜子……"

李陀在旁边听着有点不耐烦了:"人家问你电影怎么拍的,是问你这导演、编剧,怎么构思的,怎么改编的,怎么想着要这么拍的!"

谦虚谨慎的郭宝昌才明白过来:"噢噢,你们搞学术研究的,研究的是这个啊。"

然后,我们在讨论《春闺梦》的过程中,他开始一点一点地解析,他怎么做的改编,为什么要从剧场里调胡琴开始拍起,胡琴拉的是什么曲子,为什么要用这个曲子……然后,他就开始研究中国京剧电影的历史是怎样的。研究着研究着,他又开始"天下第一"的自信,开始思考京剧和电影相同之处是什么,不同之处是什么;从这种比较开始,我们一步步进入理论讨论,这两种不同的艺术样式,非要碰撞的时候,怎么碰撞?怎么才能"谁也不将就谁"?而是在碰撞中，创造出全新的艺术作品？

在芝加哥的放映和演讲，出乎郭宝昌意料的成功。在美国学习的年轻中国学生，几乎没有任何障碍地接受了他的戏曲电影语言的创新，并为他的创新以及对京剧的爱，送上了最热烈的掌声。

学生们给郭宝昌提出了一系列问题。他们的问题，让宝昌老师极度兴奋——因为那都是他思考的重点，都是他希望能有人和他讨论的方向。他十多年前的思考，终于被系统地发现，他特别兴奋，完全不顾舟车劳顿，耐心地和同学们讨论。这些年轻学生们有专业的电影语言训练，有对中国传统艺术的热爱，更重要的是，他们和宝昌老师一样，有着最真挚的诚实——对艺术的诚实。只有诚实，才使得艺术、学术、理论等一切形而上的思考，显示出自己本来的魅力。

在那之后，郭宝昌对自己"搞理论"这事越来越重视了。那之前，拍电视剧总是放在前。李陀有时候会唠叨他没有好剧本也去拍电视剧。对此，他有不同版本的回应。通俗一点的版本是：我要养家！高级一点的版本是：李陀，你不知道我坐在那监视器前有多享受吗？！

李陀无语。拍电影有多享受，李陀不会比郭宝昌不清楚。但李陀气不过，会冲他吼："郭宝昌，你再不努力，以后别人就只会记着你的《大宅门》！"我当时想，有一部《大宅门》，还要努力？！但在和宝昌老师讨论京剧的过程中，确实懂了李陀说的，郭宝昌的艺术能力，哪止于《大宅门》呢？

三、"游戏"的理论

郭宝昌没有严格的理论训练，但那种理论的直觉却是一种天生的能力。

写作《了不起的游戏》最痛苦的阶段，是关于表演理论。对于斯坦尼、布莱希特的"体验""间离"整个地搅乱了中国戏曲演员的自信，宝昌老师深感"厌恶"。这让他对黄佐临的三大表演流派，乃至后来发展出三大体系这个提法非常不满。总觉得这是顺着人家的理论说。但他又不知道，该如何去辩驳黄佐临的说法。毕竟，黄佐临，那是他尊敬的师长。

很长的时间有点胶着在那儿。

有一天我们在他家吃饭，喝啤酒。我和他说，即使您那么讨厌斯坦尼、布莱希特，我还是要说，这不是人家的错。人家的所有的理论，都是从自己实践出发，解决自己的问题。错的是我们不该拿来就用。和斯坦尼、布莱希特比起来，黄佐临并不能说是有原创性的理论家。郭宝昌很惊讶，连忙追问："佐临，佐临大师，没有原创性？不算大师？！"我被他追问得有点不好意思，但仍很坚定：不算。"不算？！"这时，那个"老子天下第一"的郭宝昌突然回来了。他搓着手掌说，哎呀，那我知道该怎么写了！

我们又连喝了几杯啤酒。

后来，表演理论那一章，他从反驳佐临的具体说法开始，逐渐聚焦于从实践经验出发的比较。这一章，其实深刻地体现宝昌老师谦虚谨慎的一面：他一直说的是"我们应该建立"。是"应该"，不是说他自己认为他已经建立了。

至少，我们知道了京剧表演"应该"不这么理解。"应该"回到中国表演的实践。

《了不起的游戏》，就是从实践出发，紧紧贴着宝昌老师在实践中的艺术直觉，从这种艺术实践中寻找理论的空间。

宝昌老师艺术直觉中最美妙的一点，是他的"反向思维"：你们说太糟糕，我偏要从你们说的太糟糕中找出美！比如，你们说"叫好"不对，不符合现代剧场观念，我就要告诉你，"叫好"是怎么回事！听完我讲的，你们看看，叫好重要不重要。你们说"丑"不重要，我偏要说，"丑"，得站到中间！

这种"反向思维"，宝昌老师总得意地说是因为自己"叛逆"。可是我觉得，在思想方法上，与其说是他"叛逆"，还不如说更接近道家那种"反者，道之动"。比如说，他把老式"叫好"捧上天，我一说"嗯，现在保守派回潮，什么都要恢复到原来剧场的特点"，他内心的"革命派"就会自动上场，自觉地调整自己的叙述。《了不起的游戏》书出来，很多人对他在书里讲述的那位叫好要叫在"亚赛诸侯"的"侯"字上的大家闺秀印象深刻，但你如果和宝昌老师说："哎呀，你看人家叫好多内行……"他就会冲你连说几个不，我可没让你去叫这个好！我要在剧场里创新！

对于一般人来说，能够阐明一种"极致"思想就已经了不得了，而郭宝昌思想的复杂与深度，是在于他总是那么自如地在两种极致思想中游动。

《了不起的游戏》一直贯穿着他思想中那种流动的魅力。一方面,他"爱京剧",终其一生都热爱京剧;另一方面,他从五十年代起阅读苏俄小说,看电影,看芭蕾……看一切当时年轻人爱看的"现代艺术"。在这种对比中,一方面,他以艺术的直觉,在人生中的不同阶段,不断领会京剧艺术的奥妙,并把这艺术的奥妙融入影视剧的创造中;另一方面,他又从不讳言,在与现代艺术的竞争中,京剧确实在失去年轻观众。作为启蒙一代,他痛感京剧在思想、内容与形式上的陈旧与保守。他对于样板戏的思想内容并不认同,但他又会对"喜读了全会公报……"这样的唱腔设计击节叹赏。他"爱京剧",但绝不保守;他要创新,但对于半吊子的创新,他绝对嗤之以鼻。

在这极大的思想张力前,他从来不会妥协——正如在他看来,戏曲和电影,从来不是"谁将就谁"。是那种奇妙的游戏感,使得他的思想有可能"极致",但不"极端";使得他可以把某种思考推到极致的边缘,然后又自如地从反面着手思考问题。他在有着巨大张力的理论思考中"游戏",把张力两边的魅力看尽,然后成就自己的思想。

四、"游戏"的人生

现在想来,当时宝昌老师对我脱口而出"游戏"二字,当时我们怎么也说不服他在"游戏"二字上妥协,可能正是因为"游戏",是他自觉不自觉的人生态度与人生哲学。

《了不起的游戏》里,作为概念的"游戏"确实不完美。但这不能掩盖，其作为一种思想方法的准确性。我们在写《了不起的游戏》时，很多时候，是用宝昌老师对《红楼梦》的独特解析，代替"游戏"作为一个概念的展开。郭宝昌一直瞧不起我们称为经典的87版《红楼梦》电视剧。我很长时间不理解。但跟着宝昌老师进入他视野中的"红楼"，才从一般意义上对《红楼梦》的"悲剧"意识解放出来，才能体会郭宝昌说的："金陵十二钗"的悲剧结局早就写好，后面再重复一遍这样的"悲剧"，有什么意义？黛玉扯着嗓子喊"宝玉，你好……"，有点绛珠仙子还泪的韵味吗？

这有点像人生。结局早就在那儿，你如何对待？

宝昌老师生病后，他就杜绝我们去看他。专心改他的小说《大宅门》。

不管我们如何说很惦记他，他都不理，谢绝上门。我猜测，他想，也不知道说什么，还不如埋头干活。

直到有一天格格发来一段录音，是宝昌老师和出版社的编辑谈《大宅门》的几个版本。格格说，宝昌老师让她也给我发一份。几天后，我刚整理了开头几句——"创作是一件多么严肃的事情。还能怕累？！哪怕只有一口气，也要顶上去！"——就听到他离去的消息。

呆了许久。才明白，这样一个人，真的是在生死面前超然。他有过低落，有过沮丧，但最后，他选择了以完成《大宅门》小说的方式，在生死间游戏。

游戏，作为他的一种人生态度，和他的艺术理念等等，融为一体，很难分清。正是这种融为一体的方式，让《大宅门》小说与电视剧,历久弥香;也让《了不起的游戏》这部作品,摇曳生姿。也正是这种"游戏感",让他那个性里所包藏着的巨大张力,不断在现实生活中自然调适,创造出独属于他的瑰丽壮阔的人生。

宝昌最后的日子

刘树生

在一份沉甸甸的情感面前,一切文字都显得苍白。

一

记得非常清楚,是二〇二二年十一月十七日。那天早上心慌得厉害。吃了"复方丹参"仍不见好。布丁(我小孙女)奶奶关切地问:"你到底是怎么啦?"我说:"不对,我觉着宝昌可能有事。他可能是惦记我了。赶紧弄点吃的,我下楼去做核酸,如果阴着,我得去看他!"

我和宝昌,还有树纲、及明四十多年的交情了。那时他住东二环保利大厦旁边的"十字坡",一个居民楼的五层。我每隔一两天就会蹬着我那破自行车去找他聊天。造访不分时段,有时下午去,一聊就到夜里;有时就大清早堵被窝。那年代,大家都没有电话,都是随时敲开门,进屋就开聊!不像现如今见个面得提前半个月打招呼!宝昌会做饭炒菜。聊饿了,他就一边聊着一边在厨房鼓捣吃的。他嗓门大，我在小厅里也能听得很真。

应该说，他炒的菜好吃，哪怕是土豆丝也不错。有一次他来我家，我也给他炒了俩菜，先上的蒜苗炒肉片香干儿，他看了看撇着嘴："唉，东西是好东西，让你给炒糟践喽！"第二道菜给他炒了土豆丝，他坏笑着说："您这叫土豆丝吗？整个一土豆棍儿！"说罢就亮开他那标志性的嗓门哈哈哈地大笑起来！我住十三层，不夸张地说，他笑起来那大嗓门，楼下都能听得见！

吃完饭，接茬聊。聊的一部分内容后来都被他写进了《说点您不知道的》那本书里；还有一部分关于电影创作方面的内容，成了我日后研究第四代、第五代电影的资料。他推崇当时李陀、张暖忻夫妇的《谈电影语言的现代化》，他理解的是"电影就是电影"，所以"扔掉戏剧的拐棍儿"乃至"用综合艺术的语言塑造银幕形象"这些都是应该进行实验的。于是后来他拍出了《雾界》，是彻底的实验电影。应该说《雾界》具有里程碑意义。它出现在第五代电影之前。可惜它的价值被严重低估。这是另一个值得讨论的问题。

八十年代，那是一个艺术繁茂的年代，又是一个成就哥们儿感情的时候。宝昌幼年凄惶，缺少亲情。所以对哥们儿的情感极其看重。有一次格格对我说："你不知道你在他心里是多么重要！宝昌有一个供案，供奉着他母亲遗容，你给他抄写的《金刚经》，送的舍利塔等宝贝，他都安置在供案上，每天上香，都能感受到你们兄弟的感情！"

确实，宝昌走后，他的灵案上依然供着我给他抄写的《金刚经》，这得谢谢格格，给我这"发小"留一个位置，让我陪着宝昌。

宝昌比我大四岁，而且我们相识都在中年。怎么论上"发小"呢？

所谓"发小"，老北京是指从小一起长大的哥们儿。说这话的是宝昌。那是六七年前。我的大儿子刘涓拍一个大戏《谋圣鬼谷子》。涓儿年轻，资质不够。我请了宝昌："宝昌，涓儿拍一个大戏，得找个靠山。用一下你的名！"宝昌一拍腿，豪爽地："没问题，我的名让孩子随便用！"其实宝昌对涓儿很了解，儿子拍的一些作品也都看过。再加上李陀、树纲、及明几位老友的推动，就这样宝昌做了这戏的总导演！其间他毫不犹豫地对涓儿说："你小子怕什么？大胆地拍，拍好了算你的，拍砸了算我的！"在宝昌的指导和保驾下，刘涓和一众创作人员呕心沥血了几年，完成了大型历史情节剧《谋圣鬼谷子》。后来该剧在业内获得了非常好的口碑，卖到国外也大获好评。然而由于发行失利，至今在国内未能播出。

还是回过头说"发小"的事。就是在这部剧出品方的一次宴请中，我俩挨着悄悄说话。宝昌很有感情地对我说："树生，咱们算是发小了吧？"我一下愣住了。我们相识于中年，怎么说和"发小"也不太沾边。不过紧接着就是感动了。这是他从心里把我当成了从小一起长大的哥们儿了！我没法接这话茬，只是连连"嗯嗯"几声。就这样，我们哥俩，竟然没逻辑地成了"发小"！格格说我在宝昌心里位置很重，其实他对于我何尝不是如此？我在家里排行老大，只有照顾弟弟妹妹的分儿，一生缺少"哥哥姐姐"的关爱。可是天怜我哉，在宝昌、树纲、及明这些年长于我的亲人般挚友那里，我情感上的缺失得以弥补……

还是说回二〇二二年十一月十七日的那天。我下楼做了核酸,"阴"。马上给格格发了微信,说要去看宝昌。可是她马上回复:"不行啊树生,我们正在医院做检查呢!"我心里咯噔一下,一阵子发紧,预感到不好。

肺癌!这可怕的恶魔出现在几天后的检查报告上。我急迫地让格格把所有的检查报告、片子发给我,我转给在协和放射科的同学何家琳,她是专家,宝昌送过她书,她对宝昌极其尊崇。她的建议是:"这么大岁数,不要做放化疗,安下心静养,加强营养,提高免疫力……"

这其实是告知了他的生命进入了倒计时!可我知道,他那时正在拼命地对长篇小说《大宅门》进行最后的精雕细刻。我担心他的身体,马上给他发过去微信。

"宝昌,前些天一直有去看你的冲动,听格格说你在写长篇,也就没去打扰。不过我总和布丁奶奶说,不知为什么,觉着宝昌肯定是在念叨我了……可能是有感应吧?"

宝昌回复说:"绝对有感应!病了不能再聚,甚念!"

宝昌生命最后那段时间里,忍受着常人难以忍受的病痛,用他生命最后仅存的能量,挣扎着创作六十万字的长篇小说《大宅门》。虽然这长篇已经在他心里酝酿了几十年乃至一辈子。可他毕竟是一个癌症晚期病人啊!他每天要口述六个钟头,请人录下来,他再整理成文字。其间时时因为剧咳和疼痛而中断。可为了他一生的心愿,他不忍心把这些东西带走,他拼尽生命,要把这部著作留给世人!他一丝不苟地反反复复地增删修改,真是奋不顾身,肝脑涂地。

当我通过格格微信知道了这情况时,极度恐慌!

腊月里天儿格外地冷。我担心他,微信给格格(因为宝昌一直不再回微信了),格格告诉我,他在对长篇小说进行最后的工作。就这样一直熬过了春节,熬过了正月十五。其间他还写了对好友刘树纲的追思文章。他身体不行,没有到追思会现场。会上那篇悼念稿是演员祖峰代替他读诵的。祭奠文稿中对朋友的真情思念,那如滴血般的悲诉,听着让人心揪得慌。

就这样他熬着最后半盏油底儿的枯灯,终于等到了六十万字巨著的付梓出版!

写了这些,似乎他是那么的悲壮惨烈。可是宝昌在生命尽头却不孬,依然刚强乐观,依然是那条顶天立地的汉子。他的坚韧,他的乐观,他的刚强都给了哥们儿们以振奋!

看看他在长篇小说《大宅门》扉页上的题词:

宝爷今年八十三,
乐乐呵呵著长篇。
呱嗒一声落了地,
了却心愿几十年。

最后还自己给自己祝福了生日快乐:

郭宝昌生日快乐!癸卯年六月二十四。

怎么也想不明白，这乐呵的老头怎么就走了呢？

这让我想起英国作家毛姆在《月亮和六便士》里的那句话："这个世界有一种怪人，他们做事自然不同一般。他想成为的那种人就是和常人不一样，他必须做那种人………"

二

春去立夏时分，天渐热。忽然想起来，重病在身的人是不能吹空调的。觉得应该给他一把扇子。于是找出空白扇面，一面抄写了《心经》，一面抹了幅荷花（其实我根本不会画），题写了《楞严经》上的偈语："菩萨清凉月，游于毕竟空。众生心水净，菩提影现中。"随同布丁奶奶给宝昌的深州大蜜桃，一起闪送了过去。

想不到宝昌高兴得不得了。他很快回复："谢谢树生兄赠桃，你真心细，知道我是深州人。这是我奶奶、妈妈的老家，只在七十年前吃过一次深州蜜桃，老家专门来人送来一大筐，先挑最好的送给北院老爷子。我只吃过这一回，早忘了什么滋味了。直到八十年代初，在晚报看到一篇文章，说五八年大炼钢铁把桃树全砍光了烧小高炉，现在只找到七八棵老桃树，要重新培育树种恢复深州昔日辉煌，今天吃了你送的桃儿，感觉又辉煌了！"

过了一天格格发来宝昌手拿扇子的亮相照片，真神气。

看宝昌虽然消瘦却神采飞扬的身影，心里很暖且欣慰。次日宝昌微信过来："树生贤弟，看到你端庄秀丽的小字，实实在在的是一种享受！谢谢！这一夏天可以过得十分清凉舒适了。"紧跟着格格又把宝昌的赞语微信过来："夏至端午暑炎炎，宝字宝画宝爷扇。——酷暑日树生贤弟赐扇，乐甚、幸甚！"

我把照片发给孩子们，他们高兴地以为宝昌大大的病好了！唉，当时就想，这么神采奕奕、这么乐观、这么自信豪气的宝昌，这盏灿烂光明的灯怎么就能熄灭在生命的尽头？！

三

宝昌七十九岁时，办了个规模很大的八十大寿贺宴（北京人讲究过九不过十）。好像是在城东边的一个大礼堂里。来了不少影视界大腕，高朋满座。一些平日少见的朋友也都见着了。很多人都见老。当年生龙活虎的田壮壮也花白胡子拉碴，显得苍老（壮壮属龙，比宝昌小一轮，比我也小八岁）。让人看着难受。

贺寿宴办得红火，宝昌喜庆得很。比他获得终身成就奖还要高兴。席间宝昌拉我上台，隆重介绍说："树生是我四十多年的哥们儿，他是研究第五代的专家，要想了解第五代电影，就看他那本书！我看过两遍⋯⋯"我则展示了给宝昌抄写的小楷《醉翁亭记》。因为宝昌爱喝酒！

那是上世纪一九八六年，我们合作电视剧《雪泥鸿爪》（八路军护送赵城金藏的故事），拍这戏阵容强大。编剧是我和树纲兄，导演是宝昌，摄影侯咏，美术霍建起，后来都是影坛大腕。开拍前在我家的小门厅里挤了一桌饭菜。我拿出两瓶去衡水讲课、地委书记送的老白干。宝昌喝得美了，说："这酒真好！没喝够，还有吗?"我说人家书记送了一箱六瓶,就剩下这两瓶,其他四瓶送朋友啦!宝昌撇着嘴,歪歪脑袋:"真他妈羡慕他们!"那是八十年代,宝昌才四十来岁,正当壮年,《大宅门》还怀在他肚子里呢!嗨,这一晃………

八十一过,宝昌、树纲都明显老了。先后都挂上了拐棍儿。可能是感到时日不多。宝昌开始加快速度,要完成自己一生想干成的几件紧迫事情。先是预谋《了不起的游戏》关于京剧的研究专著。他一生痴迷京戏,有一肚子话要说。可他是搞创作的,搞起理论研究有些力不从心。我也对他搞理论没底,在什刹海游船上聚餐时,我向他推荐了俄国作家巴乌斯托夫斯基的《金蔷薇》,意思是能写个通俗小册子就可以了。宝昌不以为然,他的目标是部理论著作!后来请了陶子(陶庆梅)合作,但其巨繁的劳动也还是可想而知,写写停停,停停写写,后来完成了。写作时每写一章就微信发过来一篇,后来真的是把我惊着了,明明这就是一部能够填补学术空白的力作呀!这得付出多大的劳作和心血呀!书出版引起了不小的轰动。连续几个月居三联销售榜首。在活字文化和三联组织的研讨会上,宝昌坐我旁边。我发现他真的老了,耳朵也不大听得清声音,腿脚也不利落。有些聚会孩子们去接他,因为是商务车,得连拉带拽托着他屁股推上去,他是明显虚弱啦!宝昌有一次跟我说:"树生,最近只能走二百多米。"唉,人要老,总是突如其来!打那以后,我们三家人(宝昌、格格、树纲、及明和我们家)的聚会就频繁起来。

之后,树纲就查出了肺癌。之后就是检查,治疗,住进"安宁"

关怀……

　　与树纲告别的那天,宝昌大哭一场!临别时他拉着我的手:"树生,过些日子咱还得聚……"眼含着泪。

　　谁知这次,竟然是最后见面,再也没聚成啊。

　　再想聚,只能追忆。

四

　　宝昌出版《了不起的游戏》和《都是大角色》时,聚会上,小布丁(我孙女)拿着书请宝昌爷爷给签字留念。宝昌非常高兴地为他喜爱的小布丁签了字。还高兴地合影。在快门闪动前的一刹那,他一下揽住布丁,头贴在孩子肩上,镜片后眼睛潮湿,隐约含泪。当时我有些奇怪,这么喜兴的事,没来由就难过起来,很不解。当今天,当宝昌离开我们的时候,才突然悟出了他当时心境,他心底可能潜意识地已经有了一种来日不多的预感……

　　宝昌感到了时日不多,只能拼了!从格格那儿知道他奋不顾身、鞠躬尽瘁地打磨《大宅门》这部长篇小说,令我极度恐慌!真他妈不要命啦!

　　我劝宝昌:"千万不能太逞能!事不能做得太满。满招损,天道亏盈!长篇小说写到哪儿算哪儿吧!""不要精益求精修改了!交给出版社处理。《红楼梦》曹雪芹也留给高鹗一口饭吃。"

　　他好像听进去了,回信说:"你说得真及时,本还想较劲,听你的,放弃了。"

看到他的微信高兴了一阵子。这下他终于可以放下身上重负,将养身心。这样至少可以延缓病情,至少可以多陪我们老的小的几年!

可我还是高兴早了。他食言了!从来一诺千金的人居然食言了!!他又开始了长篇的精心打磨。因为他要把完成稿发给远在美国的小说家、评论家李陀。他相信李陀,他们既是好友也是知己,宝昌相信李陀的慧眼识珠,更相信他的直言不讳。

可是李陀在大洋彼岸情况不妙,刚刚胯骨粉碎性骨折,住院治疗。每天能够清醒的时间也就是一两个小时。但他还是坚忍着看宝昌的长篇。

他刚刚看过几章就给我发来微信:"长篇刚看了一部分,觉得不错。你可以告诉他。等我看完再和他谈意见。"

我微信给格格转宝昌。这一下他振奋起来,他生命油灯的微光又烧起来——那可是一盏几近枯槁的残灯啊!他拼尽全力,熬干了生命最后的几滴油,把长篇小说修改完成!他把完成稿发给了李陀,并忐忑不安地期待着李陀的评价,并想让李陀给写序:

"陀爷,不得不给你发信息了。每要发信我总会觉得不知该对你说些什么,说什么都没劲,干脆闭嘴!我的状况一直不好,气虚气短体力日衰。行走吃力,一年多咳嗽不止,经常说话困难,吃了太多的药,不见效。活着,拖!我很乐观,说那些虚的都没用。完全不知道还能干点儿什么。长篇《大宅门》出版社已进入二校,关于序的问题扯皮两个多月了,他们说找人写,但所找之人都是我不能接受的,一个完全不了解我的人怎么可以为《大宅门》写序呢?

我也咨询了陶子、净植，都一个看法。今天下午才与出版社定下来，请陀爷来写，别人没这个资格，而且你若不能写则此书不要序了。应该是我最后一次求你了吧。真不知道你现在的状态如何？有精力写吗？哪怕几百字也可。如不行千万不要勉强，别的废话我都不再说了。"

李陀的病情严重，胯骨骨折后在顽强地接受治疗，很痛苦。但一生挚友的事，拼老命也得完成他临终的重托。他怕宝昌累，总是先给我微信：

"啊，看到宝昌小说！想不到，真高兴！你先给宝昌透个风，他的小说我快读完了，很棒！是一部大作品，是对中国文学的一个重要贡献，我全部读完之后给他写信。说实话，听他要把电视剧《大宅门》改写成长篇小说，我是有怀疑的，觉得电视剧《大宅门》已经很经典，有必要写成小说吗？现在看来我错了。"

作为几十年的老朋友，耄耋之年的李陀忍着刺骨的巨痛（他比宝昌还年长一岁，八十五啦），咬牙坚持着看完六十万字的长篇，又拼尽全力把序写完，而且是精心尽力地把序写成了一篇分量很重的万字学术论文！他先把序发给我看，我看了非常震惊。我不由一阵阵心酸和震撼！这是一种什么样的过命交情！这是一种什么样的为艺术无私奉献的舍命精神：写长篇小说的人是在拼命；写长篇序言的也是拖着病体躺在病床上拼着老命在写……

李陀微信讲了他这样拼尽全力写序的缘由：

"树生，这篇序是下了功夫，宝昌对文学、对艺术一辈子的诚实和执着，应该得到公正的评价，应该被更多的人认识，应该让所有今天还愿意为文学艺术做些事的人尊敬和学习。希望这篇文字能有这个作用。另外，你说文中的许多看法都很新，我很高兴，这里的确提出一些重要的新概念，如'悲剧小说'，如'语言肌理'，其实都是文学批评和文学理论中没有过的，如果从理论上展开讨论，空间很大。不过，估计能理解的人也不多。"

这中间，宝昌摔了一下，昏过去半天才清醒。醒来还惦记着李陀写序的事。

李陀知道宝昌摔了很担心。因为他亲历过。老年人是非常怕摔的，一般的规律是，摔、骨折、卧床、长期不能活动，然后是血栓，然后是心脑梗，然后是走人………

李陀马上给他发了微信过来：

"这时候摔倒可是大事，要去检查一下，千万！年纪大了，绝对摔不起，可能会引起别的问题，一定要查一下。这序你觉得可以，我就踏实了。不过，我给树生、小陶、净植寄去了，看他们有什么意见，我再认真改一下。别的不多说了，养病要紧，等你身体好了，咱们找朋友一块聚，有多少话要说啊。"

在疫情封控放开之后，一直都一个人封闭在楼上的宝昌不知为何也阳了！这可吓坏好多人。那时宝昌两口，他在楼上，格格在楼下。除格格每天到楼上门口放一天的饭菜之外，余下时间都是宝昌一个人在与新冠搏斗！几乎所有人都认为，这下完蛋了，他难逃此劫！也可能是他觉着还有事情未了，也可能是苍天可怜他。他竟然在一周后转阴了！他的主治大夫非常惊讶，大呼："奇迹呀！""郭宝昌能熬过这波疫情，真是奇迹！因为他长期抽烟，肺都糟烂啦！

能逃过此劫真是天大的奇迹!"

我心中暗想,这可能是他人生大事未了!他呕心沥血创作出的长篇小说《大宅门》虽然付梓,却还没有见到样书呢!

五

长篇终于付梓出版。宝昌迫不及待地让出版社赶出样书,决定在十月二十一日,在我们经常聚会的满福楼举行亲朋好友签字赠书的仪式。他的预期是至少请一百人,在生命最后时刻,他要再热闹一回,风光一回!当时我有些急了,他这是不要命啦!必须制止他!

迫不得已地给格格语音说:"这会不能开!"

格格说:"不行啊树生,根本劝不动啊!他固执得要命,还骂人。劝不了!"我说你让他接听!格格手机里传过来非常虚弱的声音:"……是谁呀?""是树生,他跟你说。"

声音极度弱:"树生啊……我说不了话啦……"

我说:"你不用说,就听着……"

我非常严厉地指出开大型会签字赠书的危险弊端!我说:"你也不想想,就那个乱哄哄的环境,就你这身体,会开完,你还回得来吗?"

他不说话,沉默,后以一种几乎听不见的声音哼唧:"树……生,你……跟格格说……吧……"

格格接过手机说:"算了吧,劝不动……这人的固执,没辙!"

劝不动，只好依从他。孩子们也都动员起来做准备。开车护送的，摄影要请专业的。争取给宝昌留最后的美好影像！

格格说，聚会时出版社运书过来。到时候让布丁来，宝昌爷爷给她签字赠书。这是多么美好的时刻呀。这对于一个十岁孩子来说，将是终生难忘的纪念！布丁是个爱读书的小学生。得到一部有宝昌爷爷签名的大部头著作，尽管她现在还看不懂，但在她人生的路上，这样的一部承载着老一辈为艺术献身精神的辉煌巨著，一定会像海洋中航行的灯塔一样，照耀着她人生的前程！

然而、可是、竟然像晴天霹雳一样地惊传噩耗！宝昌终于是人而不是神！没能实现他生命的最后愿望，正当他期待着与众亲友聚会的时候，他突然重重跌倒！真像他在书上的题词："呱嗒一声落了地！"毅然决然地离开了！他实在是坚持不下去了，风扑灯灭，巨星坠落！令人心碎！后来想，这结局何尝不是宝昌的性格。"呱嗒一声落了地"一语成谶。像一位爷的性格，一生嘎巴利落脆，连离世都痛快，爱咋地咋地！

唉，写到此，悲伤在喉，什么也说不出了。四十三年的交情，这期间像连续剧一样熙攘纷乱的场景，都挤在一起，说不出来了！

孩子们带着我为宝昌用泥金抄写的经卷，去为他们的宝昌大大送行。临行前他们问我，如果写挽联，您有何话说？我说，就写几个字吧：

"傲骨虽逝，浩气长存！——挚友树生。"

六

怀念本可以暂停了。千言万语说不完。但有一件事还是必须要说！对我，对怀念宝昌都极重要。

是前年。二〇二二年二月九日。那是我和布丁奶奶结婚五十周年金婚纪念日。孩子们说要给我们办一下。宝昌知道了，非常上心。他说："得准备贺礼，已经想好了，我送的东西，树生肯定喜欢！"

金婚那日，孩子们在梅兰芳大剧院后身的一个酒楼，订了一个大包间。大儿子刘涓、崔萌两口，小儿子刘溪、美茜和小布丁一家三口。树纲、及明和儿子刘深，儿媳刘洋，孙女端端；宝昌、格格和宝昌儿子、儿媳和小孙子、小孙女，还有祖峰。济济一堂！

酒筵中大厅灯一下灭了，孩子们用车推出了一个大蛋糕。烛光熠熠，宝昌非常兴奋地指挥着引领着大家高唱祝福歌"祝你金婚快乐，祝你金婚快乐，祝你金婚快乐哦，祝你……"歌声中宝昌的嗓门最大！

人生总是有聚有散。像那样热烈的场面，不会再有了。写至此，真想哭……

宝昌的贺礼是一方砚。砚盒是黄花梨的，边沿断成几段，对起来完整。盒盖上的白色阿拉伯字母是编号（当年抄家物品的编号）。他说这是他家传的，原有百砚。"文革"抄家时被抄走。后来落实政策，只还回来三方，此是其一。断裂处是抄家者给砸坏的。

作为对家族的纪念，宝昌对这方宝砚非常珍爱，一直深藏，密不示人。九十年代初，宝昌在深圳的住宅被盗。几乎所有家传的文玩珍宝都被洗劫。唯有这方砚因藏得深，幸免。从此宝昌对此砚更加珍惜，因为在它身上铭刻着"大宅门"的回忆，铭刻着那个特殊时期的烙印！在我金婚纪念日那天，宝昌把承载着他家族历史印记的至宝馈赠给了他的"贤弟""发小"！

宝昌一边含情地述说，一边手托着砚，把它交到我的手里。

所有亲友都静悄悄地注视着这一幕。

我推托说："太珍贵了。家传的宝砚，难以承受。"当时宝昌似乎有些生气："咱们兄弟的感情比什么不珍贵！收着！"那语气是在命令，不容你迟疑。后来他私下对我说："你的小楷好，你就把砚背后的铭文给我抄一遍让我留个念想就可以啦！"

回家后，我按照砚铭的落款"春浮居士"查找了资料，才晓得了这方砚台的惊人价值！

百度上是这样记述的：

春浮居士，胤禧（1711年2月27日—1758年6月26日），康熙帝第二十一子。因避雍正帝讳改胤为允。字谦斋，号紫琼，亦作紫嚁，别号紫琼崖道人（因得端溪砚石，宝爱特甚，遂以自号）、春浮居士等。清代画家、书法家、诗人。

允禧能诗善赋，书画兼长，著有《花间堂诗抄》八卷、《紫琼岩诗抄》三卷等多部诗文著作，其诗气韵高古，王室中诗人罕可匹俦。允禧擅长书画，现存于世的北京恭亲王府"天香庭院"匾额，为其手笔。

记得中国艺术研究院在恭王府时，我曾在"天香庭院"一间房里上班，每经过廊子，就能看到一块金丝楠木的匾额，上书"天香庭院"，没注意题款，原来就是康熙二十一王子胤禧的手笔。

我按照宝昌吩咐给他书写了砚铭。

后来宝昌给我回信（不是微信是手书）：

树生贤弟：

　　此砚乃家传之物。"文革"被抄百砚失落。一九七八年落实政策，返回三砚，此其一也（砚盒有损），上有白字号，为"落实办"所写特保留以为历史印记。兄五十金婚之际，以此为贺。弟乃书法大家，此砚得其所哉！

宝昌　二〇二二.二.十五

唉，我的小楷实在是初学，宝昌赞我写得好，其实是他赠砚的托词。

我把砚的来历讲给布丁奶奶听。她感动之余说："这么贵重的宝贝真的不能承受。还是找个时机还给宝爷吧。"当时我也认可她说的话。可是……

有一次吃饭，我俩挨着，我说了布丁奶奶的意思。他急了。"你这不是骂我吗！赶快断了这念想！你抄写的砚铭我已经保存了！这砚在你手里适得其主！你没修复盒盖就对了，让它作为对那个特殊时期的记忆吧。"

我说："那好，等有一天建特殊时期博物馆时，送去做展品！"

他哈哈大笑:"树生,你是个乐观主义者。我等不到了……"他那原本壮硕的手无力地拍在了我肩上。

七

宝昌一生重义。说他"义薄云天"亦不为过。在十字坡楼上聊天时,他讲述了和第五代诸君的交情。彼时他刚刚平反获得了拍片权。《神女峰迷雾》给广西厂赚了钱,一下提升了他的地位。他荣任电影厂艺委会主任,那会儿,一众五代年轻人,都是他的忘年交。张君钊、张艺谋、何群、肖风等和后来因拍摄《黄土地》而投奔到广西厂的陈凯歌,一大群电影学院七八班和年轻的电影人都汇聚在他的周围。后来这群人为了获得拍片的机会,成立了"青年摄制组",筹拍电影《一个和八个》,这片子在厂领导层几乎遭到一致反对。认为有政治和票房风险。宝昌挺身而出,用他自己的政治艺术前途做担保,力挺一众年轻电影人,终使影片得以立项开机。事实证明《一个和八个》确实有风险,也险些断送了宝昌的政治艺术生涯。然而宝昌用他的担当,成就了第五代电影的开山之作!在某种意义上说,没有广西的郭宝昌(当然还有西影的吴天明),就没有中国的第五代电影!所以后来拍摄《大宅门》时,几乎所有五代的大导演们无一例外地来给他捧场!这成为中国电视史上的一道风景和奇迹!说到底,"众星捧月"都是被宝昌为人的义气所感召!当初拍摄《大宅门》时,出品方认为郭宝昌名气还不够大,想换导演,当时主演陈宝国力挺郭宝昌,怒摔九万酬金:"这戏如果不是郭导拍，我退出！"出品方想用重金聘张艺谋来导，张艺谋仅一句话就回绝了投资老板："你们知道我和郭宝昌导演是什么关系吗？"

在我和他的交往里，记得非常清楚的是，他的一生中，但凡与他有恩的，必然以心相报！有次聚会，突然有人匆匆进来说"师娘不好……"，当时他脸色大变，立马离席，让格格开车赶去医院。所说的师娘是电影学院离世老教授田风的夫人。就因为当年他被打成反动学生，田教授不顾一切力证他清白。田老师离世后，他把田夫人当亲娘般孝敬，养老送终！

还有很多很多。已经在各种媒体上都大量传播，此处不再赘述。

总之，宝昌的义气深深植根在我心中。义是什么？义是超越一切名利、权力之上的精神！以至于在我改编电视剧《三国演义》写到"华容道关公义释曹操"时，脑子里不由自主地浮现出宝昌的影子。

八

我记得很清楚，宝昌跟我说："养母郭榕告诉过我，我的生日是关老爷磨刀那天！"

写这篇文章时我特意搜了一下百度：

民间传说关老爷磨刀的日子是农历五月十三。关老爷，即关羽，是中国历史上著名的三国时期大将。因其忠义勇武的精神而被尊称为"武王""武帝""武圣"甚至"武夫子"。在民间信仰中，关羽被神化，成为宗教传说中的重要人物，被奉为"关圣帝君"。每年的农历五月十三日，被视为关帝磨刀日，这一天，人们相信关帝会亲自在南天门外磨刀示威，并降雨霖，以镇妖驱魔！

所以我一直认为宝昌的生日是农历五月十三。可是宝昌送我的《大宅门》扉页题字明显写着"癸卯年六月二十四"。为了防止出错，我特意跟格格核实。她证实了后者才是正确的日子。

是啊。宝昌生日农历六月二十四和关公同是一天，这可能是个巧合，但是他一生为人重义气，有担当和关老爷一样"义薄云天"，这个，可能就是隔着历史时空的精神汇合了！

九

宝昌去世后，是孩子们去为他送行。大儿子刘涓送走他亲爱的宝昌大大后，发了一个简短微信，以表达对宝昌大大的亲情：

> 送别宝爷，痛彻心扉。一个时代的精神随之而逝。宝爷常说，创作的根本是叛逆，宝爷"叛逆"的创作犹如战斗。和平庸战斗，和强权战斗，和世俗战斗，和时代战斗，和命运战斗，和自己战斗……从电影、电视剧到戏曲、文学，生命最后一刻仍斗志昂扬。

> 当年拍大戏纠结的时候，老爷子一把攥住我说：拍砸了是我的，拍好了是你的，你他妈有什么好担心的？！我喜欢你小子身上那股劲儿——明知不可为而为之，创作就该执着。宝昌大大，您的提携和教诲，我永远感激涕零。每当彷徨时，我总能从您那里汲取力量，于晦暗中振作，执着创作。
>
> 昨日送别，我把酒洒在地上，可是那瓶酒却倒了好久，怎么也倒不完，我们都失声哭泣，原来和您还有那么多话没说，还有那么多酒没喝……
>
> 永远怀念您，我们心中最爱的宝爷！

国家话剧院的一级编剧刘深（著名剧作家刘树纲的儿子），从小宝昌就像对自己的孩子一样地关爱他、培养他。送走宝昌后，悲痛万分的刘深也发微信表达哀思：

> 宝昌叔是从我五六岁时，看着我长大的，至今有四十三年的情感，宝昌叔与我家四代人都有交情，我奶奶喜欢我宝昌叔，知道您爱吃窝头，经常蒸好了窝头派我父亲或我给宝昌叔送去，必须要让您吃上热乎的。父母跟宝昌叔是生活中的挚友，事业上的同伴，我父亲与宝昌叔合作过影视作品，母亲曾为宝昌叔的电影摇旗呐喊，写专刊组织研讨会。我与夫人还有女儿都跟宝昌叔合作过话剧《大宅门》，四代人有三代在文学艺术中与宝昌叔合作过，这在宝昌叔身边的朋友中，也算是独一份了。

……上个月,格格阿姨说,老爷子有了胃口想吃西餐了,我便前往宝昌叔指定的新侨西餐厅,订了他爱吃的那几道菜,炸猪排、罐焖牛肉、奶油烤杂拌、奶油蘑菇汤。打包送到家,还是热乎的,宝昌叔高兴,吃了整块的炸猪排,喝了汤……宝昌叔驾鹤西归的那天,我在医院,跟宝昌叔的挚爱亲人一同送别,宝昌叔走得洒脱痛快,绝不拖泥带水,磨磨唧唧。

……这才是宝爷,到什么时候都是那个顶天立地、豁达洒脱的宝爷!

陶子(中国社会科学院文学所研究员,《了不起的游戏》合作者陶庆梅)在宝昌走后,满含深情悼念:

不舍。真是不舍。

中午,还在整理宝昌老师九月二十一日讲《大宅门》小说的创作过程、《大宅门》小说与电视剧关系的录音。好久没有听见宝昌老师的声音。过去很多年,整理他讲话的录音,是我很日常的工作。再听这声音,听得出声音里的疲惫,听得出声音里的衰弱;但即使如此,他仍然是该激烈处激烈,该严谨时严谨,该拍桌子时还要拍桌子……我听得出来,李陀为《大宅门》小说写的序言,激发了他强烈的艺术热情。他要说话。他要说《大宅门》小说与传统小说、与传统戏曲的关系,他要说《大宅门》小说,如何从传统小说而来,成为一部独特的现代中国小说。

他想说的还有很多。

这是录音第一句话。

宝昌老师说：创作是一件多么严肃的事！还能怕累？你只要有一口气，就要顶上去！

宝昌的精神不光是在我们同辈人心上活着，在下一辈年轻人的身上，也如薪火相传，生生不息。

十

宝昌属龙。今年清明，格格遵嘱把他骨灰撒入大海。

清代郑燮在《室雅花香》里留下一句诗曰"海为龙世界"，这是一个富于象征意义的表述。宝昌一生追求自由畅想，海阔天空。而龙只有生活在海洋里才能任性适情。

我想起了《三国演义》"煮酒论英雄"中曹操对龙的描述：

龙能大能小，能升能隐；大则兴云吐雾，小则隐介藏形；升则飞腾于宇宙之间，隐则潜伏于波涛之内。方今春深，龙乘时变化，犹人得志而纵横四海。龙之为物，可比世之英雄。

如今宝昌魂归大海，也算是他这不羁性格的终极归宿！

宝昌，你自由了……

郭宝昌创作年表

1940 年　出生于北京
1959 年　考上北京电影学院导演系
1964 年　毕业于北京电影学院导演系
1972 年　分配到广西电影制片厂
1979 年　电影《十天》，副导演
1980 年　电影《神女峰迷雾》，导演
1981 年　电影《潜影》，导演
1982 年　电影《春兰秋菊》，导演
1983 年　电影《雾界》，导演
　　　　任广西电影制片厂艺委会主任
1984 年　进入深圳电视台
1984 年　电视剧《爱在酒家》，导演
1985 年　电视剧《爱在故乡》，导演
　　　　电视剧《喜至福来》，导演
　　　　电视剧《椭圆形轨迹》，导演

1986 年　电视剧《孙中山》，导演

　　　　电影《男性公民》，导演、编剧之一

　　　　电视剧《雪泥鸿爪》，导演

1987 年　进入深圳影业公司

1988 年　电影《他选择谋杀》，导演、编剧之一

1989 年　电影《联手警探》，导演、编剧之一

　　　　电视剧《特区移民》，导演

1990 年　电视剧《鸿雁传情》（获第十一届电视剧飞天奖单本剧二等奖），导演

　　　　脱离体制回京

1991 年　电视剧《淮阴侯韩信》，导演

　　　　电视剧《没有终点的跑道》（获第十二届电视剧飞天奖中篇电视剧三等奖），导演

1992 年　电影《上一当》，演员

　　　　电视剧《请拨 315》，导演

1993 年　电影《蓝风筝》，演员

　　　　电影《黑花杀手》，编剧、演员

1994 年　电视剧《国际刑警》，导演

　　　　电视剧《马本斋》，导演

　　　　电视剧《大老板程长庚》（获第四届"五个一工程"奖，获第十五届电视剧飞天奖三等奖），导演

1995 年　电视剧《上学去》，导演

1997 年　电视剧《日落紫禁城》，导演

1998 年　电视剧《悲欢岁月》，导演
2000 年　电影《剑客春秋》(第一部、第二部)，导演
2001 年　电视剧《大宅门》，导演、编剧、演员
　　　　电视剧《这里没有冬季》，导演
　　　　电视剧《日出》，演员
2002 年　电视剧《宅门逆子》，导演、演员
　　　　电视剧《婀娜公主》，导演
2003 年　电视剧《大宅门 2》，导演、编剧
　　　　电视剧《欲望的漩涡》，导演
2004 年　自传文集《说点您不知道的》(中国戏剧出版社)出版
2006 年　电视剧《酒巷深深》，导演
　　　　电视剧《大武生》，导演
2007 年　电视剧《苍天圣土》，演员
2008 年　电影《春闺梦》，导演、编剧
　　　　2008 年国剧盛典"最具影响力人物"
2010 年　电视剧《铁爷茶馆》，导演
　　　　电视剧《寻找幸福的日子》，导演
2011 年　电视剧《小白菜奇案》，导演
2012 年　电视剧《虎符传奇》，导演、演员
2013 年　电视剧《大宅门 1912》，导演、编剧
　　　　话剧《大宅门》首演，导演、演员
　　　　因话剧《大宅门》获第二届北京丹尼国际舞台表演艺术奖最佳编剧奖

	电视剧《谋圣鬼谷子》，总导演
2014 年	电视剧《翻手为云覆手雨》，导演
	第二十届白玉兰奖评委会主席
2017 年	京剧《大宅门》首演，导演、编剧
2020 年	电视剧《东四牌楼东》，导演
	第二十九届华鼎奖 获"终身成就奖"
2021 年	《了不起的游戏》（与陶庆梅合著，三联书店）出版
	散文集《都是大角色》（三联书店）出版
	《了不起的游戏》获中国出版集团 2021 年度好书奖
	2021 首届澳涞坞国际电视节金萱奖"全国优秀电视剧导演"
2022 年	《了不起的游戏》获第十七届文津图书奖推荐图书
2023 年	长篇小说《大宅门》（作家出版社）出版
2023 年	10 月 11 日 在京去世

编后记

二〇一九年年底,《了不起的游戏:京剧究竟好在哪儿》书稿完成之际,郭宝昌先生将其二〇〇四年出版的旧著《郭宝昌:说点您不知道的》书稿也同时交付给活字文化编辑,希望有机会能以新的面目再版此书。二〇二〇年春,在接受编辑提出的修改意见和新的编辑思路之后,因新冠疫情肆虐一时不能外出拍戏的郭宝昌,在家重新修订了书稿(最终于二〇二〇年十一月完成),并进行了新的补充写作。三个月的时间里他写出了十一篇精彩的散文,足以成就一本新书。在编辑的建议下,选取其中十篇散文,并从《郭宝昌:说点您不知道的》书中拿出《我们房头的两位小姐》《大哥》两篇文章,编成了一本以人物散文为突出写作特点的《都是大角色》,和《了不起的游戏》同时在三联书店出版(二〇二一年)。

二〇二三年十月郭宝昌辞世,其自传散文集的再版,成为他未能完成的遗愿之一。在三联书店编辑的积极推动下,活字文化编辑整理郭宝昌遗留的文稿,以《郭宝昌:说点您不知道的》原稿为主体,在他已重新修订过的稿件基础上编辑结构全书,按其曾经的意愿,将已收在《都是大角色》一书中的《共产党人于华》增补于《恩师田风》一文后,同时新收录了他尚未发表过的《吃到哪儿说到哪儿》,以及生前最后一篇文章《好人树纲》。在此之外,删去《郭宝昌:说点您不知道的》原书附录的《认罪书》,约请郭宝昌先生的好友谢飞、合作者陶庆梅、挚友刘树生撰写了回忆文章,既是对他的无限怀念,也是借亲朋的视角,让读者更多地了解郭宝昌过人的才华和独特的人格魅力。

在郭宝昌辞世一周年之际出版此书,不仅是纪念一个强大的灵魂,更是因为书中带有自传色彩的真诚书写,记录下出生于二十世纪四十年代大家庭、经历时代巨变的一代知识分子、艺术家的特殊经历和思想情感的变化,及其对知识和艺术执着的追求。对后来者而言,这既是洞悉人性和命运的文学写作,也是理解一个多变的时代,以及时代中的人的历史读本。

世间只此一个郭宝昌。